# 眼前

讀《左傳》

唐諾

# 目錄

〔說明〕

# 信它為真，至少先這樣

上一本書《盡頭》，整整用掉兩年半時間，寫得很疲憊，也有某種出清之感，好像會的東西全部講完了（我每寫完一本書都有這一感覺，只是這回特別強烈特別真實），所以當時我說，接下來我要很輕快的寫出「小書」，看看還能否愉悅的叫喚出不同的什麼——像是安排一趟遠行，設定的目標是《左傳》，想辦法在那裡生活一整年，不一樣的人，不一樣的話語，不一樣的周遭世界及其經常處境，不一樣的憂煩和希望。我預想共八個篇章，八個話題，每個話題用一萬字左右講完。

所以，遠遊回來，就是這本《眼前》了，我的讀《左傳》之書——唯一出錯的是字數，每一篇章都陡然的膨脹一倍有餘，遂成為一本稍厚的小書。丟臉的是，我的一干友人對此好像全不意外，每個人都是那種「早就曉得一定會這樣」的有點氣人的漠然表情。

這本書有一參照之書，那就是波赫士寫《神曲》的《有關但丁的九則隨筆》，他五十歲左右的作品。我仿用的不只是他的書寫體例而已，更重要是他的書寫和《神曲》這一文本的「關係」，尤其是其中的信任關係。也就是波赫士多次引用的詩人柯立芝名言：「詩的信念，就是自願的把不肯輕信的念頭高高掛起。」進一步明說便是：「當你下定決心不再懷疑，你就能讀到一本好書了。」——《神曲》寫出了我們今天或更不願相信就是那樣的地獄、淨界（煉獄）和天堂，我們當然可以就此大大爭辯一番，但這勢必把我們困在這個可能是無止無休的話題裡，而這只是《神曲》的設定或說背景而已，也就是我們根本還沒出發還沒真正開始，也就是詩本身；而且，當我們的心思集中在這樣的真假分辨上，我們就很難去聽但丁實際上說了什麼，這是一定的。所以波赫士說他寧可先相信但丁所講都是真的，好真的進入，「我認為有這種天真的觀念，即我們正在閱讀一個真實故事的想法還是合適的，它可以讓閱讀把我們牽住。……至少在開始的時候應該這樣，最好能跟上故事的線索。我想誰也不會拒絕這麼做。」

這一回再讀《左傳》，我（已經過了五十五歲，比當時的波赫士再老一些，第一次讀《左傳》是三十五年前，已經又多知道了不少事情，也完全清楚很多所謂的「事實」其實都是脆弱不堪的，更多時候只是一堆事件隨機的、暫時的搭建）也試著信《左傳》為真，先努力跟上書寫者的想法，以及他看到的、看著的世界變化。

信《左傳》為真，極可能比信《神曲》要稍微困難些而且多有顧慮，只因為《左傳》畢竟仍是歷史，有實人實地實事的更大抓地力及其種種緊張和要求；但我想，這也恰恰好意味著，人們更容易懷疑它從而遠離它，錯失掉它的大部分內容，更不必說那些必須認真一點、看著它久一點才會注意到、會浮現出來的東西。

懷疑是有益的健康的，當然如此，但懷疑跟所有的東西一樣，仍受制於邊際效益遞減這一無情的法則，時間一久（比方持續一百年兩百年），其效益會逐漸窮盡、歸零，甚至成為負數，並顯露出一種蒼老的殘暴（如「思想初生時是溫柔的，當它蒼老時卻總是殘暴的。」）；而懷疑另一個通則般的特質是，它一向比較容易，人甚至不必準備什麼，只要學會說「不」就行了。容易的東西不見得不對，但總是一下子來得太多需要打掃清理，還往往固著為一種習慣，也僅僅只是個習慣而已。

信《左傳》為真，倒不是拒絕日後歷史研究（包括人類學考古學的有益加入）對這本書、以及它所講述那個時代的更正確發見及其必要更正（事實上這已不知不覺成為一個認知基礎，我們都站在這一修正過的基礎上），只是除此而外不急著懷疑而已——對所有未經證實為誤的東西，對那一整塊最該要人沉靜下來的寬廣灰色地帶，最有意思的東西都在這裡。還有，就是不讓無謂的懷疑分神，不讓懷疑弄得自己寸步難行，扯毀掉一整個圖像、一個時代的可能完整面貌。

真假對錯自有其更深沉的意思和更多面向，尤其在縱橫交錯的歷史裡，更多時候它只是不足、不完整以及人不那麼恰當又難以扼止的想像力而已。理論（基於某種一以貫之的基本要求）往往容納不下它，甚至文字都還裝不住它們，只有人心、夠堅韌的人心還勉強可以，因此成為必要，否則，在最終的揭示到來之前（也許永遠不會來），我們就再找不到另外的地方完整的存留住它。於此，惠特曼愉快的宣稱，也許太輕快了些：「你說我自相矛盾：我當然是矛盾的，因為我心胸寬闊。」但也正因為惠特曼的如此興高采烈，讓我們頗清楚看出來，這裡面，有一種很特別的自由，一種不被懷疑倒過來抓住、限制的自由，一種不必動輒捨棄、得以窺見世界較完整形貌的自由，一種人可四面八方而去、向各種遠方各個深處的昂然自由。

把《左傳》當一個文本，信任這本書，讓書寫向著這本書而不直接是那個時代，連同它的選擇，連同它的所有限制，但這一轉折因此也有多出來的可貴東西——如李維—史陀說的，不只是人們做了什麼，還有他們相信什麼，或者認為什麼是必須做的。「它可以是發生在實證領域中的事物，也可以是一些人在思想上經驗著的東西，儘管這些人在觀察他們自己的感性材料時不免有失偏頗，但他們的意願在於發現什麼是恰當行為的規定性。」

也可以這麼說，較完整的人乃至於人的歷史，應該包括他所做的和他所想的（「在思想上經驗著的東西」，說得真好）；還有，在「做」與「想」的反覆交錯之間出現的種種參差、延遲、落差和背反；還有，對此結果又再發生的進一步感受、反省和思維。

人究竟在想什麼？能想什麼？

這本書，反反覆覆想過不少書名（我一直是那種認為書名不是太重要、認為書名總有虛張聲勢之嫌的人），最終才決定就叫它《眼前》——複數的眼前，眼前加s，眼前們。很多人，包括站不同空間位置乃至於不同時間裡的人，子產的、趙武的、叔向的、夏姬和申公巫臣的、宋襄公秦穆公楚莊王的、以及孔子的云云；還包括《左傳》作者的眼前、兩千多年後我自己此時此地的眼前。每個人都有他看著的東西，有他想望和擔心憂煩的東西，有他對自身處境的種種察知和猜測、不得不做的猜測。

楊照，這位我愈來愈佩服的書寫者、不懼也不懈的解說者，和我是高中和大學歷史系的前後期，後來還去了哈佛繼續史學之路，擁有我缺乏的嚴謹史學根基。《盡頭》寫完後，楊照曾在他的廣播談話時問我：「為什麼從不考慮寫歷史方面的東西？」現在回想起來，楊照應該是已知道我打算以《左傳》為下本書的書寫對象，做球給我，是主持人的技巧。我當時魯鈍的不察覺，只模糊的回答他，當然也都是真心話：也許，如今寫實然世界的東西太多了，實存變得太理所當然，也占去了幾乎所有的可能空間，我趨向於多想一些應然層面的東西；還有，也許年紀大了，讀人類歷史愈來愈不愉快……

今天，依我自己看，這本《眼前》仍是「文學類」的。

書寫規範上，我們給了文學多點寬待，允許它說一些稍稍過火的話，但這並非沒代價；我們會追討其成果，要求文學講出進一步的話語，提出它獨特的、通常是一個個具體而專注的發見——每一種書寫體例都有它的「報稱性」，這在書寫各自進行的漫長如河時間裡自自然然的形成，其實仍是公平的。

我設想每個人的視線都是一道道光、一次次的直線，孤獨的，能穿透也會被遮擋，能照亮開來某個點、某條路徑卻也總是迷途於廣漠的幽深黯黑空間裡時間裡——春秋時日那些人的眼前，《左傳》作者的眼前，我的眼前，我希望能把它們疊放一起；我想像這些縱橫四散的直線能相交駁，這樣我們就可望得到一個一個珍罕的定點，知道自己身在何時何處，這是最基本最簡單的「定位」方式。

每寫完一本書都不得不緩緩告別自己一些東西，像雷蒙・錢德勒所說的「漫長的告別」那樣。我的這本《左傳》，墨綠色布面精裝，是完整「十三經注疏」的其中一冊，我大學二年級時發狠一次買齊，存了不少時候的錢，在那個比較窮的時代和年紀。我還完全記得它的嶄新模樣，「嶄新得如一個新月，一副新牌」。三十幾年後，它已開始解體了，靠著布質纖維不絕如縷的才讓封面還不致脫落，還會像從前那樣一而再的讀它嗎？這樣一部破舊沉厚的闔上之書，仍讓我感覺蓄著風雷，有我還不知道以及永遠不可能知道的某些東西，好像還聽得到遠方隱隱滾動的雷聲。現在它就躺在咖啡館桌上我的手邊，不知道是巧合而已還是有著奇妙的另外原因，我最近幾本書總是結束在這樣天氣轉涼的時日，我無來由的想起這一句歌詞：「時間像開玩笑一樣的過去了。」真的，時間的確像開玩笑一樣的過去了。

# 為什麼會是子產？

《左傳》是魯史，但寫得最多的卻是遠方鄭國的執政者子產——書寫者究竟在想什麼呢？

為什麼不就是季文子？魯國也有自己的大執政者。季文子是季孫家的主君，整整掌權三世魯君，評價很不錯有賢相之名，他魯襄公五年死，當時清點過一次遺產，《左傳》記錄了結果：「無衣帛之妾，無食粟之馬，無藏金玉，無重器備。」意思是他並不把權力兌換成私人財富。我們曉得，魯國的權力結構其實一直相當安定，季孫和孟孫、叔孫這三大家族構成一個權力力學很穩固的三角形，也就是有名的「三桓」，魯國的真正權力中心在此而不是魯君，這大致上就定型於季文子掌權時日，而且從此誰也撼動不了。事實上，動過拆除三桓腦筋不止一回的孔子一門，和季孫家的關係尤其千絲萬縷，孔子自己和他幾名最出色的學生都在季孫家工作過，知道的事一定非常非常多。

又為什麼不是比方趙盾或者趙武？趙盾和趙武祖孫是晉國時間最長的執政人物，而晉又是整個春秋穩固不動的盟主，時間足足超過百年，魯國一直是不敢眨眼緊盯著晉的一舉一動調整國家方向的，所以，想方設法弄清楚晉國每一任上台執政者性格、癖好、弱點和其想法作法，用本雅明正經的玩笑話來說，絕對是魯國的「國家大事」。魯國是當時最惟盟主號令是從的國家，有一種超過實力強弱的順服，魯國和晉國之間一直有一道直線，一條魯國政治交通的高速公路，隨時可以看到魯國的大人物攜帶著合禮法的禮物和非禮法的賄賂急急趕路中，不是魯君自己，至少也是排名前三的三桓家主君某一位。

還有，為什麼不是管仲呢？日後的中國歷史，普遍把管仲看成春秋第一人，以為功業無人能及；而且，管仲的崛起又如此神奇，直接從仇人死囚跳成仲父，像是人的一個夢，這尤其合適語言性的傳播和其不斷添加，比方說我們今天還讀得到（只是不多人讀了）的《管子》一書就是，書寫材料只多不少；他大概也是千年後唐詩中被提起最多次名字的春秋人物（也許僅次於孔子）。齊魯比鄰幾至雞犬相聞，這些眉飛色舞飄在彼時空氣中的種種管仲事蹟，應該很容易就隨風吹進魯地來才是。

然而，子產的巨大存在也就是《左傳》了，說是宛如流星劃過天際，這並不那麼符合子產理性的、收斂的、抽絲剝繭帶著勤力苦澀味道的一生作為（日本圍碁界，「苦澀」一直是一種碁風，緩慢、堅實、把碁下厚，比方吳清源一生最可敬的對手木谷實）。是《左傳》單獨的辨識出他這個人來，卻也止於《左傳》——稍後司馬遷的《史記》，幾乎看似照抄的以《左傳》為春秋史，但巧妙的抽去了子產。子產被司馬遷挪到很後頭，成為只是個繫於某種已消逝時代的人，這意味著往後中國已不（用）再關心像他這樣的人和他這樣的思維、作為，或者說，往後的中國不再關懷甚至不再承認這樣一種人的處境。歷史，就在子產稍後，有一道不連續的大裂縫，子產，遂如十九世紀俄國人說的，在如此的歷史抽換之中，成為某種「多餘的人」。

子產，我們用一句話來說，是想盡辦法讓他這個不幸的國家，一個小國，可以生存下去的人。

## 生在一個熄滅中的小國家

鄭是中型國家，大致和魯國尺寸相近，類似的還有宋和衛——春秋這兩百四十二年時間（即《左傳》時間），對這些國家而言，是無可阻止的一個由中而小、一直熄滅下去的緩緩過程，一個掙扎過程，「只能活在死亡的長廊裡」。

真的拉住、減緩這一過程的，其實是彼時人們心中殘存的、已說不清楚是主張還只是記憶、但多多少少還相信的所謂周天子封國圖像，這是一個基礎，或至少是個多出來的依據和遊戲規則，讓當時國與國之間的關係和遊戲方式變得稍稍複雜一點，還因此有使用腦子和話語來講理辯論、乃至於援引某種價值信念力量的些許空間，不至於馬上只剩武力一途。若只是武力，這兩百四十二年時間裡這幾個國家已都分別滅亡過不止一回，其中衛還真的徹底亡過國再重建。應該亡國而實際上沒有亡國，招式幾乎只一種，那就是無力戰鬥之後，國君帶著重臣把自己綁起來跪那裡請罪，拿出傳國重寶，說是無條件雙手奉送，其實是這一套儀式性說詞的道具，收了寶物等於收了我們國家——我們是兄弟之邦，都是周天子分封，讓您這麼生氣當然都是我們錯，滅亡不足惜，但想當年你們太公和我們周公不是一起這樣這樣那樣那樣嗎……

真正純武力相向的那樣一種世界，最精采的那部分子產是不可能存在的，我們看到的會是完全不一樣的另外一批人，我自己至遲三十歲以後就不怎麼瞧得起的那另一批人——號稱無義戰的春秋其實並不生產名將，這兩百四十二年裡只有名臣、勇士和天生神力的力士。名將要到稍後的戰國才出現，孫子理論上是春秋吳將，名將史的第一人，但整部《左傳》我們從沒看到這個人一次。

由此，我們似乎也可以這麼說，春秋這兩百四十二年同時也是人們既有世界圖像的緩緩瓦解杳逝過程，中國的歷史向著某一個人們並沒豫備也沒足夠經驗細節的未知世界不回頭而去；中國的歷史走過去了，往後有它不盡相同的工作和想像，這裡有個歷史斷點，這些攀掛於昔日世界圖像才得以存活的國家暨其命運、才得以成立的人的作為，幫我們證實此事。

鄭和魯國家尺寸和根本處境很相似，但鄭國明顯的不幸多了，原因就只是地理位置，這真叫人沮喪，人的自主自為有效空間再再證實真的並不大，人的自由意志是真的嗎？如波赫士懷疑的——魯國躲在遠遠東邊，真正經常性應付的只有還不算真正強大起來的姜姓齊國，很長一段時間，齊魯的衝突還是因為一連串的聯姻亂倫引發的，是情欲問題惹禍；登泰山而小天下，魯國的確擁有春秋諸國最好的旁觀者位置和角度這沒錯，這個國家好像正為著負責記住這段歷史而存在的。鄭國則一整個曝現在中央四戰之地，尤其從魯文公之後，持續南下的強晉和持續北上的強楚在此相遇糾纏，你的國家就是人家的戰場（兩千年後的日俄戰爭在中國重演了此事），鄭國原有的那一點點從容空間幾乎完全消失，所有稍微有意義的目標都顯得太遠也太奢華了，這正是子產上台時的既成狀態及其森嚴限制。

子產執政中後期（那一年孔子是十六歲左右的才抬頭看世界年輕人）鑄刑書，意思是把鄭國刑法（顯然沒幾條）明文鑄於大鼎上，讓人皆得見，有成文法的味道，兩千多年後今天我們很難認為這有何不妥，應該有所謂的「進步性」吧。但這馬上引來他晉國的好朋友、也是當時最重要國際政論家叔向的一番嚴厲批判。我們說，這本來是一個可以好好討論的問題，包括會不會如叔向所擔心的，把一整個社會的根本規範往下降一大階，人們從此只要懂得在具體行為上避開就這幾條明文刑法即可，從而，那些長時間才得以緩緩獲取並習成的、歸屬於價值信念的、既是整個社會的自律也是整個社會自我向上尋求的更高尚美好東西，那些區區一個鼎裝不下寫不完的東西，很可能就不再被人認真講究了，整個社會是否會變得就那麼現實而且粗糙荒涼云云；只剩法律沒有道德，或至少法律擠壓了、奪去了道德價值的生長空間。但子產只這樣簡短而且謙卑的回覆：「僑（子產名）不才，不能及子孫，吾以救世也。既不承命，敢忘大惠。」

如果說這並非場面話，那就意味著子產基本上同意叔向，他很可能也看出來叔向所看到的東西，擔憂叔向所擔憂的東西，只是叔向在晉他在鄭，他這個不幸的國家並不給他這樣奢侈的空間，生命中某些他或者也相信的、心嚮往之的、源自於某種年輕乾淨心志的東西，他一樣也擁有的某一幅世界應然圖像，這在他上台執政的那一刻起，都只能狠心戒掉，像人戒菸或戒酒那樣，生命只此一回，你的生命卻無法完全歸自己所用，這感覺很寂寞。

日後，我們都知道了不是？法律，中國以及世界的，這上頭走的是子產之路而非叔向之路，法律不僅明文書寫而且愈來愈厚，也可以說他們的共同憂慮成為遍在的事實（還生長出律師這種東西），是非得失，一言難盡。

但真的還是很可惜不是嗎？子產多少該辯護幾句的，某些他實際上已察覺的不得不耳理由，乃至於他隱隱已察覺的歷史不由人走向，說得破碎、不完整都沒關係，人類歷史的某些變異都是從這樣一點點霜、一點點沁人的寒意開始的，從說不清楚或不像有道理的話語開始的。這至少是應然世界和實然世界一次有意思（儘管當下可能令人難受）碰撞，其實很有機會打開人往後百年千年的不懈思索和討論，想想西歐這幾世紀的思維成果，但這個已確實觸摸到的問題就停在這裡，後代也不見有人真的撿拾起來。中國的律法，在往後兩千年的實務層面，並非沒進展、沒豐碩的經驗自然積累；但人的經驗沒有再思省再說明，沒有如漢娜・鄂蘭所說的「伴隨著遺言」，人珍罕歷史經驗裡最好的那部分因此總是遺忘消失，人也因此只是貼著現實、離不開這唯一的無邊無界現實、困在這個現實經驗裡。鑄刑書這事，後代很多讀《左傳》的人順著叔向責備子產（以某種和遺忘意義相去不遠的不認真指責方式），但這裡，有個該說話的人卻始終沒發言或說沒留下意見，那就是孔子——沒不尊敬的意思，「狗為什麼沒有叫呢？」

除了《左傳》這本書或說其作者，孔子極其可能是中國歷史上最喜歡或說敬重子產的人，遠遠超過他自己任何一名學生以及後代奉他之名的讀書人（孔子於管仲也類似這樣但多幾句微詞，子產遠比管仲全面而且深刻，也做更困難的事；還有，子產在人格、性情和行為上較少弱點）；孔子不是個孔子主義者，他複雜太多有意思太多了。事實上，我們有理由相信，《左傳》的書寫者必定聽過孔子談論子產的更多話語、那些孔子自己修訂魯史春秋放不進去的津津話語，或許直接聽到，或者輾轉聽來。我指的並不僅僅是《左傳》講完某一段子產動人事蹟之後引用的孔子贊詞而已（次數和強度明顯超過孔子說其他任何人），而是在這句、這小段贊詞之前，以及何以得出這贊詞。我們說，結論不會憑空的、沒前言後語的、人神經病突發也似的說出來，我們由此可以想像孔子對他的學生談論列國和其人物的樂呵呵景況，這是他一直關心而且很喜愛的話題，還是他的親身經歷，他一一走到事發現場，是他生命中幾乎是浪漫的一場大冒險旅程，他是某種意義的唐吉訶德還帶著一群桑丘・潘札。他會告訴後來的學生比傳聞更正確更清晰的事實真相，也會告訴他們應該看什麼以及應該怎麼看才對。師徒制事實上就是時時刻刻的、綿密的、隨時觸動的話語進行。

還有，記史的贊詞本來該由書寫者自己來講，在日後成為一種體例之前，這本來是自然而然的，是重新記憶某一段歷史如遠地歸來的人他無可扼止的感想和感慨，他只有這一處直接講話的空間，也是一種權利。但《左傳》的書寫者把這唯一的位置讓給孔子，彷彿並不以為自己是作者，或者直接說，他心裡認定真正的作者是孔子才對。

也正是說，我以為《左傳》如此講述子產正是孔子的意思，或者說是孔子這一部分思維的記述和保存。也許有日後多補滿和發揮的部分，來自於回憶時的必要貫穿和銜接，好較為完整的說出事實；也可能包含某種後來的省悟，常常會這樣，有些當時聽到的話沉落到記憶深處裡，要很久很久以後才忽然聽懂，也這才看出某些關鍵處的跳過和空白，當時並不知道要追問下去，如今只能自己奮力去回答去補滿。

在讀書人、書寫者的世界，一直有所謂薄今厚古之類的說法，但這不全然是正確的，也通常只是浮泛的。較深刻的是，我們對同代人常有一種自自然然的重視和寬容，這來自於一種站在共同處境的體認，我們一起承受著同一個沉甸甸的時代，以及對這個當下看不到邊界大世界的種種疑懼和茫然。也因此，由於某個難以言喻的、但恰恰好的機緣，我們會認準同一時代同一歷史命運裡某些年歲稍長的、先行一步的、我們可依循他的路走進這個令人畏怯世界的秀異之人，並對他油然生出一份極特殊的、他人難解的欽慕感激之情，這尤其多發生於我們世路多歧的年少啟蒙時日。此事無關日後總的歷史評價，這是個人當時一個私密的、準準如擊中一個點的確確實實需要。我們寸心自知，這是一個幫你開門的人，一個領路的人和陪伴的人，也許就只能是那麼一截一段路而且幾年後仍得告別，但就像《神曲》裡維吉爾引著但丁才得以走進去並走出來地獄和淨界這趟不可能再有的旅程一樣，稍後，但丁自己（換另一個引路人，貝雅特麗齊）仍得上昇到天堂並看向最高天，那是維吉爾因為歷史命運註定（不是能力限制）去不了的地方。我們說，賈西亞・馬奎茲也許是更好的小說家，但這無改於也不妨礙當時豁然打開《百年孤寂》、教他懂了怎麼處理時間的是維吉尼亞・吳爾夫的此一事實，這事由賈西亞・馬奎茲多年後親口說出，是他一生難忘那正正好的一刻。日後不再年輕的孔子，也許這裡那裡都越過了子產並且有能力批評他至少質疑某句話某些事，但孔子沒這麼做，他只讚譽子產（所以說人成長哪裡非弒父不可，那其實是程度滿差的人才堅持做的事）；我們看著的是日後「完成」的孔子，只有孔子深深記得自己年輕的時候。

啟蒙，真正的形狀是一個針尖也似的點；啟蒙者，也因此不必是一整個人，更多時候他只是幾句話、一次作為、一個判斷或一個選擇，乃至於只是一個正確無誤的表情和身姿，或僅僅就是對的時間對的地點出現在那裡、存在那裡而已。

## 因為太準確，所以感覺很嚴厲

「不能及子孫，吾以救世也。」子產這其實是頗危險的一句話，證諸我們只太多不會太少的歷史經驗——如果語調是偏向抒情的，如果說話時忍不住多點悲憤，讓內心熱度陡然衝高，多生出那種孤注一擲的神聖感，這反倒很容易讓說此話的人變得太自由太放縱，讓暴力合理，如容格說的，成為暴力的上層結構。

英語世界有這麼句話：「這傢伙冷得跟一條黃瓜似的」——整個春秋熱騰騰的、時時召喚人本能衝動的這兩百年，我們不敢說子產是最冷靜的一個人，但至少整部《左傳》看下來，我們再找不出有誰比子產更平靜不波，也看不到子產在哪一刻、哪件事上曾激情過快意過。我們可以這麼說，對子產而言，鄭國的生存與否，並不是一次危機、一個賭注，而是一種根本處境，所以只能是一個連續的、每天日復一日的極精密工作，子產曾以農耕來比喻：「政如農功，日夜思之，思其始而成其終，夕而行之，行無越思，如農之有畔，其過鮮矣。」其中最有趣的是「行無越思」這句，行為行動謹慎的跟從思維，所做的事一定先想過，意思是無比的耐心，不可超前也無法超前，心再急都一樣，而最要緊是不犯錯，乃至於別進入到一種容易犯錯的心思狀態。

子產崛起於魯襄公十年鄭國的那一次大型內亂，他的父親子國（時為鄭國司馬）被殺，盜賊還攻入公宮，在這樣深仇大恨又間不容髮的大考驗時刻，我們來看，彼時還很年輕的子產做了什麼？——他有條不紊的一樣一樣來，精密的拆解開洶洶成一團而又稍縱即逝的時間，如同《莊子》書裡解牛的庖丁，看起來很從容，完全不像個父親剛剛被殺的年輕人：「為門者」（布置守門衛士），「庀群司」（分配好職務並找出負責的人），「閉府庫」，「慎閉藏」，「完守備」，做完這一切才穩穩的發兵攻賊；亂事平靖之後，取得執政大權的子孔要追殺所有附賊的共犯，斬草除根，被子產一番說理擋了下來（「子得所欲，眾亦得安，不亦可乎？」這裡，最見子產本色的是他毫不客氣指出子孔正是最大獲利者，夠了吧。事實上，子孔確實事先知情，默許內亂發生，本來就打算趁亂取利），子產還說服子孔公開燒掉所有犯罪證據的相關文書資料讓人心安定，一刀切下，到此為止，包括他父親的死和仇恨。

這彷彿預演了日後子產的執政一生，理性，心思安定澄明，提前想事情，任何細節都掌握得清清楚楚。對他而言，似乎沒有突如其來的事，再暴烈襲來的事都可以「抽出那一條線」如卡爾維諾說的，建立起因果邏輯和工作順序；這是隨時專注、隨時先想事情、隨時盯著現實變化微調自己想法作法的人才擁有的一張時間表，包括對未來（接下來可能發生的事）的先一步穿透和掌握，這讓他耐心而且堅持。據此，子產可以不放事情發展到險境需要一賭，可以把是非對錯弄得清清楚楚但知道何時該止於何處、暫時實現到哪兒。子產也不真的靠權力工作（靠權力工作是一種快速、粗糙、不用多想的工作方式），倒是在各式權力的交錯縫隙中找出來人可以認真講道理、具說服力的空間，這非常非常重要，否則你如何能對外應付權力更具毀滅性、總是挾著兵車而來的晉國和楚國呢？

所以，如果真要選一個單詞來說，我不會講子產「冷靜」，而是「準確」——鄭國的生存縱深不大，不是一個太失誤得起的國家，甚至還不是一個太能窮究是非善惡到底的國家。子產動人的冷靜，只是他事事尋求準確無誤的需要，也是他生於這樣一種國家對自己的苛厲要求。

準確、精密、把事物分解到某種微粒狀態，很自然會讓人感覺嚴格、感覺無情，子產的執政因此很容易招來誤解，不止叔向一人。我相信這也包含於他自己的考量之中，人們的誤解也是可預期的，還是該納入計算的，只要誤解不大到排山倒海讓事情不成，那就無妨或說應該承受。子產一生，被後世引述最多的可能是這件事，記在魯襄公三十年，當時孔子應該才九歲大——相傳子產執政第一年，鄭國民間歌謠唱的是，誰來幫我把子產這傢伙給宰了，我所有的田地衣裳全送給他；三年後，歌詞改了，我有小孩子產幫我教養，我有田地子產讓它增產，萬一萬一子產死掉了，有誰能繼承他呢？

如果我們以為這是happy ending，大家從此誤會冰釋和樂融融那就錯了，《左傳》是現實歷史不是通俗小說；而且多工匠、多商賈並早已形成某種有力量團體的鄭國人民，也遠比周公的魯國這邊桀驁不馴。又五年後，子產作丘賦，也就是改制增稅，這回鄭國人民話更難聽了，說他父親已不得好死，如今他又像根蠍子毒尾巴一樣四下刺人害人，鄭國大夫渾罕勸諫不成，撂下這句優雅的狠話：「國氏其先亡乎？」意思是子產這一脈會先鄭國諸家一步滅亡，或直接白話翻譯為絕子絕孫，這是睿智的預言還是詛咒？

真正從頭到尾沒懷疑過子產的可能就只孔子一人，孔子自己也是個準確而時時顯得嚴厲的人，他不附帶指出缺點的人並不多。孔子稱子產「愛」和「仁」，都是柔軟的、寬闊的、有溫度的、而且恰恰好和冷靜嚴酷云云背反的用詞，也是孔子心中最美麗的、最舍不得用於人的珍貴之詞——子產死時，孔子（三十歲了）流著淚說他是「古之遺愛也」；之前則說「人謂子產不仁，吾不信也」，後面這一句是辯護的語氣，接在鄭國的鄉校問題後頭。鄭國鄉校，就像我們今天的大學，很自然成為人們尤其是年輕熱血之人聚集批判時政的火藥中心，大夫然明建議乾脆關閉掉鄉校如往後兩千年不少執政者做的那樣，但子產不許，他以為輿論是健康的，也是必要的，儘管當時被罵最慘的一定就是他。教學和時政批判，這幾乎就是孔子一生最主要做著的事，這段往事，一開始可能是孔子當時辯護解釋子產時舉用的例證，而這兩句贊詞正是結論。

仔細一點讀《左傳》，我們應該會同意孔子看到了更完整的事實，諸如此類的子產事蹟在《左傳》裡一件又一件，總是始於嚴正止於寬容，一個一個放過連我們都覺得該懲罰的人。寬容不是討好，不是手段，深刻來說，寬容才是目標，因為寬容是人的空間、是人認真找出來的最大可能。根本的事實是，子產的執政超過二十年，但他自始至終不是鄭國真正的第一號權力人物（最多只死前那幾年），這二十幾年，鄭國的正卿是子展、子皮父子兩代，從實際位階到家族實力。子產的好運氣，是子展子皮如此（逐漸的）信任他或說愈來愈聽得懂他的話，有人願意聽而且聽懂話當然是運氣，人年紀愈大愈知道這是天大的運氣沒錯；但這其實也意味著，子產執政並沒有取用不竭的權力，事實上他有幾次還險些出奔流亡，他的力量來自於、並累積於正確而且可驗證的道理，以及正確可執行可化為事實的作為（所以子皮比他父親子展更服氣、累積更多次信任他的理由）。更多時候，子產是抗衡、周旋、制服權力而不是只使用權力；不止這樣，這樣的道理和作為還得出門面對現實世界，現實世界和一般人民往往比掌權者更不講理更不好說服，在進入現實世界時還得再減損打折一次。也就是，光是道理上、邏輯上正確無誤仍遠遠不夠，更困難的正確是時間抉選的正確，你還得更精確找到（以及等到）時間不駐留的、但不能早也不能晚的準準那一個點出手才行，這是人最容易感覺孤單並沮喪的部分，讓人知道自己一生能做的事其實更少。

子產始終知道自己是嚴厲的，人自覺嚴厲意味著這裡頭有超過自己心性、硬生生做出來的部分。子產臨終前，對接任他執政的子大叔說，只有真正有德的人才能以寬服人，我們不得不嚴厲一些，像火一樣讓人因此避開危險而不是像水一樣彷彿狎暱可親，溺死的人遠多於燒死的人不是嗎？

子產大約猜到了子大叔不真的就相信他的囑咐，鄭國果然也因此在他死後亂了好一陣子。我們大致可以這麼說，不論是來自對歷史走向和鄭國未來命運的判斷，或是對自己能耐和他人不敢心存僥倖的理解，子產是很苦澀的，他得勤勉的、時時用足全身力氣才堪堪拉得住這個理應不斷下墜的國家、這個時代，但也只能做到這樣；也是說，他的歷史判斷和他的作為是逆向的。而他終究得鬆手，鄭國加上你再減去你，你留存於這個國家的這一力量不會延續太久，不會及於子孫，他心知肚明。

## 不再有小國家的世界

然而，子產其實可以成為一個典型，或更具體有益的，可以因為他這樣一個人，開始一種思維，一道有意思的歷史之路，很可惜（該不該可惜呢？），這在中國日後的歷史並沒有發生。

簡單說，中國的歷史走向另一條路，那就是一統，一個單一大國——天下分久必合合久必分，這個「必」字有實然的無奈部分，卻也有人意識形態的應然積極部分。基本上，此一中國人一直相信的歷史規律，其實是把合看成常態，分是變局是動亂是得熬過去的不幸歷史時刻，是「暫時的」（這極可能是現實的「倒置」，現實裡，分才是自然狀態，合是人的主張和成就），因此，這片廣大土地，這一悠悠歷史，往後並不真的存在小國家了，只剩逐鹿者，這是完全不一樣的兩種東西，也吸收生養著完全不一樣的人及其思維作為。和子產農耕者的自況不同，逐鹿者是狩獵團體，真正的核心是武力，它不戀棧既有土地，不和某一方土地發展千絲萬縷並且穩定的關係，既不承認有其他「國家」存在，其實也不當自身是個國家，因此消滅別人是正當的，被人消滅儘管淒慘卻也無話可說願賭服輸，這是大家共同服膺的遊戲規則，能計較的不過是輸贏裡、殺戮中那一點點人道和氣度。

很長一段時日，台灣也曾把自己想成是這樣逐鹿中原的狩獵團體，侯孝賢的《童年往事》電影中，記述父親不願意安家落戶於南國台灣，家具買的都是竹製品，便宜輕靈容易朽壞容易拋棄，時候一到，該走就走。

但我們回頭算一下，鄭這樣一個「國家」生存了多少年？至少到子產死時，已有兩百年約十代人的時間了，活著的人更替了好幾番，這在日後的中國歷史是全然不可能也不可思議的。說來，鄭還是諸國中最資淺的，它是平王東遷稍前才封國的，不像魯宋衛始自武王周公穿越了之前四百年而來，想想，一個在某一塊土地已存活兩百年、以及六百年之久的小國？很顯然，這絕不是竹製家具能撐過的時間，而是人和他所在的這塊土地已發展出盤根錯節關係、已成一個完足世界的漫長時間。從《左傳》看，這幾個國家最高所求不過是繼續這樣生存下去，或說保有他們既有的生活方式往後五十年、一百年能夠不變，唯一曇花般的例外是宋襄公，他在齊桓、晉文的歷史間隙裡尋求成為霸主的可能，他看出了機會，或說某種幻影。後代讀史者說的是他令人苦笑的失敗和死亡，但真正精采的是他的庶兄左師子魚，這是個腦子清楚無比的人，子魚第一時間就知道宋襄公是向著毀滅而去；宋襄公曾打算讓位給他遭到拒絕，宋襄公絕對是真誠的，他一直太真誠了，讓真誠硬化為一種毛病。先是，宋襄公召集了鹿上之盟和楚國爭雄，子魚為之憂心忡忡，他希冀宋國失利，很辛酸的，只有失敗而不是成功才能保得住宋國、保得住像他們這樣的國家：「小國爭盟，禍也，宋其亡乎？幸而後敗。」那年秋天，諸侯再會於盂，子魚繼續：「禍其在此乎？君欲已甚，其何以堪之？」果然楚國趁機扣押了宋襄公並出兵伐宋，卻旋即在冬天把他放回來並退兵，但這是好事嗎？子魚講：「禍猶未已，未足以懲君。」明年夏天，襄公大舉伐鄭，一如子魚的噩夢，楚國當然出兵救鄭，這就是有名的泓之一役，中國歷史上再沒有人這麼打的一場戰爭，宋襄公華麗也滑稽的最後演出，也是子魚的終極確認：「所謂禍在此矣。」

是的，就是這樣了，鹿上之盟啟動了這一災難，子魚如同看著宋襄公興高采烈一步一步走進煉獄，這是單行道，也是葛林說的不赦之罪，就宋鄭魯衛這樣的國家而言。《左傳》緊接在子魚哀傷的話語之後，是另一則沒頭沒尾但很悲涼的記述，詩一樣像是記史者忽然湧上來的心事或某一幅圖像，記史者心思飛越了起來：「初平王東遷也，辛有適伊川，見被髮而祭於野者，曰，不及百年，此其戎乎？其禮先亡矣。」是的，原來的國家沒了寶化為石，生活方式也全變了甚至還提前一步發生（其禮先亡）、預告著更大的毀壞將至。很多時候，未來用不著你去召喚它催促它，它自動會來，趕都趕不走，像小說家馮內果用玩笑語氣說的，未來是隻小哈巴狗，它自己會跑到你腳跟前，乖得很。有時候（還挺多的有時候），你真正該做的，反而是用力抵拒它為著某種更好的可能，或至少設法延遲它，延遲了就還有點機會不是嗎？就有這個那個偶然發生可能改變它一點點。

子產的準確，真正淋漓盡致的演出，是在國際事務上而不是國內治政，整部《左傳》讀下來，他沒失誤過一次，命中率百分之百，準到不可思議；而且不僅僅是大趨勢的判讀和其應對（大趨勢反而比較不會看走眼，如秋天到了天氣會變涼那樣），而是精密到包含參與任一場盟會的具體細節掌握：誰去，帶多少人，多少禮物，何時抵達哪裡，先做什麼，強調什麼，可爭取到什麼，得排除那些障礙云云。子皮有幾回沒聽他，但馬上證明子產永遠是對的。這樣的準確已遠遠超過了人的機智，而是來自於完全的理解，以及事先想好、事先準備，像好的圍棋手，既正確判讀大局，又實際盯著對手算清每一手應碁引發的可能變化。

春秋盟會，華麗但充滿凶險，是日後中國歷史再不發生的事。它最為特殊的，是那個不會重現的歷史時刻——諸國林立，犬牙交錯時時互噬，可是又暫時受到嚴格的約束，滅人國家這事基本上還不能做（儘管實際上已發生如子產指責晉國的，不這樣哪來你們這些大國？），卡在那裡。盟會要搶在這幾天內拆定時炸彈般消弭這些已聚起如上弦的箭、難撤回（撤回有各自沉重的政治代價）難控制的力量，引爆的機率並不太低於解除。事實上，盟會很快轉變成某種特殊的競技場，用來替代戰爭，或說武力的誇示、威嚇、取得利益云云。齊桓公之後，互信空間一再縮小誰也沒辦法，像回事的盟會都是所謂的兵車之會（有別於不帶兵的、大家大袖飄飄瀟灑而來的衣冠之會），談判、賦詩、宴飲的會場外面就是層層圍起、隨時可以叫進來的軍隊，即使強如晉君楚王都不見得感覺安全，大禮服底下常常得加一件戰甲（「衷甲」），就像今天的防彈衣一樣，也就是說，這些諸國大人物看起來都比平時胖，但你知我知。

對鄭宋魯衛以降這些小國家來說，所以這不是光榮的盛會，而是苦不堪言。不是能否不去，而是就連遲到都不行，遲到不是當場被抓起來就是引來攻伐，這實際上都一再發生過。想想當時的交通工具、道路狀況和距離，這些小國家的君王或卿大夫往往還跟無家旅人一樣，行李都來不及打開又接到訊息得重新上路，這也是實際上一再發生的事。米蘭・昆德拉在《簾幕》書裡回憶了一九三八年秋天大戰前夕慕尼黑那場著名的列強協商：「四大強國——德國、義大利、法國和英國

——聚在一起，共同商討一個小國家未來的命運，甚至連發言權都不給它。在一旁的房間裡，兩名捷克的外交官徹夜等著，只為隔天早上人家引領他們走過長長走廊，來到張伯倫和達拉狄耶所在的房間裡，聽取這兩個疲乏厭倦的大人物一邊打著呵欠，一邊向他們宣布死刑。」看昆德拉的語調，我們曉得他以為這是殘酷而且全然荒唐的，但諸如此類的事也是春秋這兩百多年裡實際上發生的，該不該就講習以為常呢？

我也是在昆德拉這裡，才知道波蘭國歌大概唱些什麼，「波蘭國歌的第一句話便是激動的：『波蘭「還沒有」滅亡』」——這樣辛酸到讓人還會笑出來的國歌，由鄭宋魯衛以降這些國家來唱，一樣很合適。「還沒有滅亡」，已經是人的最高目標，也是當下最值得誇口的成就了。

魯史的《左傳》，這麼詳細的記述下子產在一次一次盟會宛如特技的、有書寫者誇大之嫌的演出，我相信，這正是這些國家人們的津津樂道，不止魯，也應該包括宋衛等等——這些國家，當下的難題並非全然一致，便只有盟會時刻，才被置放在一起，成為同一種國家，有著一樣的現實處境和歷史命運；同時，也像是面對同一張考卷作答，對錯好壞一望可知，答案還可以相互比較參考。子產面對晉楚，「強悍而美麗」，在這樣強者愈強弱者愈弱（日後光一個晉國就裂解出三個強國，占戰國七雄的七分之三）、M形化走向的歷史洋洋大河之中，宛如逆勢上揚。終子產執政一生，鄭國從沒出現什麼存亡危機，甚至沒在盟會吃過任何虧，倒是爭得不少當下利益，包括發言權，也包括貢納「規費」的減低、私下賄賂的不行、盟會次數和其規格要求的有所節制云云。我們仔細看，子產對晉遠比對楚強硬也成功爭取到較多，只因為晉比楚講理，這說明子產是審慎的、精準的強硬，絕對是分別仔細計算過的，他清楚鄭國不得不服膺的每一種限制，也就知道如何在不同的界限內讓可能性極大化。

鄭國能，為什麼我們不能？當時大概就這光景——我們差可想像，子產在盟會的每一次漂亮答案，自反而縮，當時必然在這些同樣作答的國家掀起一陣陣騷動，舉凡興奮、慚愧、又過癮又失落、還彷彿若有光的有所啟示云云；而且，像規費調降這類的利益，是很實質惠及所有小國的，因此還有感謝；最終，這一定會成為一種期待：「看看這回子產又會幹什麼？」像等著一場表演、一個驚喜。孔子也是彼時感慨係之的人其中一名，他特別讚譽子產的文詞，正確的道理還得有人準確的、動人的說出來才行，美學問題其實是認識問題。也許桃李不言下自成蹊，但桃李自己還是得先開出來漂亮的花是吧，你要人們走過來，不能高傲的或說如此懶惰的只拿出光禿禿的樹幹。

只是，這些一度人們眉飛色舞傳頌討論的往事、這些準確的文詞及其道理、乃至於所有這些「如何讓一個小國家生存下去」的精密技藝講究及其思維，在中國，其頂峰也就是子產了。日後，再沒有一個小國家掙扎著要生存下去、掙扎著保有自己生活方式的世界。更徹底來說，中國大地，接下來兩千年就只剩下泱泱大國的國民了。

## 不知道該怎麼進入世界

我有時會這麼問，特別是人在中國大陸時，故意的，也以為是必要的——如果你生在比方說荷蘭或者愛爾蘭這樣的國家，你說事情會怎樣？你的人生會怎樣？你的世界圖像、你的生命態度和選擇、你看待別人的方式，會有什麼不同和轉動？

想像自己是個小國之人。

是理應有這種可能才是，或至少應該試著讓這一疑問在人心裡、在思維中成為可能。畢竟，人生在哪裡，並不由我們決定，更不會是一種成就或一個功勞（子產在鄭，孔子在魯，叔向在晉，所以說，因為生為某個大型國家的國民而感到很驕傲，不論怎麼說都是很好笑的，也是很懦弱的，而且極不禮貌）。也因此，我們往往不說人「生」在哪裡，而是人被命運莫名其妙「拋擲」在哪裡，這沒得爭論。

大國和小國，我第一時間想著的是托克維爾和他那本《美國的民主》，一個最會看世界變化的人和一本幾乎是永恆的書。托克維爾告訴我們，這是很不一樣的兩種眼前世界，打從根本處就不同，小國的自然狀態是某種平坦的、接近透明的、而且事事具體的素樸民主樣式，而大國家的自然狀態則是層級的神祕的專制的，兩者一開始就有如此不同的基本限制，這帶來了不同的盲點、困難以及危險，也由此各自生長出不一樣的好東西和壞東西；兩者就連殘酷都是不同的。小國家也許本來更宜於人居一些，但托克維爾指出來，小國家的難以遁逃麻煩正是滅亡，這樣一種朝不保夕的現實意識，是小國之人最沉重的負擔，但如果時間延遲下來，這卻也是小國之人更深沉思維的開始，逼人去想那些大國家不必或壓根不會去想的事，在各種不可能處看出機會、希望和喘息空間，以及最終某種讓人不免意氣消沉的不可能。正因為如此，才會有子產這樣的人，有喬哀斯和昆德拉那樣的書寫者及其思維。知道才多大、才生養多少人的小小愛爾蘭光是近代三百年裡出來多少偉大的書寫者思維者嗎？

托克維爾當時想的當然是某種既是大國又是小國的新東西、某種類似於兼有蕭伯納（又是個愛爾蘭人）腦子和鄧肯美貌身材的新東西，有沒有呢？他以此來觀看來一一分析檢查美利堅合眾國這個由各小殖民區塊（新英格蘭十三州及其他，美國星條旗上曾經只有十五顆星）黏起來的全新形式大國，也為著人類歷史某一種美好可能，審慎的期盼這個全新大國。我大膽的猜，托克維爾內心最深處，也許只是持續想著一種（可不可能呢？）不會滅亡小國家吧。

美利堅合眾國這往後兩百五十年，知道憲政史和美國聯邦大法官史的人都曉得，正因為兼有聯邦（大國家）和州（小國家），兩種國家，兩組法律，美國於是有一部人類世界最複雜的憲法，還有更富意義的不斷討論和修補方式，美國著名的憲法修正案，幾乎每一條都標示了人類歷史（不只是美國自身）思維的一次重大進展和由此確認，成為人類的共同資產。對於這個通常又乏味又淺薄粗俗的大國，這是美國最精采、也讓人難以駁斥的歷史表現。

大國家有合適於它長時間想、長期發展的思維，它最根本的優勢，我以為是從容穩定，時間是可信的，世界是堅實的，思維不必鋌而走險不必省略跳動，能夠把想的東西發展完整，如長成一株株大樹。然而，總的來說，人類思維的複雜多樣豐碩樣貌，更多是小國家的思維成果，若我們一一回溯，最原初那一個點的突破、那一個點的發現和發明，總是生於小國生於邊緣。就像中國這邊，思維若能用繁花綻放來說，最後的時刻是戰國，緊接著春秋這兩百年後；也就是，緊接於最後一次猶是小國家林立的這樣一種世界。戰國的繁花般思維，是這樣一種世界的結果，在這樣一種世界消逝之後的結晶、返景和餘響，是這樣活過的人的遺言。我不以為此一時間的緊緊聯結只是偶然巧合，我們可以試著這麼逆向檢視，這些思維成果日後證實有多少是不宜於單一大國、對大國必要的垂直體系建構是危險的、得一個一個剔除掉的？這裡，我們指的不只是一把火試圖燒掉全部的秦始皇一人而已，一個人做出什麼可以只因為他是瘋子，事實上，往後這兩千年，這些思維成果有極高的比例被視之為異端邪說，但被後代詆毀謾罵不是最糟（其實挨罵的程度並不算嚴重），真正糟糕的是當它沒發生過以及遺忘，這才是徹底的關閉。於是，應該感覺可惜還是不可思議？某些思維，或者說某一塊思維領域的開發，在中國，其最高峰居然是兩千多年前的某一個人，這今天想起來讓人不大好意思是吧。

大國家的思維限制，我們可經由各種路徑去探視它（比方層級系統森嚴的共容／排斥問題云云，韋伯講出來的就不少），但如果只選一個聚焦的來說，我自己以為，在於國家只剩一個，普天之下莫非王土，就像馬克思講只剩一個階級時就等於再沒有階級存在了、階級已消滅一樣；唯一一個國家，也差不多就等於再沒有國家這個東西存在，國家不再被想，只有沒邊沒界無限延伸出去的「一團」現實。人沒有一個外部世界，一個自身世界以外的思維支點，沒有一個遠方牢牢站定可以回望、反思、檢查並想像，可以把「國家」當一個完整的東西、當一件事來想；更無從比較，要比較至少得有兩個或兩種以上的國家，而且真心相信兩者（以上）是完全成立的、對等的才行，「想要了解，就得比較」，這是布洛赫的名言，可也是基本常識，接近真理。

只有一個國家，大國家的盡頭模樣，這在中國長段的歷史時間裡，與其說是一種現實，不如說是一種根深柢固的意識；意識通常比現實更頑強更緊抓不放，現實不再，意識依然，這幾乎是通則。隨著現實的不斷打開來，日後中國仍不斷遇見其他國族，有些甚至「暫時」比中國強大如漢初的匈奴和今天的美國，但問題就在於這個「暫時」，這是一種意識判定而不是現實認知，或直接說，不承認現實（現實是，人家這樣的生存方式和形式，極可能遠自於太古悠悠歲月，而且和此一方土地緊密黏著，並非你的王土）。現實裡，對此中國發展出很多樣甚至足夠世故的策略，溫和的蠻橫的、人道的殘忍的、耐心的魯莽的（用五十年消化你或當下就揮兵消滅你吞下你），但這些都包含於此一意識之中，是此一意識的執行，而非動搖改變此一意識（當然，懷疑是滋生的、靜悄悄生長的）。也因此，幾代人對抗周旋下來，動用的可能是傾國資源，但中國對於這些國族的好奇和理解，事實證明，很少高出於、深刻於戰略意義及其所需。蘇武整整蹲點了北國匈奴十九年之久（十九年可以看到、可以認識並體會非常非常多，盡職的人類學者都做不到這樣，但史書把蘇武描述為一個不屈的、石像般徹底封閉自己的人，據說他甚至連羊肉都不肯吃，義不食周粟那樣，只嚼冰雪和氈毛維持生命之最低限度熱量。是十九年而不是十九天！），李陵顯然也很願意對話並努力尋求說明自己的機會，但就像昆德拉講的這些故國之人「沒有人對他說，講給我們聽吧」，也許事實上他們後來有多說出來什麼，但實際上我們沒有讀到，在這樣高懸不動不疑的意識底下，就算有這些「多餘」的話語，大概也不被認真聆聽，只能刪除和遺忘，就像後代把子產琥珀也似的封存在《左傳》裡一樣。

意識比現實頑強而且持久，甚至相當程度無視於現實，這有很弔詭有很奇怪嗎？其實也不會。我們直接這麼說吧，這極可能更接近某種所謂的人性必然，如果人不勉強自己、不更積極的設法提昇起自己的話，以至於最後得靠一次比一次更暴烈的事實真相，才能粉碎此一意識如同死亡或重生（到那時已是粉碎而非調整了）——我指的是，我們都可以從他人、從自身的成長過程一再看到此一普遍事實。我們每個人都早早看到他人確確實實的存在，跟自己一樣半點也沒少的就活在那裡，也看到一個外於自己還遠大於自己的世界，堅實、有物質厚度和硬度，會讓自己撞起來鼻青眼腫，但某種「唯我」的意識仍可以保持，有時、有些人還保持得更久甚至一輩子。現實世界擺在眼前，但進入它不是一個跨步而是一個過程，並不容易並不舒服，多的是挫折、苦悶和茫然無依，還會失敗，就像昆德拉《生活在他方》小說裡寫那個直到死去「不知道該怎麼進入世界」的年輕詩人。這一過程的加長和延遲，我們也可稱之為人意識和思維的「幼態持續」，人走不出他的幼年期，不知道該如何較正確的縮小他自己，不知道怎麼把自己恰當的置放在大世界裡。

中國是個歷史經歷豐碩的國族，老於世故而且事事不乏睿智，這一處的幼態持續，這上頭的停滯不前，於是想起來更讓人扼腕，事實上，最終也零存整付的多付出鉅大而悲傷的不必要代價——一直到兩千年後的近代，尤其清末民初，中國面對滄海之闊輪船之奇的撲面而來更大世界，基本上仍和漢代當年面對匈奴相去不遠，相較於同時期比方說日本（一個鎖國心態出了名、高度神經質自憐自哀的國家），這個被迫才進入現代世界的過程如此跌跌撞撞、如此不順利而且偏頗，別說是更深刻的思維引入和發生（出版工作的人最知道，太多西學中國還是輾轉從日本習得的，包括一堆翻譯名詞），就連建構一支艦隊都處理得如此荒唐。關於這段難堪的歷史，一般的說法是中國五千年的蒼老和朽壞，但我以為這是中國這兩千年的此一幼態持續，兩千多年悠悠時光，不調整不豫備，所以陌生、猝不及防、手忙腳亂不知所措，犯的錯多是幼稚的錯誤。

這段歷史的反省很多也很沉慟，可有人因此懷念子產嗎？或懷念認出子產、並認真記錄下子產的某個或某些魯國人嗎？好像並沒有。我們會說這太遠了吧，的確是，那些人、那些思維和作為、那種曾經有過的人的處境，已忘得一乾二淨彷彿連回憶都不可能了。

## 由個人到國家的寬容課程

今天我們已充分知道了，或直接說，都看到了，很多進一步的思維並不在「我」之中發生，而是在我之外，在我和你、我和他們這一犬牙交錯之地才演化也似的緩緩發生、發現並且發明。

比方權力這討厭的東西，我們都知道或已經看到了，這是當代思維重大無比到不能沒有的一處根本核心，一個思維焦點和起點，成果已不止於、停留於國家裡、政治中，而是一再試圖穿透、理解並掌握權力的所謂「本質」或說其更完整模樣，各種途徑各個面向的想弄清楚這究竟是個什麼鬼東西，它還散落、依存、隱身在哪裡，以什麼樣的變異面貌，對我們怎麼作用、怎麼不放過的折磨我們；我們可不可以脫離它，可有某一種它並不存在的世界、或至少它不存在也無須存在仍能運行不殆的世界一小角；它可能消滅嗎？或說有沒有更好的替代之物；它有多少成分是自然的如同萬物存在自有其質量和產生作用的力場，又有多少比例其實只是人的作為、人的詭計，凡此種種。對權力的如此思索，無可阻止的最終是一整個大思維網絡的形成且繼續伸展向前，幾乎和整個現代思維、和整個眼前世界重疊，想證實此一成果的人，只需要跑一趟書店翻翻看看即可。但在中國，由於封閉在單一一個國家的、唯我的意識裡頭，人很難有機會把權力當一個完整的、有邊界有全貌的東西來看來想來駁斥（要看某一物的完整模樣就必須站它外頭，甚至相隔一段距離，也就是從某一個沒有它的地點回望），人於是只能緊緊貼住無際無垠的現實和它相處，隨之起伏周旋，彷彿是二維的而非三維的；也就是你完全陷身於它裡面，舉不起自己當然也舉不起它，很多進一步的發現和真正的反省遂無從發生，也難以思索其意義（難以「獲得一個意義」，卡爾維諾）。這往後兩千多年，我們說，中國對權力的某一部分理解和其應用可以非常精密，精密到直至幽黯殘忍險狠變態的地步，但很難超出某種帝王術統治術的小小範圍，人大體上只能選擇迎向它或棄絕它兩種（以某種個體抉擇的、抒情的方式和語言，其實是躲避，並時時心生天下之大何處容身之感）。直至今天，很讓人沮喪的，人們仍動輒像談論朱元璋和雍正那樣談論當前領導人，今夕何夕兮同樣的語言、形式和視角，彷彿現代這幾百年沒有發生，沒有當下世界，沒有這一大堆新的思維成果、途徑和工具（經濟分析、社會分析……）。需要證實此事的人這連書店都不必跑（書店裡有一堆這樣的書擺在醒目的位置），在家打開電視轉到連續劇頻道即可。

多年來，我一直不那麼「看得起」馬基維里，當然我並非不知他的重大歷史意義和價值，正是歐陸這一大塊呼之欲出思維的關鍵起點，但也就這樣了。馬基維里實際上並沒說出什麼了不起的東西，馬基維里基本上是抒情的，甚至是表演的，尤其你如果先知道子產以及先讀過《孫子兵法》和稍後的《韓非子》——內容相差太遠了，其廣度其深度其精微度稠密度。這不是要說我們這邊比你們那邊厲害而且還可以讓你們千年以上時間，而是指出來一個無可奈何如花落的歷史事實：在西歐，馬基維里之路由術走向道；在中國，子產、韓非之路則由道刪除、縮減、返回成術。這與其本身內容無關，是兩邊不同的歷史走向使然，即使中國這邊本來有更充裕的演化時間。

墨子的狀況也大抵如是——我們看《左傳》，尤其鄭國這裡，底層的工人匠人早已形成團體模樣的東西，而且很顯然有著一定的自主力量，鄭國的統治階層甚至得和他們鄭重協議如金石盟誓

（「爾無我叛我無強賈」云云），可視之為某種契約關係（契約這一概念在權力思維多麼重要不是嗎），也實施上發生過好幾起工匠築城不堪逼迫忍受的亂事。但這個不重疊於單一統治者的力量及其思維，也很快消失於日後的歷史長河之中，至少浮不上來，若還有一點無法完全消化的桀驁不馴東西，也只能成為某種遊走於統治邊界、遊走於所謂灰色地帶的現實單純不安力量，比方槽幫馬幫那一類的東西，談不上思維，或說只能等待千年之後進來的左派思維（歐陸）才有機會想它說明它，像是英籍左翼大史家哈布斯邦寫的書那樣（比方《盜匪》一書）。

中國一統，歐洲始終諸國林立（歐陸最接近一統的歷史時間是中世紀，當然不是「既不神聖、也非羅馬人、更從頭到尾不是個帝國」的神聖羅馬帝國，而是天主教廷），這不是人的睿智，只是人的歷史。事實上，讓歐洲成為一個整體，一直是歐洲某些人（某一類人）的一個理想，這個斷斷續續不絕如縷的理想，尤其在近代變得很現實而且極其迫切，但也正確的提昇了它的規格。我們說的是一次二次世界大戰（其實原都是把世界扯入的歐陸戰爭），總計近一億人在這短短三十年不當的死去，以歐洲的總人口來計算，其比例是空前的，也應該是絕後的（但願如此），要中止殺戮，更要拔根的阻止任何殺戮再次發生，就得找出來、發明出來一個更高於這些國家的東西，好約束住國家。最簡單的終極答案就是一個單一大國家，但最困難的是這是怎麼樣的一個大國家，裝得下這麼多相異的人、相異的生活方式及其感情思維而非去除它們的大國家，其模樣、其構造、其有效運作可能、以及，如何一步一步成功走到那裡云云。歐盟無法用其內部的某一單一強大力量（武力）來一次解除障礙（比方德國或俄羅斯征服全歐如秦的武力一統），想都不可以這麼想；也不能借助某個毀滅性的外侮把歐洲一次黏合起來（如北美殖民地的黏合方式），這回歐洲人得平靜的完成此事（沒有人悲壯的誓言為歐盟犧牲）。現實歷史時間及其處境不同，或者說，人的根本要求已提昇到全然不同規格，昔日美利堅合眾國的建構、運作、修護這一段歷史提供了一些有益的經驗，但仍有太多未知的、人類從沒真正做過的事，歐洲人得孤獨的思索和發明，一如近幾百年，他們總是先全體人類一大步想著的做著的。

歐盟，我們正確的說，不是成為一個單一的大歐洲國，而是某個可以好好容納乃至於保護這些歐洲（小）國家的大東西。它的基本思維，最深沉處，是和過往人類歷史的一統主張恰恰是逆向的，這裡並沒有傳統意義的「統治」念頭，也幾乎不存在任何榮光的想像，這只是一連串的很困難的、也不討人喜歡的現實工作。

此時此刻的，歐盟似乎一直身陷麻煩，往往還是很可笑的，然而，在各國政客不免荒腔走板的行動和言詞之上，我以為並相信，這裡頭仍有某一個很崇高的東西，但願它不會在困難中在失敗裡失落，我不知多久沒在現實世界裡這樣乾淨的、不帶嘲諷的使用「崇高」這個詞不懼。我回想自己這一生，我可以視之為楷模的人絕高比例是生於活於歐陸的人，這不是什麼浪漫抒情的想像，而是我在每天的閱讀和書寫中的確確實實認識，這幾百年時間，他們的確是表現最好的人。話說回來，這麼一樁困難、沒人真正想過做過的鉅大歷史任務怎麼可能快速成功呢？快速本身其實正是最危險最該防止的如艾可所言（「在純潔之中，你最怕的是什麼？」「快速。」《玫瑰的名字》）。我們曉得，使用武力通常是最快速、人最沒耐心的工作方式（其次是使用權力），但秦的武力統一，時間估算也耗用了百年時間不是嗎？認真說起來，中國真正穩定下來、可視為大致底定的一統還是稍後的漢，秦的短暫合一，意思比較接近是障礙掃除。

荷蘭的平民史家房龍的另一本書《寬容》，裡頭有一番話大致是這麼說的——真實的歷史裡，比方宗教的懂得彼此寬容是怎麼來的呢？是筋疲力盡加傷痕纍纍的結果。大家打了幾百上千年再打不動了，最重要是誰也沒辦法真的徹底消滅誰，所以大家坐下來，第一次一起看著頭頂上的同一個星空，儘管仍不相信，但願意開始承認彼此的神。所謂「不是人的睿智，而是人的歷史」是這個意思，寬容一開始是不得已的、無奈的、不怎麼甘心的，也許往後也仍一直如此，這儘管聽起來嘲諷，但仔細點想未嘗不好，因為這無意中說明寬容不僅僅只是一種高度自制的德性，它同時也是理性的，甚至是於己有利的，而且愈長期來看，理性的認識成分愈如水落石出，利益也愈明顯無誤。

中國的快快走向一統，一樣只是人的歷史，也許一開始是因為華北平原的緣故，地形上滅人國家相對來得容易（《左傳》裡，築城，也就是製造人為障礙，是一樁明知飽受批評又耗用人力召致不滿、但愈演愈烈如同競賽的工作。又、晉國郤克攻入齊國，提出的和解條件之一，便是要求齊國把田畝的道路由南北向一律改為東西向，好利於日後晉國兵車的運動，利於下一次攻齊），遂成為某種慣性的歷史基本認知，儘管日後得設法飛渡古稱天塹的長江，要危乎高哉的、大量損耗人命的攻入四川，要並不划算的進入到更多本來可以自成天地、關你大國統治什麼事的一個個小世界。歷史的成敗得失不那麼容易仔細計算清楚，但大致上，或者說如果人沒有某種更高的、更美好的、不屈從於歷史的特殊主張的話，中國的武力統一，相較於歐陸的疲憊歷史（相持不下無從喊停的戰爭，如一次大戰末誰也前進不了半步、雙方每天固定報銷一堆人命的著名壕溝戰，這段戰爭經驗一直被描述為最接近地獄的東西），總的來說也的確縮短了戰爭進行時間，減少了殺戮和人命損耗。還有，中國對於歷史上不斷遇見的外族，除了執念的、極不禮貌的要人家非臣服你併入你不可，手段倒也相對溫和一些，因為這裡頭多了一種擁有感，普天之下莫非王土，下一句便是率土之濱莫非王臣，你把土地、人和財貨基本上全視為己有，便不會太粗暴太沒必要的去摧毀它，今天中國大陸對台灣談判的處處慷慨讓利（但台灣是祖國不可分割的一部分，這絕不鬆口），大致上就是這樣。

但怎麼說呢？人學會寬容、學會對等的說話，第一次也許是筋疲力竭加滿身傷痕的困而知之，但第二次應該就不必了，人可以借用他人的痛苦經驗和鉅大代價聰明的習得，學而知之，這也正是為什麼我們需要把歷史給記載下來。如果第二次學會寬容仍得重演第一回的災難，那人類也未免太淒涼了。我們說，今天歐洲人想摸索創造出某一種更高規格的、從手段程序到結果、彷彿把寬容給固化並保存（子子孫孫永寶用）的全新型態統一，具體構成上，這一華美大夢由於有著太多人類還不確知的、沒足夠歷史經驗及其成品的部分，的確會讓人看著提心吊膽。但此中有一物，我以為是其核心，也是起心動念的本意和要求，卻是人類已支付慘烈歷史代價才獲取的，就算這一個歐盟失敗瓦解都不該被訕笑、被懷疑，也沒理由倒退——這只說是寬容也許不夠公共、不夠踏實，而是寬容的現實具體進展及其確保。今天，承認他者對等的存在，人可以相信他自己的神或根本不信有神，人可以選擇他的生活方式還允許改變，人可以作他一個人的夢云云，這在具體的一個人和另一個人之間已是共同認知共同遵守了，如某種天經地義；比較困難而且始終感覺停滯不前的，彷彿有堵牆打它不穿的，是如何上達到一定人數以上的集體關係，在團體和團體之間、在國家和國家之間也這樣，我們幾乎每一天都看到的沮喪事實正是，一個溫文、有禮、體恤他人、問路會耐心說明甚至直接帶你去的個人，同時也是個蠻橫、富攻擊性且滿口胡言亂語的所謂「國民」，在日本、在中國大陸、在台灣皆然尤其台南高雄云云。這是人類學會真正寬容的下一堂、下一階段歷史更困難課程，應該是另一道漫長之路，也許註定快不起來，也許從頭最該高度警戒、最該害怕拒絕的仍是快速如艾可的提醒，一想快，一想在我有生之年完成、看到（不論是基於純潔高貴的用心，抑或某種世俗的榮耀。人得試著相信歷史，而不是只相信自己），一不小心就會回去用武力和權力工作。這是什麼？這就是倒退，不折不扣的歷史倒退；倒退到哪裡？倒退到重啟災難循環那一個時間點，重新一樣一樣支付歷史代價，讓人類的集體歷史像是個泥淖，像是失憶之地，像是愚人的書寫，像是人掙扎著要醒卻醒不過來的循環噩夢。

今日中國，也許不用再想起子產，畢竟，那樣一種人的處境以及進展可能，儘管在中國歷史殞沒，但在歐陸，或直接說我們眼前的整個世界形貌，我們隨時可看到更完整的真相和每一階段的歷史結果；我們不用去復原兩千年前那一個難以復原的時代，我們此時此刻所在的世界即是，是我們每天的現實。孔子說人該尋求留名後世，我想他說的是，他期待這個世界因為有過他、加進他能多少有點不同，能有效而且稍微持久存留的改變些什麼；但子產則本來就不希冀未來歷史記得他，以及他的任何作為，「不能及子孫」，他準確到不給自己留任何餘地，包括夢想，包括希望。

我無來由想起波赫士這句老年的溫暖話語，像是皺著眉頭說的，「一個好的墓誌銘，用不著這麼準確。」

# 來想像一個作者

《左傳》的作者，且讓我們先稍稍忘了這個「左」字，是誰？或者我們先數量性的詢問：《左傳》作者，究竟是一個人、還是很多個人？

這裡，我們遠遠的來講個故事——寫美國西南四角之地印第安最大部族納瓦荷人、被納瓦荷人尊敬的稱為「最好的朋友」的小說家東尼・席勒曼，在他《時間的賊》這本書裡，寫一個研究更久遠安納薩其人陶罐的女人類學者愛麗諾・傅萊曼-柏納爾。安納薩其人在北美歷史的某一時點神祕的退場，誰也無法真正說清楚這一整族人究竟發生了何事，但留下來成千上萬個遺址，更多的骨骸、陶罐及其他，由這一方乾燥不雨大地忠誠的保存著。愛麗諾從出土陶罐上的繪圖，非常非常動人的抓住其中幾個陶罐，辨識出並持續追蹤昔日某一個當然不知名姓、但個人創作風格獨特清晰到宛如簽名的單一印第安陶罐藝術家。這位才華洋溢如眾裡藏她不住、高出當時其他人一頭的女陶匠（愛麗諾知道她是女的），她的作品上著粉紅釉彩，有學界稱之為「聖約翰五彩」的白色波浪形曲線和鋸齒線，以及更多難言但準確無誤的「筆觸」。藉由這幾個陶罐，也只靠著這幾個陶罐如歷史黯黑甬道裡的微光，愛麗諾確認了她這一個人的存在，並且成功分辨出她作品的創作時間順序，她完成的、和她失敗毀棄的作品，並因此由點而線的堪堪聯繫起來她的基本生命軌跡和樣貌，她居住和移動路徑，她的一些可能遭遇，她和這片土地的關係，乃至於她某一部分的心思狀態和變化。更奇妙的是，這實質的倒過來幫助了愛麗諾，隱隱知道再去哪裡可能找出她更多陶罐而且果真如此，她的行動變得彷彿可預測。只除了她仍是無名的，像是人們尚未命名之前的一朵玫瑰；也許愛麗諾可以給她一個名字（但愛麗諾又是個嚴謹多約束的學者，大概最多只給她個字母代號如懸而未決），就像人首次為那朵本來就芬芳的花取個好聽名字一樣。

愛麗諾和女陶匠，這是人的心當下為之震顫的了解，像昆德拉講的那樣，是一次跨越了好幾個世紀的美麗相遇；了解，把人的一次相遇轉為了多重的相遇，好像可以彼此講話了。如今有人可講話這多麼好啊（晚年的大畫家法蘭西斯·培根這麼感歎），「你越過了遙遠的距離把手伸給我」——跟愛麗諾一樣，我們試著來抓住、追蹤這樣一個《左傳》作者。

《左傳》作者，如果我們選了「很多個人」這答案（我們如今較傾向這樣），顯然會更安全，也更息事甯人，所有相關於此的困難、疑惑，泥淖般可厭可懼的爭吵，乏味（但有時是有益而必要的，誰說好的事一定有趣）的考據和附會，將一瞬間冰融為水也似的全化解開來，如清風吹過——那樣時代，或說在人類很長一段的歷史流逝時間裡，一本書的形成總是不停留於一個人，像是穿越過人壽，像是想做成某件一個人做不到做不完的大事，也像是每一顆石子在這道洋洋不息大河之中翻轉、碰撞、打磨，該說是變得通體渾圓晶瑩還是失去它原有的稜角？總之，這是一個歷史基本事實，難以駁斥，還吸納分解人的爭議。回轉基本事實，回去爭吵發生前的那座橋上，「請循其本」，莊子早已親身示範過了，愛吵嘴還帶著考據味道的惠施也講不下去了，魚游得自在快樂，人這邊也雲淡風清……

還有，「很多個人」另一有用效應是，攻擊者很容易失去目標，是非善惡變得很鬆軟不著力。

犯案者到達一定數量，就連冷血的法律都會猶豫縮手，成為「就是這樣」，一個隱隱的規矩一種難以追討的天經地義。近年，我自己也在北京學會了「中國式過馬路法」，不是等紅燈滅去，而是等累積足夠人數，大家一二三如羅馬軍團無敵方陣昂首前進，什麼也阻擋不了。

但很有趣的，最早人們武斷的選擇作者是某一個人，其實也為著息事甯人，像古希臘人說兩大史詩《伊里亞德》和《奧德賽》（體例上正是不斷流傳、吟誦、修改、增添的東西），作者是荷馬一人。但希臘人又同時詩意的、隱喻的講這位盲詩人是個「同時誕生於七個不同城市」的人，這意味著希臘人並非不曉得此一基本事實，這甚至精確性的指出了有整整七個希臘城邦的人共同完成這兩部史詩。息事甯人之外，這個如此美麗而且意味深長的說法，這樣把「七個城市的許多個人」再重新凝聚為一個人，卻讓我們不能不警覺起來——希臘人多意識到什麼？想多透露什麼？他們是否在這兩部史詩中也看出來、想抓住哪些特別的釉彩、哪些微光閃爍的東西？哪些是只有「個人」才講得出來、並且很幸運沒被集體塗蓋掉刪除掉的殘餘東西？

或者，希臘人知道而且想要——人跟人談話，要能真正持續的、往復的、不斷深向的進行下去，總必須是一對一的，人一多很多話就說不成了（波赫士於是說，you，我是跟「你」談話，不是跟「你們」談話）。這事希臘人經驗豐富，希臘城邦是人類歷史裡一個人們談話的最奇妙場域，柏拉圖的對話錄一部一部在這樣方式的不斷談話中發生。因此，也許他們甯可看似犯錯，也覺得需要一個單一作者，不顧一切的創造出荷馬這一個作者來。

## 原來就是文字寫成的

《左傳》原是魯國的單一國史（我們會繼續強調這一點，希望這個事實能像敲鐵釘般把它釘得牢牢的）。彼時，每一個像樣點的國家包括起步較遲（就當時這一波「現代化」而言）的南方楚國都已設置了史官，各國國史也都有各自稱謂，魯史名春秋，名字最漂亮最恢宏且包含著不斷前行卻又不斷回返的時間，透露出魯國非比尋常的美學高度和歷史知覺；這也是說，所謂國史原來不是一本書，而是一件經常性的工作，由歷任史官接續著記錄，是一個國家的「日記」，這部日記的「我」，以及作者，就是國家。

但孔子做了一件破天荒的特別之事，他自己都曉得這是破天荒的所以很不安很猶豫，那就是一人修訂了魯史，而且還回溯了約兩百年的往昔時間，從他未出生、他的先人還沒流亡入魯開始（孔子同時也是個「外來者」，愈到老年他愈常想、也愈確信此事，包括他那個「夢見自己立於兩楹之間」的夢，說明他不僅之於魯國是外來者，還是整個周天下的外來者，空間加上時間，是殷商的遺民後代，但他認同周，「郁郁乎文哉，吾從周。」以為這是進步的），這就是我們今天仍可看到的《春秋》版本，確確實實由一個人以文字從頭到尾重新寫下來。至此，「春秋」不再是開放性的、貼著無邊無界現實的即時性記錄，毋甯開始像一部有開始有終點、有著一人見識和企圖的完整之書，也是一次從頭到尾不中斷的回憶。所以，讀史的人依然可進入到它條列的單一大事裡比方誰殺了魯隱公、哪年哪月建了哪座日後拆不掉的城等等，但也開始可以把這兩百多年當一個對象、當一個時代是非成敗得失的看和想。孔子寫的《春秋》，應該就是中國流傳下來的第一本一人之書，單一作者，而且一開始就用文字而非口述，儘管書寫者的原意並不為著寫成一本書，書寫者還強調他只負責傳述而不是寫作。

這也是《左傳》最特別的地方，它根據的正是這部有單一作者而且不可更改文字的書。

為什麼始於魯隱公這一年呢？這是孔子的選擇（也許遷就於史料保存的現實理由，也許孔子意識到某個歷史時間的隱隱斷點和開始……），但這至少又說明了《春秋》無意是天下史，否則平王東遷那一年會是更恰當而且絕不會錯過的時間起點。周王室當然有自己更久遠更堂而皇之的史官設置及其記錄，相傳老子便在這樣的單位工作，孔子也曾不辭千里之路（絕不誇張的千里）只為了請益，也許還期望能獲准察看一些珍罕資料，惟歷史意外頻生，最終，中國這段兩百多年歷史選擇了東方小國的魯史春秋來說明自己。

我想，是孔子如此非比尋常的慎重和恐懼；還有，孔子結束得如此傷心絕望，把那頭誤入的、來得不是時候、人們又不知道牠價值、以至於被捕獲而死的麟，想成就是他自己和這一生，遂成為這本書的奇特結尾及其自自然然隱喻；更重要的，這是孔子確確實實一筆一字寫成的（《左傳》作者看過那一真跡版本、那些帶著物質重量的木簡或竹簡嗎？孔子的古篆字漂亮嗎？如真人嗎？），孔門其他經書應該再沒任一本是這樣。《左傳》，還有《公羊傳》、《穀梁傳》，都沒敢動《春秋》本文，公羊穀梁小心戒慎到甚至不敢討論歷史內容本身彷彿自認沒資格，只負責解釋孔子何以記錄和刪除、何以強調或隱去這裡的人名、何以使用不使用某個稱謂或字詞，像是《春秋》附贈的使用說明書；《左傳》則把孔子本文抄錄置放於前頭像是供著（也許是後代某個明智的編輯做的），體例上像是一份授課筆記，從時間選擇到歷史話題選擇，完全亦步亦趨跟住孔子，像是再重走一次、又重新回憶一次這兩百四十二年裡的事和人。

重新回憶，但正確的說，《左傳》其實比孔子多寫了一個開頭，把時間稍提前，解釋了魯隱公的來歷和為何能以庶子之身繼承君位、以及他為什麼終生只以攝政者自居、是替他年幼的弟弟暫時保管君位（日後他弟弟桓公卻不明究理的殺了他），這樣，更不在歷史現場的我們才能正確看懂這第一樁弒君悲劇的真正內容。這是一個「只有用心高貴的人才犯這種錯」、善不獲報獲勝只召來死亡的很深刻悲劇，春秋歷史，由魯隱公這樣一個內心純淨卻不幸的國君之死開始（多像莎士比亞會大肆書寫的悲劇故事不是嗎？這是否也正是孔子修史時間選擇的一個理由？），我們於是感覺這不僅僅是一段紛亂、粗暴、人殺過來殺過去的歷史而已，這可以是很特別、很值得我們再認真去想去記住的一個非比尋常時代，有諸多深沉不忍的東西藏放於其中；《左傳》也在孔子版本的魯史春秋戛然中止後（魯哀公十六年，孔子死），順勢又多講了十一年接下來發生的事，彷彿是順應著這一趟歷史自身的前衝慣性，讓它自然的停止下來。

這多的十一年，也曾經成為《左傳》作者的罪狀，你是誰孔子沒寫你敢寫？但這還真無聊，而且程度不好。我會說，這正是倖存者後來者應該做的，是他自自然然的優勢，小說家達許・漢密特所說「總得有人留下來負責數屍體」的時間位置優勢。我們可以這麼設想，當時，引領他的老師已永遠離開了，絕筆於獲麟，緊跟著是死亡，絕望還先死亡一個大步到來，修史其實是被硬生生打斷，他得單獨面對廣大世界，而且還是一路走下來不知不覺已來到了當下、他此時此刻活在的這個現實世界；歷史直接注入現實，歷史就是現實，歷史以這樣方式撲面而來。但老師曾帶著他、教會他如何穿過之前兩百多年，莫聽穿林打葉聲，這珍稀的步步經歷讓他彷彿知道了怎麼繼續看這個世界、走進去這個逐步陌生起來的世界；活在當下的人總不免是恐懼的、惶惑的，而他因此有一種不同於眾人的心思清澈和安定。另一面，他原來渾然的、無界線的、糾結線團一樣的當下現實世界，也一件事一件事的有了各自來歷，奇妙的一一接續在、納入到歷史縱向的大時間裡，得到線索，知道怎麼拉動哪一條正確的線頭，現實世界於是分解開來，成為歷史的下一頁，成為有各自因果、有層次遠近輕重的一個一個「暫時結果」。由此，他多知道（或確認）了一些老師來不及看到的事，其中有些還真像是終於水落石出的所謂「答案」。

像是，這多出來的十一年，如今我們也看到了，強烈如歷史一陣暴風的南方吳國果然亡於越，夫差自縊而死，死得很自慚但很平靜，是他最好的樣子，也像回轉成他剛繼承吳王大位時認真乾淨那個夫差，他死前和趙襄子那番短短對話，尤其若有所思很有禮貌問趙襄子的那個問題（「史黯何以得為君子？」這居然是夫差最後的、臨死想著的問題），是《左傳》寫得最好段落之一，更接近文學而非記史，只有文學才捕捉、保存這樣的情感，這樣微光般人的心思晃動。魯國自己這邊，幾代君臣鬥爭下來，此刻也明白到完全無法否認、回頭、善了的地步了，魯哀公在大街上問孟武伯（孟孫氏），我還有機會死於自然人壽嗎？得到的回答居然是「臣無由知之」，意思是我們三家無法承諾不殺你，裝都不願再裝一下；至於盟主晉國，這個負責維持著當時秩序、真正把這個時代撐住不墜的大國，范氏中行氏先亡掉了，已進入到知伯荀瑤和韓趙魏三家的屆臨攤牌時刻，《左傳》的記述停在這裡，然而最有趣的是，《左傳》卻時間之賊的忍不住又透露，韓趙魏將聯手起來滅掉最強的知氏，而這日後將被合理的視為春秋這個時代的正式告終；沒有了晉國，也就沒有了春秋。但這其實是又十幾年之後才會發生的事，《左傳》這本書本來不該知道的，惟《左傳》作者知道，他眼看著它發生，是他的現實，也正是賈西亞・馬奎茲所說的「多年之後」，書中人未知的將來，卻是書寫者的此時此刻及其記憶，那時奧瑞里亞諾・布恩迪亞上校面對著槍斃行刑隊，「他將會想起來……」

想想我們誰也都會這樣不是嗎？當某一個事實，以無可駁斥無法再否認的現實結果模樣攤在我們面前時，時間本來是連續的、綿延不分割的，但此時此刻卻像是出現了斷點。原來如此，原來如此，我們的回憶因此總跟之前的回憶有所不同了，線條改變，記憶和遺忘、強調和忽略重新交換，像是回憶重開，我們會因此多想起一些事、一些細節，也會特別去凝視某個人某個印象，彷彿這才注意到它們的存在，以及它們的意思——每個我們認定的「結果」，都開啟一條新的記憶甬道。

「他發現時間也會失足，出意外，因此而裂開，在屋裡留下永恆的斷片。」

## 有關書和作者的一種討論

這裡，我們倒過頭來問，書是不是需要作者？可不可以也像我們擁有、使用的其他諸多東西一樣，我們從不在意、也不問製成它的工匠是誰？哪裡人？幾歲了？品行德性如何？

事實上，福婁拜差不多就這意思，誰都知道《包法利夫人》、《情感教育》、《布瓦與貝庫歇》等等這幾部小說是他寫的，但福婁拜講：「作者應該完全隱身於他自己的作品後面。」「作者應該讓後代的人以為他並不存在。」這個愈來愈難以執行的忠告，是小說家的一個理想——但恰恰好和我們這裡想做的相反，我們是在一個沒有作者（作者還沒意義或沒有位置、沒著作權主張）的往昔時代裡，找尋一個作者；福婁拜則是在一個作者名字已印好在內容之前、先被看到的近代，要求作者殞退。有關書該不該有作者這個詢問，我們得在這兩個背反想法拉開的空間裡、在這兩端的張力裡來思索。

福婁拜可能是有感而發，有感於什麼如今我們已完全明白了而且更加有感（我們已活在一個滿街是作者、作者擋作品前頭以至於快不需要作品的奇異年代，文學，以及所有的創作性藝術逐漸歸屬於表演業，讀者買書是確認一種關係而不是為著閱讀內容）。但只糾正一個當下現象、一個偏見不代表就是恰當答案的尋獲，福婁拜不只是這樣的人。我也不以為他是抒情的懷念，要召喚或回去某一個已永遠逝去的時代。抒情幾乎完全扯不上福婁拜，福婁拜是個理性、太理性已達冷酷地步的人，不時流露出對人的無比藐視，他同時也正是現代小說史、文學史裡最接近「職人」定義的書寫者。喬哀斯反抒情，但喬哀斯背後猶有他那個宛如一首大抒情詩、激情逆射飛舞引領著暴力的故國愛爾蘭，是對此的一個堅決的抵拒，喬哀斯的冷靜於是讓我們感覺是一個背向的用力轉身，也感覺出他的孑然、孤獨和一種深沉靜默的悲苦；福婁拜的反抒情則是他自己很平靜的思維，真要追溯上去不是哪名小說家（比方拉伯雷或塞萬提斯），可能是笛卡兒，那個要我們不斷把觀看思索對象切分到最小單位的哲學家科學家，「福婁拜是支持科學的，正因為科學事事存疑，有所保留，講求方法，謹慎又有人性；他一面厭惡教條主義者、形上學家、以及哲學家。」

福婁拜是極「現代」的，他不會嚮往更早那樣沒單一作者（認識者）、憑藉極不穩定語言添加傳送、任誰都可加入插手的不精確時代，這上頭他和納布可夫很接近，也差不多嚴厲；納布可夫強調文學書寫「科學的精確」，瞧不起「原始」的東西，是福婁拜之後下一個「小說職人」。一定要說福婁拜歸屬於哪一個時代，那必定是——在歐陸，尤其笛卡兒所在的法國，科學曾經是一個終極的理想（形式），或確切的說，應該想辦法讓所有東西都長成科學那樣子，舉凡文學、宗教及其他。離法國不遠處、在現今比利時磨玻璃鏡片維生的史賓諾莎，堅定的相信基督教那樣一個上帝是可以、也應該科學的證明出來並描述出來，成為一個真理或說原理，甚至一個方程式，也就是從此任何地方（空間）任何時代（時間）都不必再爭議、人可以永久從這裡退出來的永恆存在（史賓諾莎還這麼宣稱：「我要像寫立體、平面、線那樣來寫人。」）。如果我們用「一個時代」來說它顯得有點猶豫，那是因為：一、那是一種「離開時代」的主張，試圖尋求一種非時間性的東西，把它從任一個特定時空、從人的歷史抽離出來拯救出來，不讓它遭受人的干擾和汙染，甚至也無須人為它辯護，就像《聖經．約伯記》的上帝，祂懲罰抱怨祂的人，更譴責辯護祂的人；二、當這不再能是一種時代的普遍聲音，這個理想並未因此完全破毀消失，它以某種更深沉的樣式傳遞了下來，像福婁拜這樣的人，恢復了它的源遠流長。

福婁拜，具體的來說，懷想的是作品和人一個正確的順序關係，一種「作品才是主體」這樣很乾淨、很精純、也讓人（從書寫者本人到讀者）可以專注無比的關係；不是懷念一個時代，而是牢記一個道理。然而，作者的位置和角色無可避免的曖昧起來了，他和讀者的區隔也變得模糊，不再只是給予者和接受者這種簡單二分，往往，作者彷彿只是先一步發現、先一步知道的讀者而已，我們都共同面對著某一個「本來就已在那裡」的東西，是的，地心引力本來就有，地球在生命誕生出來之前就已經繞著太陽旋轉不是嗎？普朗克提出量子論前夕，那天下午和他兒子散步，據他兒子的回憶，父親彷彿心事重重，神色還有點憂傷，普朗克低聲跟他說，如果我沒弄錯的話，我應該已找到一個可以和牛頓相抗衡的東西了。這是驚心動魄的歷史一刻，但物理學界日後卻也說，就算沒有那一天、普朗克不提出來、或根本沒普朗克這個人，不超過一二十年，也必定有另一個了不起的物理學者一樣會提出來。

孔子說他一生述而不作，也是這樣「作者應該完全隱身於自己的作品後面」。是的，一切源遠流長。

乾淨、精純、專注的極致之處，不只做完事的作者本人退場，而是人的消失，是人的可以、以及必須完全剔除。福婁拜寫他最極限的小說《布瓦與貝庫歇》便是一趟人消失、人剔除的發現過程。在書寫之中，福婁拜曾告訴友人，他在寫一部有關「虛無」的小說，但這應該不是原先的企圖，而是一個無可避免的發現，就像書中布瓦和貝庫歇這兩個原本想窮盡人類知識的「神話般人物」，最終只抄寫、不加入意見，成為完全透明掉的人（「布瓦與貝庫歇放棄了理解世界的願望，認命於抄寫員的工作」，注意「放棄」這兩字）。人執行，卻不加進自己（愛因斯坦也無法把自己的存在放進相對論裡）；人服膺某個更高的東西，一種規則，或一個真理一個無上命令，而結果已獲取，作品交出來，人也就發現再沒有自己的容身位置了。

福婁拜的說法，其最深處，是某種完美作品的追尋和嚮往。惟完美必須全然靜止（或最多是某個圓周形狀不磨擦不變異的永恆循環），像我們無法想像天堂裡面仍有流動如河、會帶著萬事萬物和人一起流逝衰老的時間；完美也是不存在自由、不存在人個別意志的，遑論人精緻細微的情感（這也一直是基督教義一個幾乎無望解除的困擾，人的自由意志乃至於人的意義岌岌可危，這從使徒保羅《羅馬人書》那時就逼在眼前了，只因為他們率先創造出一個完美的上帝。希臘渾身毛病的諸神便不帶來這困擾，其實《舊約》時仍是單一部落戰神的絕不完美耶和華也不困擾不緊張。希臘眾神和舊約上帝仍保有自然的、歷史的實實在在裂紋和稜角）。所以在詩的書寫世界裡，一直有「好詩無風格」的說法，因為在最嚴格的意義底下，風格是人仍然「殘存」的證據，是完美的猶未成功，是人抵達不了完美的（暫時）棲身之地藏身之所；中國的書法世界，也早意識著此事，比方北宋四大家蘇黃米蔡的各自成就，其中蔡字最沒個性，但另一說是蔡字最接近完美或至少仍堅持走在法書技藝的完美路上，蘇東坡黃庭堅米南宮則各自「躲進」個人的風格裡。

所以波赫士準準確確的指出來，但丁《神曲》裡的天堂，明顯少了一個應該在卻沒有的人物，那就是耶穌，因為他太「人性」了，他有一面是人，技術上難以克服。

完美遙不可及，但在每個具體的領域或工作裡，實際上發生的卻是，完美來得太快太早並從此無事可做了，因此人感覺寂寞。就像福婁拜寫《布瓦與貝庫歇》，一部小說的書寫時間就抵達終點了。波赫士因此勸人不必有想寫成完美作品的想法，因為那通常只是退怯和刪除，只是避免犯錯而已；比較柔和完整的討論可能是卡爾維諾，我指的是《看不見的城市》這部過度精純小說（也一樣幾乎沒有人）裡讓所有人不至於錯過、眼前一亮心裡踏實溫暖的那一段：忽必烈汗和馬可波羅瞪視著同一塊棋盤，忽必烈的棋盤是數學的點、線、方格如史賓諾莎，沒有人沒有實體，或者所有人所有實體都消失成為某個類化的棋子，他的思索因此快得不得了，快得拉不住，兩三個大步就直抵終點，只剩一片虛無；而馬可波羅的棋盤是真的用黑檀木和楓木鑲嵌而成，有沉沉的厚度，他看著木頭的漂亮紋理，注視到有一處節瘤（棋盤是否因此不完美了呢？或者，棋盤曾有過更多可能？），指出那裡曾經是一個花苞，可能因為過早的初春霜氣讓它開不成花，縮了回去。馬克波羅接著講森林和樹的生長，順流而下的河和木筏，碼頭和市集，還有臨窗佇立的婦人——

所以說，人不是帶來混亂而已，人帶進來層次讓世界有了厚度和稠密感，還帶來全新的遠方及其向度。很可惜卡爾維諾猝逝，他沒能留給我們的最後那篇講詞正是「稠」。

歷史的轉變往往快得、或不知不覺得讓人猝不及防，人來不及修正想法尤其心裡固著的基本圖像——人類得努力認識自然，也許源自於生存的必要迫切理由，以及人難以扼止的內心時時悸動，甚至，最開始可能就只是視覺，就像我們今天抬頭看滿天星斗仍然會的那樣，會彷彿被某個巨大東西吸進去的簡單相信，最深的奧祕乃至於最後的解答必定藏放在宇宙深處、某一個人目力之外的地方。這於是不僅僅只是一種冰冷知識的滿足而已，還很容易也是智慧的尋求，把知識直接轉換為人可親的、可依循可實踐的熱呼呼東西；這也使得科學同時是神話，純淨的理性卻又攜帶著巫術般的魅惑催眠人心力量（我曾聽一位研究康德的學者這麼說：「理性，我聽到這一個字就忍不住全身激動起來。」）。數學、以及物理學，人們既殷殷等待它們不斷的發現成果，最終還試著模仿它們的思維方式和形式。但如今（一個歷史到此為止最多疑問最困惑不已的年代），我們已確確實實知道了，大自然並沒有（或不是）一部終極的智慧大書，大自然沒有計畫，既不預知也不呼應人類，更不負責解除人的一個個特殊疑問；人詢問，也得自己回答。數學、然後是物理學的歸於沉寂清冷，不再如往昔那樣撼動世界，並非因為失敗，其實是它們已盡職的大致做完它們最重要的工作並已交出了成果報告，它們抵達盡頭了。讀過卡爾維諾的《宇宙連環畫》嗎？這是一本滿可愛的小說，像是遊戲，也像一組愉悅的實驗，但我們是和卡爾維諾重疊過某一個時代的人，知道某種「科學空氣」加諸於我們身上的意思；我們也知道卡爾維諾本人非比尋常的科學知識、解讀能力、關懷和嚮往，如此，我們又不禁爽然若失，原來也就只能這樣而已。

所以，為《左傳》重新想像一個作者，把這個人加回去，並不是重複一次千年前人們做過的事，而是在聽懂福婁拜「作者應該完全隱身於作品後頭」這句話之後做的；也不為著息事甯人，而是思維重開，有點像耶穌當年騎驢入耶路撒冷，不是為著和平，而是會起刀兵的。

「把人加回去」，這才是我們所面對的這個世界其真實樣貌，是人一直以來而且愈來愈清楚的處境；文學和歷史，有它們各自能做的事，也比物理學數學更多，並非只是「準確度稍差的科學」，那終歸只是退怯和避免犯錯。這其實也是海德格做的事，把人加回去，令人目眩神迷——但我一直不認為海德格有那麼特別、那麼難懂。他意識到類似的東西，他是用我們或者不很熟悉的語言，重新思索這些我們其實也已經想了不少的東西。

把人加回去，這裡還貪心的再多加一個，也就是《左傳》作者這個過去不被放入書裡的人，再多內折一層，也多一個指向遠方的新向度。一部史書，從來就不是一個「事實倉庫」、置放著誰來看都一樣的一堆事實而已；歷史記述，或擴而大之，所謂文化，從頭到尾就是人的選擇，不斷選擇記住這人遺忘那人，選擇強調此事忽略那事，這樣的決定，尤其是當下的決定，本來就是那個時代的事實，而且還是一連串的揭露。

## 更像是「一個人的作品」

我們來破除一個有關《左傳》的習焉不察看法——《左傳》完成於那樣一個文字有限度使用的不得已年代，但它不該被胡亂的歸為那種隨機的集體語言之書，另一本書《東周列國誌》才是（《東周列國誌》以犬戎之禍、平王東遷的一則大哭又大笑、鬼氣森森的預言作為說故事起點，戲劇性十足，不像《左傳》以魯隱公的沉重來歷開始，也就是說，它「正確」的改了開頭，非常有意思；又，《東周列國誌》使用了太多《左傳》的既有內文，這也讓它有點消化不良，成為中國說書演義故事中最難讀、最不純口語、處處殘留文字砂礫硬塊的一部。《東周列國誌》正是《左傳》日後進入集體語言的結果）。《左傳》的最終文字定稿於何時、究竟經歷了幾代人幾個人之手，這不是重點，那只是那個時代的作業方式；重點在於，這個也許經歷了好幾代人時間才固化為文字的過程，並不是開放的、誰都可隨興添加並刻上「××到此一遊」，相反的，這毋甯是個過度審慎的代代背誦，人一代目二代目三代目這樣的承接下來，把自己約束在某種「教養」之中，乃至於當成一個淒絕的歷史任務，人學習、理解、並負責一字一字背誦，努力不讓自己成為最後一個知道的人，《左傳》因此有一種奇異的文雅。這些「很多個人」基本上只使用自己的記憶功能這部分，不是我們所說的作者，而是一部一部的印刷機；回憶是一個工作。而此一記憶的最源頭處，我們說過，正是那一部帶著神聖氣息、一字不可更動的文字之書，一本有作者的書，是孔子留給他們也許是唯一一本他親手書寫、而不是他口語傳授的書。

我們還可以進一步比對——日後中國的正統史書，由於國家接手的緣故，反而是沒有真正作者的，工作者也許都留下了他們的名姓（如《漢書》班固、《三國誌》陳壽，愈往後作者的存在感愈稀薄），但真正的作者只是國家，是一個王朝，一個時代。就算《資治通鑑》，由司馬光剪貼大量前代史書資料並用當下文字語言改寫而成，為了讓皇帝以及執政的人可快速的、扼要的知曉歷史，獲取前人的治世經驗，避開可能的盲點、危險和不幸後果，但司馬光一樣是偏向編輯身分的工作者（我自己多年來是編輯，我很容易分出來），差別只在於主動或受命、支薪不支薪而已。《資治通鑑》是前代已浩瀚如海洋、讓人望而生畏生茫然之心史書的一個節本，一道路徑，也是中國歷史／政治的一本「科普書」，它考慮到這些日理萬機又大權在握者的時間、耐心和程度，以經驗的明智替換思維的深刻。

工作者和作者怎麼分別？我們也許清晰知道，但並不容易講清楚如聖奧古斯丁感慨的那樣。這裡，我們仍可以用波赫士這兩句直接洞穿的話來試著分別：「不要像一個時代那樣寫，而是要像一個作者那樣寫。」——這取決於書的內容而不是書的封面。一種是共同的、公約數的、多出來就必須刪除、只平面一層攤開的時代聲音、通常凝結成某些（為數不多而且不斷重複）明智的教訓；另一種則是一念耿耿的、追問的、連碎片都撿拾起來、深向穿透而去的單獨聲音，這難有結論，只是某一個很特別的人奮力走到他此行的盡頭處，仍有遠方，卻日暮途窮。如此，我們實際閱讀內容就能看出來（其實我們本來不借助波赫士的幫忙就看出來了），封面有他名字的《資治通鑑》收藏的是一個又一個時代的共同聲音，其實是另一種方式的集體書寫；比起來，《左傳》（以及《史記》）更像是「一個人的作品」。

時間這個鬼魅一樣的東西也參與其中，它怎麼會不參與呢？——後代史書，都是以某種時間的簡明切割方式，以某種風波已止息事過境遷的思維狀態，才好整以暇的仔細梳理、確認並評斷前朝之事，這是史書必要的延遲，因為如同最終定讞，這一寫下去「任世間全部淚水也洗不去任一行」，這樣最後的話語，就像美國那位心力交瘁，只幹四五年就辭職歸去的聯邦大法官講的（大法官是終身職），這不像用筆書寫，倒像是一刀一刀鑿在花崗岩上。但《左傳》（以及《史記》）的書寫者不真的完全站在他書寫內容的全然止息之後，他並未從時間大河上岸，而是猶泅泳其中，這就史書而言原是非常危險的，因為當下有它特殊的強調，也就有它相對的全然忽略及其盲點。太多當下熱烈的、生與死一樣重要的人和事，原來只是未來歷史一個只配被遺忘的泡沫，也像季節交替的一件冬衣。而且，愈是這樣熱烈的、生死攸關的時代，總燔祭一樣得損失、燒掉愈多原來更好的人，這個通則在我們自己的這個時代仍然讓人再再惋惜的適用（比方這二三十年民主化的台灣），可是不這樣，好像這樣一個時代便無法順利通過，會泥淖般把整整一代人給全數困住。一時抑或千秋，我們得作出很難受的選擇，時間大河會生成自我悖反的漩渦，當年的莊子因此在一則寓言裡把自己說成是時間漩渦裡一條不幸的魚，困在已乾涸的道旁溝中，此時此刻，他需要一點點水來活命，沒空等你千里迢迢去說動國王，引來沛然的、直向東海奔去的河水。

《左傳》（以及《史記》），因此不是一部日後嚴格意義的史書，書中藏放著不少史書不宜、或放不進去的特殊時間成分，過多的當下和未來，這是書寫者置身其中挾帶進來的違禁關懷和希望。一般而言，這是文學才做的事，文學書寫，時間總是稍稍的、偷取也似的提前一點點，其準確的時間點，極可能就在過去猶未完全過去、過去和當下仍犬牙交錯這彷彿時間暫時一停的這一個點，像《聖經》裡守夜人所說「黑夜已經過去，黎明卻還沒來」的那一時間縫隙。

《左傳》，或許也像後設小說所意識到並想呈現的（只是後設小說常常浮泛而且效果不彰，成為一種書寫時尚而不是個有益的嘗試），書寫的人既在故事外卻又在故事之中；在他故事的完足世界外頭（也許應該是平行於一旁以及緊跟在後頭），有他自己變動不居的現實世界仍在進行，這不應該也不允許在故事世界的悠悠話聲中被遺忘，而且故事結束時，我們仍得回到這個現實世界來，乃至於發現自己其實一直站在這裡像是剛剛只進入了一個夢裡。他所講述的這個彷彿有頭有尾、單獨抽走、乾淨包裹起來的堅實世界，於是被（重新）置放在這個不穩的、移動的並不斷流逝死亡的時間基礎上，原本平靜講述的閑情故事，因此字字句句可能都緊張起來、危險起來並相干起來，兩百年前已灰飛煙滅的魯隱公動人悲劇往事，直接逼到此時此地人的眼前來，它仍是人當下的折磨，當然，如果我們勇敢一點也聰明一點的話，也可以是當下的說明和啟示。

大約是這樣。也因此，就《左傳》這本書（並不包括其他太多書），我以為我們追問、想像並試著從內容凝聚成形它的作者，是很正當的，他的存在正是書的一部分，我們想知道的無非也就集中在這部分。有關他的名字、他的個頭長相和一些生平履歷，這方面我們什麼也不知道而且並不（那麼）想知道，這就像好小說中的人物角色，作者不願破壞專注去交待他的眼珠顏色，我們讀者也不想浪費時間好奇。重要的是，我們大約已確認了他的時間位置（春秋已結束時）和空間位置（小國的魯），有沒有機會再縮窄一點呢？想像出（帶著隱喻的，因為不真的能做到）他某一天、某一地點踮腳看著這一切事情發生，如嘩嘩奔流河水中一塊露出頭來的不動岩石。這裡愈精確一分，我們愈能想得遠一步、多一些，就像兒時我們堆積木那樣（我想，蓋房子的經驗較少人有），底下堆得準，才能疊得比較高不是？

## 如果他是左丘明

《左傳》這個「左」字，取自左丘明，魯國人，家族世世代代擔當魯國史官（也就是說孔子改寫的是他和他先人的工作成果，倒過來了），相傳他同時也是春秋另一部流傳史書《國語》的作者——地點和職業身分都很對，不再深究的話，確實可以平息人們第一時間的好奇。但往後兩千年時間太長太多，人的思維是無可扼止的，會不斷察覺掩蓋住的東西，權宜之計壓不住這麼久。

如果真是這個左丘明，倒也有趣——想想，孔子先筆則筆削則削的修改他的記述，然後，他再心悅誠服根據孔子的民間私人版本寫成了這本《左傳》，這是很漂亮、很無私的一個經過，兩個如此聰明的人接力般交互前行，唯真理是從，朝向某個歷史深處。

如今，我們還多知道左丘明這個人什麼？不多，而且信不信無妨。相傳，他也是盲人，這和希臘人說荷馬一樣或說基於很類似的理由；相傳，他和孔子是同代人而且年歲還稍長於孔子，因此是個非常非常長壽的人。

左丘明和孔子同代大致是可信的，因為《論語》裡孔子曾不經意提到過他名字一次，正因為無意是以很可信——孔子那番話原是批判人某種高段的虛偽、假裝更真誠的虛偽，「左丘明恥之，丘亦恥之。」這也同時不經意的告訴我們，左丘明這人很正直但不易欺瞞（正直的人不必然笨），他必定也是個私底下和公共場合講一樣話的人（這也是可敬的香港讀書人梁文道對自己的恪守要求），敢於說出令人不舒服的真相，也就不會面對權勢、財富和人群就貼住耳朵縮起身子連膝蓋都發軟，這點也的確符合中國古來對史官的基本期待。

這些，唯一和《左傳》內容有特殊緊張關係的是左丘明的長壽，技術性或說算術性的不得不活久一點，左丘明不能死，至少絕不能死在孔子之前，否則——《左傳》很明顯寫出了孔子死後的事，且至少多達十一年。我們也都曉得《聖經・舊約》裡滿滿是人瑞，彷彿猶太人蒙主寵恩曾有一種後代消失掉的長壽基因（消失的時間點大致是他們進入迦南地前後的有史時代，也就是說，長壽基因和信而有徵的歷史是不共容的），還有人以相同的算術理由足足活了九百多歲才得以死去休息，為的是湊足歷史時間，好接上世界之始的創世紀那第一個星期六天（第七天上帝心滿意足休假去了）。但這是個徒勞的努力，原因很簡單，人代代相加的時間總數不是一個人活多久，而是他幾歲時生育後代；因此人延長生命沒用，要延遲的是他身體裡的生殖功能這部分，包括生物腺體也包括他對性的想法變化（昆德拉指出來，人第一次性愛和第一千次、第一萬次不會是一樣的，人會不會厭煩呢？），得老而彌堅才行，《聖經》最老的生育記錄是亞伯拉罕和他高齡產婦的妻子。也就是說，關鍵不是長壽基因，而是或許更受歡迎的強壯基因。然而，有很無聊的人拿筆或計算機加過，就算不顧一切把舊約代代人壽全加起來得到最大值，也只能把歷史時間前推到距今只六千年，而現在，我們知道了還常常看到，有太多超過六千年的理應不存在東西，這是否全是我們的幻覺或內心圖像呢？包括眼前的一座山，一塊伸手就撿拾起來的石頭，這一片代代人艱辛活過來的大地，還有我們頭頂上那「光陰在星辰之間流逝」、卻彷彿在城市裡一顆一顆熄滅下去的恆星。

所以啊，即使是《聖經》也不要這麼讀，文字是隱喻，很多文字尤其只能是隱喻，或只是多年之前的人在他們的生命基本限制底下，一次一次逼近真相的努力及其狼狽，也一定有死角、偏見和種種不安不確知。逐字逐句的虔信對當時的人並不公平，對今天活著已知道更多事實真相的人更不公平。這樣，那些牢記《聖經》的人，可否不要再反對同性的人相愛以及長居一起呢，讓他們自由？

真正《左傳》作者的合適時間位置，我們乃得說，只加孔子死後十一年是不可以的，因為他還明顯的看著韓趙魏滅去了知氏、看著撐住春秋不墜的晉國熄滅而非僅僅是預言，也就是真正來到了春秋這樣一個時代的日落時分，他是站在這一歷史的懸崖盡頭看著並回憶這一場的人。一定的，眼前的歷史感覺整個移動起來、加速起來，而且掙脫開什麼也似的切線飛出去，時間的感受形態從接近循環拉直呈直線，太多東西跟不上去被拋下來，也有太多東西從此不會再回來、不會又發生，人一生為此的學習和準備在這個時間的割裂處一腳踩空掉，如果他再想起他實際上或他心目中的老師孔子，那個準備得更多更好的人，此一悲傷會更深沉。這一可能圖像最好的描述之一是《聖經》裡最後一次寫摩西，當時猶太人已正式開拔要進入流滿牛奶與蜜的迦南地，開始他們從未有過的全新樣式生活和歷史，但摩西被單獨留下來（耶和華不允許），他立於山頭，伸手可及，而且腦子依然清明，眼睛也不昏花，但生命時間就是不夠了，不夠重新準備好應付一個不同的世界和時代。往後的世界如此陌生，不是我能再書寫的了，或者說得更換另一種寫法，《左傳》這一趟回憶、這一記述到此已疲憊，是應該停下來了。

這個作者，他仍可以是左丘明，但得是個年輕很多的左丘明，比較適當的年紀差不多是孔子的第二代學生，那一批他回魯國不走了才收的、比較安穩可慢慢教授談話的學生。第一代如子路子貢顏回這群跟他水裡火裡一道、也像他一樣纍纍如喪家之犬的學生，孔子曾想著非常非常心痛，從我於陳蔡者皆不及門，他一個人的華麗大夢拉著他們一起，過一種朝不保夕的生命方式，也許大家心甘情願甚至光榮，但孔子依然內疚。不及門，較正確的解釋是失去了、或再回不到原有的生命位置，曾經滄海的成為某種異心的、格格不入的、飄落到現實邊緣的人，也如同卡爾維諾棋盤上的那個節瘤，踏錯了某個生長季節，開不成花。事實證明，這第一代學生儘管素質較好（是天資還是因為這一場奇異生命經歷使然？），但都不是日後傳經、沉靜坐下來背誦學習的學生。孔子自己靜得下來，當時還來得及改換一種工作方式，而他們連再跟上這個都有困難、都感覺來不及了。

## 已失去周公的魯國

我們更實際些來看當時魯國自身的變化，具體的來逼近《左傳》作者的空間位置和時間位置，一種人的當下處境。

《左傳》末尾，彼時孔子仍活著也看到了，齊國入侵魯國轉而熾烈頻繁，所謂周公太公（兩國六百年前的並肩建國者）兄弟之邦這一套再講也沒意思了。魯哀公十一年一場兩國大戰，魯國幾幾乎是傾盡所有，感覺到這回滅國的真實性及其逼近是空前的，一敗而亡是真的可能。這一戰，三桓同心一力，我們看到了孔子學生冉有、樊遲（可能是孔門最好的司機，駕車高手但人有點呆）皆上第一線肉搏，稍前和吳的一戰有若還加入一個三百人的趕死隊，那一夜都已整裝完畢、呼完誓師口號要出發去死了，還好敵軍臨時退走；未成年的小僮汪錡也破例上陣並戰死，就像我們今天電視上看中東、看非洲慘烈戰亂那樣，這是什麼世界啊。所謂歷史的災難時刻，也可以這麼定義，或說是一種通則，那就是人被廉價的、不恰當不合理的胡亂使用掉，最好的詩人小說家拿槍派去戰壕一去不回（我們讀歐陸的詩集和小說，屢屢心驚的發現作者早死在一戰或二戰，要不然就是死於打游擊的抵抗運動），世界級的人類學者或音樂家把他最成熟、好不容易才抵達的那廿年卅年時間用於農場養豬云云，人無法做他最擅長、最有成果的那件事情，人浪費掉了，當然是無以彌補的一個又一個損失。災難是個歷史順利前行的大坑，得用一堆人的身體填滿它才過得了。

這一戰，最終還是藉助吳國援軍開到才堪堪打贏，一場慘勝。魯國的執政者季康子毫無喜色，他說的是憂心忡忡的話：「小勝大，禍也，齊至無日也。」是的，齊軍馬上又會攻來，還多了急於討回顏面的雪恥決心。這樣的國家處境禁不起敗，但更糟糕的是，它還禁不起勝，這何去何從？季康子的話，幾乎和之前宋國大難時子魚的說法一模一樣，也讓我們又想起之前鄭國的另一場戰役，想起來子產——魯襄公二十六年楚軍入侵，子產依然準確無匹的判斷出楚王真正意圖和當時國際形勢，他選擇了不防禦，放由親身帶兵的楚王有限度的劫掠一番，取得可交待的戰果，面子裡子都有的開心離去，這更進一步了，勝與敗同樣禁不起，但有時候打贏比打敗更危險。

也就是說，至此，六百年時間的周公魯國，已經和殷商遺民的宋國、兩百年時間的鄭國，大致上沒兩樣了。一直守護魯國的某個特別東西，已隨著人們的遺忘，人們在迫促現實裡再無暇也無心想起、講究，留在了遠處的時間另一頭。

吳國軍援，相傳是子貢的功勳（《左傳》裡，仍看得出來子貢在彼時外交有吃重的角色，救火任務），他臨危受命跑了四個國家，救下了他老師而不是他自己的母國；子貢自己是衛人，來自另一個小國。相傳要他去的人正是孔子——《孔子家語》這部不嚴謹的流傳之書也許不可盡信，至少是誇大的、孔門代代自己看了開心的，但極其可能核心之處仍包藏著、留存著一些基本事實。子貢此行，說動老盟主晉國出面干預是援引慣例，比較容易單純；但要吳王夫差發兵北上，那就得幫他解除背後蠢蠢欲動的越國才成立；所以子貢再往更南走，向越王勾踐獻策，警告他吳國已起疑，多年的忍辱準備將付諸流水（相傳勾踐當場嚇出一身冷汗），要他主動派出軍隊交吳王調度，假意和吳行動一致；更精采是他還直接深入敵營齊國，挑明了執政陳家已很明顯、已難回頭的篡國企圖，如此，最明智的做法是保住實力的佯敗撤軍，留著絲毫不具威脅可能的魯國為某種標的、某個積聚擴大兵力的理由，好繼續掌握生死攸關的齊國軍權云云。這場子貢人生最華麗的演出，一人出門，五個國家為之震動，尊晉，霸吳，強越，弱齊，以及存魯。但我們看，子貢的言詞完全是當下現實利害，沒援引任一絲道德力量，也不尋求顯然已沒人耐煩的歷史力量，是日後戰國縱橫者蘇秦張儀的提前預告、第一人。春秋無義戰，子貢就連個義的外殼都乾脆拿掉，如此坦率無隱，當然是新的現實使然。

孔門第一代學生，日後，便只有子貢一人算是順利穿越過些此一時間裂縫，隻身進入到一個全新的世界。相傳，他自身是發光體般依然活得很精采（司馬遷曾指出孔門弟子其實是月亮般反射著孔子的太陽光芒），成了富甲天下的跨國商業鉅子，同樣是日後貨殖者的先行一人，一人身兼兩個歷史第一，太厲害了，但那很顯然是另一種人生了。子貢，我相信他是個深情款款到令人動容的人，據說孔子死後他獨自在墓旁守了足足六年才離開。子貢是一個渾身現實敏銳感覺和力氣的人，他適合放在夠大的舞台上面（孔子也這麼講），可不是老實到接近愚笨、本來就合適留在熟悉家鄉背書抄書的曾參。六年時間因此對子貢何其漫長也何其慷慨，這是他對老師、以及這段歲月的依依惜別方式是吧。他想些什麼呢？會多看到老師不在之後的魯國和這個世界什麼？以及，後來這一批更用功讀書的師弟們什麼？孔門弟子中我自己對子貢最好奇，他最複雜，是站在孔子心中應然世界和外頭不舒服真相世界接壤交錯處的人，這會不斷的相互駁斥嘲諷，人心於是成了激烈衝突辯證的戰場。子貢的真正想法太可惜了並沒留下來，我們於是只能盡可能合理的、蛛絲馬跡的猜想他，猜想的最好方式是用可重建消失世界、消失之物的小說來寫，但願有合適的、作同一種夢的、生命質料相似的好書寫者（另一個較提心吊膽的但願是，但願沒有那種糟糕的、張藝謀式的書寫者胡亂糟蹋他）。戰國新時代裡想必依然四處受歡迎、受尊敬包圍的子貢，我絕對不信他會忘記自己年少、以及其實已不年少不再天真的這一場，所謂生命最好的時光，他曾經堅信自己距離某一個巨大美好的東西、某一個他熱愛的世界這麼接近。他也必定常常想起他的老師，老師講過以及並沒講出來、做過的以及應該會做出的歷史判斷，還有諸多戛然而止來不及做完的事；想起他那些可以講話的不在朋友。史蒂芬・金改編為電影《站在我這邊》的原小說《屍體》，那一段徒勞的冒險旅程結束，多年之後的「我」成了寫小說的人，他那三個朋友，一個老實留小鎮繼承家業營生，一個嚮往軍旅卻成為進出監牢的罪犯，最像大哥的那個，苦學成了律師，卻在酒館裡好心排解糾紛被一刀刺死，儘管凌亂狼狽而且都不怎樣，故事結尾處，這個「我」在打字機仍這麼寫下，「我這一生再沒交過更好的朋友了——」

魯國失去了什麼？如果最簡單來講，魯國失去了周公，以一種所有人宛如一起遺忘的最常見方式。孔子晚年慨歎自己再不夢見周公了，一般我們體認為他說的是自己的蒼老和某種絕望不回的隱喻，但是不是也說的是一種現實呢？

## 像一所學校、一座圖書館

失去周公，魯國變得完全平凡了，真的就是另一個鄭和宋而已，都只是在歷史「死亡的長廊」裡、時候到了就靜靜滅亡的小國家——魯、鄭、宋的確實亡國時間幾乎沒人記得，連史書都不太交待。

春秋，其諸地諸國的消長和變化，服膺著另一個歷史通則，那就是中心不斷的耗損、疲憊、蒼老，新的活力及其想像力持續發生在邊緣地方，像源源注入的水流。我們看，春秋之末到百年戰國如單行道，一直強大起來的國家都在四角之地，秦、齊、楚，以及春秋時根本等於不存在的燕；三晉中趙國最精采也最具長時間抵抗力，一定和它銜接胡地有關，事實上，趙的嫡系血脈便是華夷混血，源於最早的趙衰；真要再計較，曾快速稱霸一時的先吳後越，也是來自最東南一角。姓氏不斷分割變異、由大而小、由氏族整體而一家一人，也許不那麼要緊，但何妨我們也看一下——周天子直裔的姬姓國家，死的死逃的逃，吳亡於越，晉被三家裂解消失（韓趙魏早早就是異姓而非公族），其餘本來就無足輕重；就連同為「西周集團」、百年千年緊密相處、婚姻交換並聯手東進取得天下的姜姓齊國，也換成陳姓（田姓）的新齊國借殼上市，陳姓，當時人堅信是舜帝之後。

地理上，魯國遠在東邊，但概念上，魯國卻一直是另一個中心，可能正因為這樣，魯國一開始就註定了不會成為這樣一種如旭日東昇的國家——《左傳》有這段回憶記載，比較了齊魯兩國第一代國君姜尚（子牙）和伯禽（周公之子），以及這兩個相鄰、風土人情本來差距不遠國家的不同建國治國理念，並由此分歧二路如佛洛斯特名詩所說的，分別走向人群的薈聚之地和人稀的密林之中。大致這樣，相傳封國新建百事待舉，但齊國不到一年時間（依左傳其實是五個月）就回報成果，周公（代理天子，從未就魯執政）奇怪效率如此驚人，得到的答案是，因為採行遷就、順應當地原來民情風俗的方式工作，上下配合容易，治政很快上軌云云；魯國則遲至三年後才來，這又未免太緩慢了，回答是，因為得一點一點改變人心、想法、習慣和生活方式，這快不起來，三年時間才算有個樣子云云。至此，周公長歎一聲，預言百年後齊強魯弱，魯國將長期的壓在齊國之下。周公的理由比歷代讀書人想像得要現實犀利，後代常忘了政治才是他的專業，他追隨他哥哥周武王打過那場決定性的大戰（想必也殺過人），還幫他早逝的哥哥處理比戰爭更複雜、更事關人心詭詐幽黯、還牽涉到自家兄弟（管叔蔡叔）叛亂奪權的定國大事，忙得沒時間吃飯洗頭。他的制禮作樂是在這個基礎、這樣政治要求之上的一個工作，是政治工作的一種提昇而不是一種對抗。周公以為，治國是眾人之事，事關集體，簡易明晰是集體性工作的基本通則，不宜用這麼難、這麼勉強、這麼人們聽不懂的方式來；也就是說，魯國打開始就不像是建構一個現實新國家，倒像是打造（或甚至搬遷）一個中心的東方分部，也像建一所學校、一座大圖書館。日後，這極可能不僅僅是偶然，我們看春秋這兩百四十二年共十二名魯君，性格、資質、際遇和機會各異，但沒有一個雄主，甚至連想一下、作個夢一下的短暫念頭都看不到。鄭還有個鄭莊公，在齊桓晉文未出之前，他是當時最有霸主樣子和其人格、資質潛力的人，曾打敗彼時尚有餘威也有殘存實力的周天子部隊（周王的影響力極其可能正是終結於這一敗），還射王中肩；宋也有作夢如夢遊一場的宋襄公，他在他一個人的夢中清晰的看到了誰都看不見的爭霸稱雄機會。

周公有沒有真的說這預言，我們並不知道，我猜想，這是魯國人日後的回憶，或者只是一個假借，因為最原初明明封建規格相同（皆為公侯之國、最大的一種），論親疏和特殊待遇，魯還遠勝齊，後代魯國人必須極不舒服的跟自己解釋，為什麼齊國能而魯國不能不是嗎？

用《聖經・舊約》、也就是摩西掌權一統並分別（分封）猶太各部族的這段歷史來比對，魯國最像是利未人這一支。利未人基本上不作戰，甚至連日常經濟活動都不參與，由各部族分攤供養，他們的工作就是祭祀、全心敬拜侍候壞脾氣的耶和華，並負責保管保護約櫃這一最大聖物或說猶太人的生存象徵（已不知所終，或說堆放在美國某大倉庫之中，依印第安納・瓊斯博士的《法櫃奇兵》）。魯國負責泰山祭祀的經常性照料（天子巡狩親臨是不容易發生的大事，整個春秋沒見過周王來過一次），行禮奏樂的規格高出所有國家一頭接近天子，這樣獨一的、尊榮的工作幾百年進行下來，會逐漸形成一種魯國的獨特基本現實，甚至普遍進入人心，成為魯國人的一種基本心理狀態，決定著人的一部分現實作為，以及看世界、想世界的方法。這讓人單獨的朝向某個更高處更深處，但另一面也會是一種忽視不顧，一個限制，一個人生現實裡的沉重負擔，像古希臘只看星空沉思的泰利斯，一個失足摔入井裡，被一旁色雷斯的女傭竊笑。

今天，我自己是在日本京都察覺出很類似的東西。京都人極可能是全日本最不和善怡人的，京都人（尤其是老式店家的）高傲，緊繃，帶一種奇異的抵抗感和心不在焉，即便你是據說「永遠是對的」顧客身分，連花錢買東西感覺都得先具備某種「資格」、某種相稱的鑑賞能力才行。一次一次，我慢慢才想出來，這正是他們身為京都人的緣故，人被命運莫名拋擲到這樣一個一千兩百年的古都，他們好像生來就有個無可拒絕的安排及其任務，得世襲守護者一樣，保衛一個又一個容易在歷史轉換、尤其是轟轟然現代化中至此消失不見的東西。很多大阪人東京人能做的他們不能做，能有的他們不能有，包括比方說京都不能蓋太高的現代大樓，尤其靠東山神社之鄉這一側，怎麼可以擋住人的及遠視線呢？怎麼可以讓人在八月十六日晚上看不到大文字（有兩處）、妙法二字、船形、鳥居形點燃起來的「五山送火」呢？曾有一家蓋得太高的大飯店便曾引來全京都神社和寺廟的聯名抵制，貼布告不歡迎該飯店客人拜山（但仍措辭典雅，而且美學上漂亮得完全不像急怒攻心的抗議海報）；京都的土地也無法說挖就挖，也因此，京都的地鐵極不發達，地面道路不能拓寬，很多地方（尤其是最美的祇園周遭）就連電線桿還留著無法管線地下化，這些小鄉小鎮都不難擁有的現代化成果，京都人就是不能享有，凡此種種。在這裡，人們還用歷史大時間看事情想事情，而不是只用當下；還有某種世界的、人類的恢宏視野，而不僅僅只是站在一座城市裡，這是京都人獨特的時間位置和空間位置。

歷史裡，有最聰明最敏銳的人幫我們證實此事——來自吳國的君子季札，便是在魯國觀看了一直聽說但無緣親睹的歷代天子之樂，正因為周公的緣故，這是諸侯國中唯一的特許，極可能也只剩魯人才會，並實際收存著相關的特殊樂器和舞衣舞具等等。又幾百年後，司馬遷有意識的進入到一個個歷史現場（他不只靠研究室資料工作，他比較文學些），在齊地，他看到人粗獷不馴的景觀，但相鄰不遠的魯地還是弦歌不絕，多年戰火，這裡仍可看出像一座學校和圖書館，某些殘餘的幽靈還徘徊不走，讓太史公嘖嘖稱奇。這也許直接來自孔子，但我們說，是什麼讓孔子這樣一個奇特的人可以養成？以及、是什麼給予孔子做此空前的、不可思議之事的可能空間？沒有這一個周公的魯國，孔子的如此存在（他的想法、他的視野、他的過大企圖、他感覺他的生命任務、他的教學⋯⋯）難以想像。如果孔子生於鄭，他的想法做法會不會更接近子產呢？有可能，我們有理由懷疑但不知道。

周公死後，周成王沒依他遺願葬於雒邑墓地（周公希望自己仍就近輔佐周政，跟生前一樣），而把他送回畢，那是周族歷代先王安息的神聖之地——周成王「不敢臣周公」，意思是不敢把他壓於臣子之位，這是周成王的天地盟誓之舉，因為他這個滿身才華又勤苦任事（這兩個特質並不容易在同一人身上太久）的叔叔，不僅幫他保管，還幫他仔仔細細收拾好一整個天下，等他長大可繼承了，才像西方人講的，用緞帶紮好、盛在銀盤子恭謹交還給他，自己安安靜靜走回到北面臣子的位置站好。他的後代魯隱公大概記得此事，心嚮往之，也真的想這麼做但發生不幸。《尚書・金縢》，記錄了過程中周成王的人性疑懼，但成王打開了藏於金縢之櫃的歷史文件，發現父親病重之際，周公曾祈告天上三位先王（求先人而不是求神），願意以自己替代武王。這是一份非常有意思的祈願之書，討價還價還語出威脅（你們不放他痊癒，我就不把寶玉獻上⋯⋯），周公還自誇他的能力才華，遠勝過哥哥武王，所以不覺得更合適到天上奉侍三位嗎等等。相傳，成王的不自安讓天起異象，年歲當熟不熟，麥禾偃倒，天起大風把大樹連根拔起，正因為如此才逼成王開櫃找答案找解決方法。當時人相信，上天不允許周公被誤解。

又是天子又是臣的周公，他受封的魯國因此是個最獨特的國家，我自己稱此為，「大國家的靈魂和小國家的身體」，把這麼大的靈魂硬塞入這麼小的身體裡面，這怎麼可能不發生某些奇怪的事？

過去，在寫《世間的名字》最後頭，我也曾以此來想退出聯合國安理會之前的台灣，曾經是世界五強的台灣，那是我的童年和我的成長歲月所在，多年之後，我才慢慢知道這是奇特的，奇特到近乎荒唐。

## 綻放成花

最後，我們來猜想這個問題——司馬遷寫《史記》，春秋這兩百四十二年，為什麼幾乎合本照抄《左傳》不疑？司馬遷絕對不是那種有就好、拿來就好的書寫者，這麼聰明認真的人，如果不是實際內容說服他這如何可能？

春秋，我們講了，至少稍微像樣的國家都依例設了史官，就連南方晚起的楚國都有（左史倚相，能讀三墳五典八索九丘這些古典籍，意思是史學根基深厚）。太多國家遠比魯國強大、政事上軌、資源豐沛而且持久，還穿越過更長的時間，從戰國到秦，直指司馬遷。我們當然可以把一切歸於不可測的戰火和歷史命運，但合理來說，司馬遷拿到的先代史冊應該不止這一部，《史記》的實際內容也處處支持這一猜測，像齊桓管仲的較詳盡較興致昂揚記事便顯然另有來源云云。也就是說，是司馬遷做出了選擇，他認同了小國史書的《左傳》，作為自己重述這段歷史的基本主體，其位置、其視角、其話題強調和忽略、其時間軸線及其切割方式、乃至於其語調，好像《左傳》的作者先幫他寫好了這一段。

《史記》和後代正史最不同的正是，這部中國最偉大的史書不是官方的、不是單一王朝的觀點，它遠遠比這複雜、豐沛、多層次而且好看，因為書寫者站在王朝外頭、站遠處，少掉了不少物理性和心理性的障礙及其盲點。我們會說這樣比較公正，但公正不是最確切的字眼，應該說有機會講出來較多的事實真相（所以我們才感覺他公正）；阻擋人說出更多事實並不僅僅只是人的私心作祟（膽怯、逢迎、追求不當利得……），更多是「技術性」的困難，包括書寫者自身的種種侷限，人是否具備足夠的認識能力和鑑別判斷能力，足夠的講述和書寫能力，更重要的或說更根源的，人是否能掙脫自己一時一地的存在限制，去想去看去找出來更多東西，長時間裡，這正是上述那一堆必要能力得以獲取、鍛鍊、提昇的理由。寫史，終究是一個專業工作，而不是一次道德演出；專業深處，歷史書寫（也包含所有的書寫）的確有其無可逃遁的道德要求，但不僅是《左傳》「在齊太史簡」那種尖刀一快敢於為著寫下某一句真話赴死之事，這只是寫史工作的一種風險、一種特殊不幸，而不是它的經常性道德要求和困境。書寫的道德要求遠比如此慷慨要全面、要柔韌要更富思考辯證判斷能力，也更不為人知，這我們往後一定有機會再多討論。

誰都曉得，《史記》把項羽列於本紀，置放在高祖劉邦之前，等於說他是上一個皇帝，也等於高祖曾居於其下並從他手中奪取天下。對司馬遷而言，這極可能只是一個無可駁斥也無可更改的歷史事實，他直直的說出來，不詆毀項羽但也不溢美他，感到惋惜但也說出了他的限制他的不足，可是這對漢家天子也太刺激了不是嗎（兩千年後今天號稱民主時代，我們的國史編修真的更有氣度嗎？清末民初，有多少人多少事蹟消失在這個歷史裂縫之中不被寫下來，難怪章詒和要說往事並不如煙、不許如煙）？但也因此，我們才得以較完整的看到項羽，這終究是一個特殊歷史時刻裡一個如此特別的人，而不僅僅是「敵人」、是惡魔、是這也不好講那也不能講的破碎殘缺之人。說真的，〈項羽本紀〉還寫得真是好，就文學甚至小說書寫的最嚴格要求也仍好極了，我們在往後二十幾部浩瀚如大海、人多如魚群存在的國史裡有再看過任一篇文字能寫到這種高度這種水準嗎？而司馬遷勝出後代史官一頭真的只是在道德一項壓過他們嗎（敢寫和寫好是兩件事）？或者我們這麼看，兩千年漫長歷史，理論上機率上項羽都不該如此獨特、這麼接近唯一，大遊戲變異性不大，百年千年只是重複只是循環只是他媽的又來了，只除了規模擴大、權力及權力的獎品增加而已。這樣一種人心為之顫抖的失敗，這樣一種幾乎已伸手摸到最高一點的墜落和毀滅，不是沒在其他人那裡發生過，但只有司馬遷寫到如此。一如海倫的絕世是因為荷馬的吟詠，項羽的無可比擬也是因為司馬遷的書寫。

中國史官，設法讓他獨立於一般官制之外，有天子不能臣、不能指揮駕馭的一面，甚至像《貞觀政要》裡顯示的，每天皇帝的一言一行記錄，皇帝自己還不可以看（唐太宗李世民遵守，其他皇帝不見得遵守，但這是一種理想）。這是對的，也是經驗，人們很早就深切知道該讓史官離開中心、離開權勢利益交錯縱橫的太熱鬧也太擁擠地點，置放到某一個特殊的、權力不特別伸長手臂觸不到的時間、空間位置。（美國的聯邦大法官辦公地點，那幢建築高崇、空曠、安靜、清冷，不像是現代政府機構倒像一座神廟，有人漂亮的形容，只有寥寥九名終身職大法官置身其中，很像是埃及神殿裡的九隻神聖甲蟲。史官，正是歷史的大法官不是嗎？）

然而，中心有中心一堆令人害怕的弊病（這歷史經驗豐富），惟邊緣一樣有邊緣的通常麻煩（比較不為人知，或說願意忍受）。一般說，邊緣的書寫，人的目光可以恢宏不阻擋，也較容易多生勇氣，但距離太遠卻也容易變得外行，把事情看得太粗線條太簡易，都是原則而缺乏細節，進不到事物的細膩精深之處，也沒溫度，從而少了必要的同情感受，少掉了只有同情才能獲取的更進一步理解，也少掉了只有同情才做得到的更準確判別和判定，犯那種「事情其實不是你說的那樣」的最典型外行錯誤。也就是，太恢宏太有勇氣過了界線，接下來就是內容空掉了，書寫很容易一路傾斜向道德，只剩道德，逐漸變成只是一種控訴，或一個豪勇的宣誓；道德一出，萬物披靡，尤其是專業，所有別人的專業，以及自己的專業。

實質內容的不足和消失，距離太遠只是一個原因，更根本的，可能是邊緣小國之人的經常性處境和其心理狀態使然。米蘭・昆德拉把「生死攸關」這個緊張兮兮風吹草動無暇他顧的詞，緊緊黏貼在小國家上，是他所說「小國家鄉巴佬氣」的由來；而所謂的小國鄉巴佬氣，昆德拉解釋，正是人無法也不願把事情置放在其大世界的必要背景來看來想——小國家不被允許在大世界遊戲裡有角色，時間一久，它也以為想大問題、關懷大世界變化是無效的，於是移開目光，以至於當有某個人這麼做，還會如昆德拉所說，遭人訕笑，被認為喬張做致。《左傳》最後，獲麟那一年，孔子已是很快會死去的七十歲老人了，齊國陳恆弒其君於舒州，這關魯國什麼事？尤其當時魯國猶處於三年前那場存亡大戰的驚魂未定狀態，但孔子做了一件如此不合時宜的事，這其實令人讀了感傷，他齋居三天後，三次上告魯哀公應該出兵討弒君之賊，結果當然是笑話一則（被訕笑被視為喬張做致），但孔子說：「吾以從大夫之後也故不敢不告。」孔子大夫後人的此一身分，這不發生在他生於斯長於斯的魯國，得上溯一兩百年前孔子先人仍在宋國的時日（魯桓公時，「經二年春正月戊申宋督弒其君與夷及其大夫孔父」，孔家顯然正是弒君之事的受害者），他記下或保留下這個不幸先人的名字；也就是說，這個身分這一建言，只有在周公的天下秩序裡才成立，只有置放在如此大世界的背景裡、記憶中才說得通才取得意義。就像，相傳魯國才封建之時，管叔蔡叔聯合武庚那場天下大亂，第一代魯君伯禽正是討賊最力戰功最多的一個，三年血戰不回，很久很久以前魯國的確是做過這樣事情的國家沒錯。當這顯得如此突兀可笑，我們就知道了，周公不被記得了，魯國曾經擁有的那個巨大靈魂也已離開了。

事後之明，我們若是司馬遷，可能也會做出跟他一樣的選擇，這是很實際的——我們差可想像，如果依據大國乃至於就是周王室的記史，那很可能會墮入「大國家鄉巴佬氣」的另一陷阱，記史只剩自身細節，一種「小國不會有大事」的基本心理狀態，太多遙遠角落裡有意義的人和事容易被忽視或根本腦子裡沒這東西。而且，大國家乃至於周王室，由於某種大起大落、繁華一夢的緣故，最終也容易變得單調、變得只剩某種悠悠千古的慨歎和「智慧」，像是老子，相傳他的職業就是記史者，道家之源正是史家如司馬遷準確指出的，浸泡人類歷史太久太多到反胃噁心的史家。老子最終棄絕這一切、這所有過多但總以不堪結果收場的細節，本人也掉頭離開，彷彿人的歷史只是一場荒謬劇、一本瘋子的日記、一個人掙扎著要醒來的噩夢、一場虛妄。《老子》一書只寥寥五千言包含全部，具體的人具體的事物全消失全不值一提了，進入到雲端進入到宇宙進入到原理，進入到無人可拒絕的安排和命令；人沒自由意志可言，就只是努力活著並避免受苦而已，凡此。孔子看出來人的消失，他知道老子說得很對如他本人也有浮海而去的無可扼止念頭，但孔子相當微弱不成其抗辯的說，他得選擇和人在一起，留在人的世界裡。

如果選擇鄭宋這樣國家的記史，則是我們講過小國家鄉巴佬氣的另一種陷阱，他們很可能一樣只寫自己但理由不同，他們關心不起世界，就像子產，這麼聰明、目光尖利、有想事情習慣、又有無人可及的最豐碩政治和外交經驗很容易看懂一切的人，願意的話，他一定是當時的首席政論者，可以勝過他的朋友晉國叔向（叔向是晉國公族，帶一點大國鄉巴佬氣，多出來一點高傲），但整部《左傳》，他說的想的爭辯的防衛的乃至於作夢裡面的，全都只有鄭國。

於是我們合理的猜想，這大致上就是司馬遷日後實際拿到看到的，再沒有任一部記史比魯史更合他用、合於他的基本歷史關懷，又盯住大世界大時間，又凝視邊緣角落裡如一瞬的雞鳴狗盜引車賣漿之人（《左傳》還記錄下一個因潔癖而死的人）。魯國這樣一個國家，彷彿生來就為著觀看這段歷史並記住它，「都只是為了一本書」（馬拉美）——原魯史春秋版本（也許正是左丘明家世世代代的成果），因為孔子的修訂被覆蓋掉了，但我們曉得孔子小心翼翼屆臨神經質的工作態度，曉得他微言大義的極精密工作方式，是用細如針尖細如粉末的文字選擇逼近真相（或應然的真相），而不是大刀闊斧的塗寫改寫。原春秋版本，最起碼它的根本關懷、它的「天下／魯國」記述比例，必定很接近我們今天看到的孔子新版本；這一直是一個大靈魂、小身體的奇怪國家，這也是它看世界的「正常」比例，《左傳》告訴我們，有個人看過這一原始版本並留下感言，是晉國的韓起，昭公二年，他訪問魯國，說：「周禮盡在魯矣」，證實我們的此一猜想。

只是，這樣不均衡、不舒服的特殊狀態不會久留，時間一長，所有的詭計都會被揭穿，個別特殊的作用力量會耗竭，輕煙會回去天上，石頭會掉回地下，小國家會在無可否認的一次又一次冷水般現實經驗過後，逐漸認清自己打回原形——集體不可能一直維持特殊狀態，集體很識趣，總貼著現實起伏而行，這上頭它甚至是「明智」的；能支撐在這樣狀態的只能是一些個人，也許靠某種信念之力，也許太短人生已來不及更換另一種想法做法，也許總有人會要賭一下自己的迷信否則就太沒意思了云云。就像《左傳》獲麟這一年當時的魯國，會無視於齊強魯弱這麼簡單現實的只剩老孔子一個，當然還會有一些我們已無從知曉的個人，比方我們的《左傳》作者應該就是，他幫我們特別寫下來這件並不愉快也沒後續可能的事（而且是有傳無經的特殊記述，孔子當然不記下自己上告魯君這樣不值一提也沒結果的事）。這於是也意味著，接下來的官方魯史春秋（應該一直保持記著，一天魯國不滅），至此已和孔子的民間版本（已永遠停止）分歧向二路，這也正是《左傳》作者的另一種意義時空位置，這本書，包含著作者的基本心思狀態情感狀態，正是書寫者和他所在的國家、他當下的現實人群分離之處、之時開始的。從一本有事發生才記、開放向無邊無界現實的國家「日記」，到一本有開頭有結尾、彷彿可找出貫穿時間線索乃至因果的完整之書；也從一種集體的、屬於一整個國家的共同聲音，轉為書寫者一個人的聲音，可以開始思索意義，可以藏放心志。

《左傳》不接手繼續記錄現實、繼續修改往後的魯史版本，而是對孔子已完結的那一春秋版本（已成為一本書）的一次重新閱讀、學習、回想並思索，這於是在孔子原來修史的基本心志之上，再加進一層當下的處境變化；或者我們這麼說，在原來的孔子春秋版本裡，孔子只是書寫者，但在《左傳》裡，孔子同時也是書裡頭的一個人物，同樣被觀看被回憶被再思索，他的一生，包括作為和主張，同樣回到這兩百四十二年裡面，同樣是這一急劇消逝時代的一部分。這也使得《左傳》不僅僅是孔子春秋版本的一個解釋而已，也許它本來只想這樣，但《左傳》綻放成花，有著原春秋版本並未展開來的花瓣也似層次，而且具體起來。還記得本雅明（談卡夫卡的寓言到小說）的漂亮說法嗎？展開的方式有兩種：一種像孩子把摺好的紙船打開來，恢復成一張紙，這是《公羊傳》和《穀梁傳》；另一種是花蕾，它綻放成花，這則是《左傳》。

《左傳》讓一個小國家的國史成為天下史，春秋這個魯史名字也升級成為一個時代的命名暨其分割方式，這兩百四十二年從時間大河中獨立出來。但日後繼續記錄下去的那個官方魯史呢？誰知道或關心過它哪裡去了呢？——我不以為這是戰火云云的緣故，這是日後中國歷史做出的正確判決，了不起只是戰火先一步完成了它而已。日後，那必定是一部昆德拉所說「只配讓人遺忘」的記錄，記錄著往後只配讓人遺忘的那個現實魯國。如果可以，我自己倒很有興趣讀它，理由是，因為孔子作春秋，而一本沒有孔子、未經修改且自此分歧的魯史，比對起來是很有意思的。

一個有著大靈魂的小身體，現實來說並非祝福，生於活於這樣的國家是辛苦的，或許還是不幸的危險的——我自己是從過去幾十年的台灣明確知道，或者說看到。這像人同時有兩個裂解的、不斷拉扯不易和解的目標，逐二兔不得一兔，在每一件具體的事物上都不免矛盾衝突，也難以分配它極有限的資源和人力；人熱切注視著太多遙不可及的東西，而又不真的是它可擁有以及可實踐的，倒是因此一再錯失掉現實稍縱即逝的時機和可能（就實際的比較一下台灣和新加坡吧）；這甚至不當的把人帶進他玩不起的大遊戲之中，忘記了自身的微小和脆弱云云。大概就只有這一點，那就是人（被迫）想得多想得更深沉而複雜，人超過了他的現實，遂利於書寫；而且因為多是種種難以實踐、化不了事實的思維，所以特別有利於文學書寫。大約有個好幾十年時光，台灣的文學書寫成果，現在事過境遷回想起來真是不可思議，近乎奇蹟，尤其考慮它的人口數目、它的土地大小、它的客觀時空所在和條件（邊緣彈丸之島，沒稍長的歷史又發展起步非常晚，一切如無中生有）、以及現實裡它真的發生過的事（幾乎什麼夠分量的事都沒發生，沒戰亂、沒大型天災人禍，甚至很快連瘟疫飢餓貧窮都沒了，「我承認我不曾歷經滄桑」，借用一下大陸年輕作家蔣方舟的書名），考慮這每一樣都不足以撐起也不足以說明這樣數量和水準的精采小說成績，以及五〇到七〇那一個現代詩「盛世」（極其可能就是華文世界現代詩空前還絕後的高峰），是的，憑藉的當然不是經驗，而是不斷焚燒著的大靈魂。文學書寫果真是不祥之事沒錯，還好這個太巨大而且沉重不堪的靈魂離開了，託天之幸這次它大概是永永遠遠離開台灣了。

後來的魯國也是這樣嗎？人們發現自己變得輕鬆、舒服而且實際。

《左傳》作者，我們想像一個這樣的書寫者，背向著當時這一個魯國，也背向著那即將到來的不同未來，他不大像是那個長壽不死的職業史官左丘明，但其實這無妨，即使他仍叫左丘明，依然芬芳。

# 兩千多年前的一個夢

春秋時代的人作夢，跟我們一樣，《左傳》也記下來好些個夢，但這裡，我們來看這個夢——不是因為這個夢很重要牽動了什麼，而是因為它原來一點也不重要。既然不重要，實際考慮到彼時極有限的記史篇幅，幹嘛要特別記下它來？

作夢的人是魯國的公孫嬰齊（子叔聲伯），時間是魯成公十七年，我把原文抄下（並不難看懂的文言），保留原來文字的語調、氣味和觸感——初、聲伯夢涉洹，或與己瓊瑰食之，泣而為瓊瑰，盈其懷，從而歌之曰：「濟洹之水，贈我以瓊瑰；歸乎歸乎。瓊瑰盈吾懷乎。」懼不敢占也。還自鄭，壬申至於貍脤（地名）而占之，曰：余恐死，故不敢占也，今眾繁而從余三年矣，無傷也。言之，之莫（暮）而卒。

也就是說，這個夢、這個美麗到令人感覺不祥、讓人幾乎一定會察覺跟死亡有關的夢，還不是當下作的，公孫嬰齊一直小心翼翼的捧著它，像捧著滿懷會灑落一地的珠玉一般，一直到這特別的一天才說出來。

公孫嬰齊（聲伯）是誰不是很重要，依《左傳》有限的記載，他的家系始於上一代，父親叔肸是上代魯宣公的同母兄弟，但麻煩是他的生母「不聘」也就是婚事不完整不正式，魯宣公夫人也是魯成公母親的穆姜是跋扈的掌權者，她拒絕承認這門婚事，管得很寬的等聲伯一出生就將她改嫁給齊國的管于奚，生了兩個小孩後又喪夫成寡，聲伯把母子三人全接回來，安排外弟出任魯國大夫，把外妹嫁給施孝叔，事情本來就此很圓滿了，但偏偏盟主晉國的郤犨來求婚，聲伯只好把外妹硬生生搶回來，他妹妹當然抗議，說鳥獸猶不失儷，人怎麼可以這樣，聲伯只回答：「吾不能死亡。」意思是晉國那邊真的得罪不起，沒有婚禮就只能是喪禮。改嫁的妹妹跟母親一樣也生了二子（有相似的基因和命運？），但晉國日後發生政變三郤滅族，他妹妹被遣返魯國，施家卻很殘酷的第一時間把兩個小孩投河淹死，他妹妹傷心氣憤，說施家之前不能保衛自己妻子，如今又殺人兒子報復，遂指天立誓此生不入施家之門。

聲伯的工作大致上是擔當魯國行人，也就是國際外交。當時的國際基本形勢是晉國獨強，郤氏掌權，先攻破東方齊國，又在鄢陵一役大敗宿敵楚國，得意得不得了。魯國自己的大事則是叔孫家的叔孫僑如鬧事，僑如是種馬型的男子，私通於成公母親穆姜，想拔去季孫孟孫另兩家獨大，穆姜為他甚至多次威脅兒子成公配合否則不惜換掉他（手指他兩個弟弟說，這都可以是魯君）。叔孫僑如最終說動了晉國郤犨，已把參與盟會的季文子扣押起來，這邊也準備把負責守國的孟獻子殺掉，聲伯便是在這樣間不容髮的險惡時刻奉命出使晉國，這是他最後一個工作，也是他人生最重大最巔峰的一刻，他順利說服了有婚姻聯繫的郤犨，救回了季文子，流放叔孫僑如，拆除掉已滴答作響的政變定時炸彈。

出走的叔孫僑如誰也不用擔心他，他馬上在齊國勾搭上齊靈公的母親聲孟子，地位比擬齊國兩大家的國、高二氏——是的，他是個喜歡各國國君母親的人，對叔孫僑如而言，天下的媽媽都是一樣的。

聲伯自己則沒能再回到魯國，彷彿他的生命用途已盡、已經不需要了，「壬申公孫嬰齊卒於貍脤」——孔子的春秋版本特別記下他的死，應該是紀念他這個不尋常的功勳，讓他的死亡可以和這寥寥幾則天下大事並列：這一年，諸侯聯手攻鄭，日蝕，郊祭，鄰近的小國家國君邾子卒，楚國滅掉舒庸，晉國驚天動地的一口氣殺了郤錡郤犨和郤至三個大人物。

《左傳》原是解釋春秋經文的，但《左傳》卻只說了他的這個夢。

一般，是把這個記載併入到預言類的，天機洩露般預告了某次天災、某場大火、某個人的失勢垮台和死亡。聲伯夢見自己吃下瓊瑰，這和當時喪禮死者含玉相近似，不立刻想到都難。但其實，這個夢已來了一段時日，死亡按兵不動，伺伏著，聲伯的死，是又想起了、說出了這個夢，而不是作了這個夢。我們說，死亡的捉摸不定腳步聲音，究竟是來自於這個無可拒絕的、深夜走入人睡眠裡來的夢呢？還是因為聲伯自己如此特殊的某一天、某種心緒（他才剛剛做成一件大事，我們可以想像當時他的躊躇滿志、他的歡快、疲憊和難以言喻的心起憂思），這才清晰的響了起來？

含不含玉，這個夢都處處是死亡意象，我們在文學裡，尤其在詩裡熟悉的，察覺不止一回的死亡意象。因為這美麗得太不尋常了——像時間一樣奔流的江水，想涉河過去的自己（去哪兒呢？渡河入林？），一個奇異的餽贈，一次更加奇異的吞食，還有自己怎麼也止不住的眼淚，嘩嘩而下，全數化為顆顆渾圓的滿襟珠玉。我自己真希望波赫士曾經讀到聲伯這個夢，他是這麼喜歡夢的人，而且這個夢裡有他喜愛的時間一樣的河以及人的眼淚奇特的化為珠玉，這位文學詩歌的大巫師，由他來講這個夢當然比術士好聽太多了也必定準確太多了。我自己，不怎麼相信命運鬼神跟很多人一樣，但我想，如果我也作了這樣一個夢，必定也會感覺異樣，感覺不安，一定有個什麼事情發生了或者就要發生。

這個夢的另一非比尋常之處是，它沒在聲伯醒來時，像乍乍接觸到天光和人間空氣般立刻透明掉、散失掉，它被聲伯完完好好收存起來，攜帶著它。

聲伯很有趣，他察覺了（或幾乎已確信了）但坦言自己很怕死，一人獨處時不敢打開它，這一天，光天化日，眾人圍擁著，這些都是跟著他出使、大家一起完成此一艱困任務的老部屬老夥伴，空氣中必定也浮漾著某物，某種鬆了一口氣如今還有什麼做不成、還有什麼好怕的集體氛圍，聲伯終於打開這個夢，但黃昏日落他就死了。

## 從沒真正離開的鬼神世界

乍讀《左傳》，我們通常感覺神奇，好像那是一個難以置信的不一樣世界，遍地是神準預言，幾乎每件大事、每次死亡，都有人先夢見、先確知結果並且提前說出日後結果，這是怎麼回事？是人不一樣呢？還是當時人們有我們已不會、已遺失的某種能力和技術？

《左傳》記述了兩千多年前人們的情感狀態、思維方式和其行為，當時人自身的世界較窄而且才開始打造，人的力量相對於大自然仍微小，人因此仍藏身於大自然之中，人跟天地萬物靠得比較近並實質的相依恃，人時時處處聆聽大自然的聲音，這不僅僅是生活中不知不覺的實然，還是一件重大而且往往攸關生死的工作，所以人還進一步發展自己的「聽力」（包括能力和配備），逐漸成為一種專業，就像東尼・席勒曼的一部小說《聆聽大地的女人》，Listening Woman，大寫字母，所以不是一種敘述，而是納瓦荷族的一個正式職稱，可以登記在職業欄裡的。

《國語》裡楚昭王問觀射父的那段著名談話，如今愈來愈重要愈有意思，因為我們知道了該人類學的來讀它，而且，這個交談也讓我們多窺知了春秋時人的想法——楚昭王顯然也聽說了那個流傳久遠的神話故事，相傳最早天地是相通的，神來人去，是後來才斷隔分離的，楚昭王很疑惑，難道說以前的人還能登天不成？兩千多年前觀射父的回答其實已非常人類學了，他說所謂的天地相通不是那個意思，那只是神話的變形。它說的是，最早，如席勒所說的素樸詩年代，人是直接跟大自然打交道的，但這愈演愈烈，「家為巫史」，人在神祕的事物上、在尋求大自然的啟示乃至於指示上，家家戶戶重複的花用掉太多時間、心思和資源，已到有礙現實生計的地步；而且，這很顯然並不利於統治、不利於秩序建構，因為人人可越過現世統治者聽從一個更高更大更源頭性的力量，人容易不馴，有各自的解釋權；此外，觀射父並沒說但我們很容易也想到的，和天地鬼神打交道這樣幽微的工作，時間稍久自身就有比較就有競爭，進展到一定地步，便不是人人能夠，而是得有特殊的稟賦和訓練，更得擁有神奇難得的工具，凡此。所以後來的統治者讓巫覡成為一個專職工作，乃至於就是一個官位，人和神之間於是有個環節有個中介，自自然然的隔離開來，所謂的「絕地天通」其實只是此一深長歷史過程的太過戲劇性說法。

這當然是一個緩緩進展的歷史過程，戲劇性水花底下那一道沉穩流淌的歷史大河是，人的世界相對於大自然的緩緩擴大，人的力量相對於大自然的緩緩增長，也就是我們說的，一道不斷除魅、洞穿鬼神虛妄的歷史過程。已結束了嗎？並沒有，或直接說，不大可能有所謂的結束、有鬼神世界和人的世界從此斷絕不通這回事；鬼神世界和人的世界重疊太多、太犬牙交錯，有太多現場太多接觸點，無從處處防禦，更不會因為巫覡的「收歸國有」而一次解決。卡爾・沙根這位以除魅、以拆除鬼神世界為一生職任的科學作家科學使者，顯然便為此一過程的緩慢和始終無法完成感到沮喪，他的名著《魔鬼盤據的世界》，如書名顯示，鬼神世界從不消失，事情遠比我們大白天的常識印象要嚴重多了，它們在幽暗的角落裡密而不宣的依然存在並活躍，在夜間依然神祕飛翔，並且在某些特殊困難的時刻、人虛弱不堪的時刻、人欲念遠超過自身能耐自身努力太多這一類生命時刻，重拾其昔日強大乃至於接近統治性的力量。

《左傳》，記敘兩千多年前的這些人這些事，是此一漫漫過程的一個早期時間切片。當時，人們仍活在泛靈的世界裡，或如佛雷澤（《金枝》作者，所謂人類學之父）說的，人還不那麼分得出夢境和現實世界的界線，人自身的世界疏闊多間隙，奇事奇物不必發生在遙遠的某深山大澤之中，像魯哀公十六年之麟這一頭神獸，直接就闖進到人的生活現場來；人們也相信龍是一種活著的「生物」，不時有人看見據說還曾經馴養，也許比馴養牛羊需要一些特別的技術，最有趣的是，《左傳》書中還有人舉《易經》乾卦六爻描繪的六種龍的生態變化，甚有道理的辯稱，如果不是常見而且長期相處觀察過，如何能知道得這麼詳盡如此生動？所以，有這麼多看似神奇的夢、應驗的卜筮、和神準如響的預言並不足為奇，也只是一種平靜的敘述——儘管我們也看見了，周代鑒於殷商的失敗，以為過度沉迷神祕事物、過度信靠聽命鬼神是其亡國的重大原因之一，深自警惕書於金石已上昇到國策的地步（另一重大亡國原因是酒，而這也可以併為同一事，因為酒正是祭祀降神、天地恢復交通的重要配備，酒的基本意象是夜間的、沉緬的、夢境的）；還有「淫祀」（即過度的祭祀，從種類、次數到規模）已成當時的批判性慣用語，這樣的用語長掛口中，意味著這樣的概念遍在而且深植人心，顯示出人不同以往的一種意識狀態和價值判斷。但都像我們說的，這只是一次一次的確實進展而非徹底改變。

這裡，我們只多指出這兩點，一個「技術性」的事實和一個歷史通則——技術性的事實是，《左傳》不是當下記史，而是多年之後一次完整回憶，也就是說，《左傳》是完全的事後書寫，是什麼都已發生了的思維回溯，當然也已知道了所有預言的結果或說答案；歷史通則的部分則是，《左傳》所記述的春秋時代，是一段人們玩大遊戲的歷史時間，競逐、戰亂、殺戮，不確定因素極高，人相對的脆弱以及茫然，人比正常日子更得依靠鬼神、急於求助鬼神，這是人長期除魅歷史的反挫時刻，是鬼神大量回來並活躍的特殊時刻。

大約是這樣，動亂的現實負責大舉增加神奇事物的數量，事後追溯的書寫則急劇的提高預言的命中率，否則就太奇怪了，好像當時活著的是另一個特殊人種，人人都能窺破時間的重重簾幕，直接看到我們看不見、至少無法確知的未來結果——另一個稍微小一點的奇怪是，《左傳》的書寫筆調基本上是節制的、沉穩的、說理的，這麼多神祕的東西不可能來自如此理性傾向的書寫者，書寫者只負責記述它們，像波赫士說的，他「平靜的敘述一個一個神奇的故事」；也像他說塞萬提斯寫《唐吉訶德》，瘋子騎士看到的巨大惡魔，塞萬提斯自己知道那只是風車，這兩人並不一致。

## 一則準而荒唐的預言

先舉個《左傳》裡的百分之百命中實例，因為它如此神準但很荒唐，神準而荒唐的說中兩百年以後的結果——這是有關魏的預言故事，事情發生得很早，當時晉國國君還是稍後納了驪姬鬧出幾十年大亂的晉獻公，晉國也才初次擴大軍備增為二軍，很威風的滅掉了耿、霍、魏三個同為姬姓小國家，把耿賜給了負責駕車的趙夙、把魏賜給了擔任車右的畢萬；趙夙和畢萬，正是日後趙氏和魏氏的第一代目主君。預言者是專業人士卜偃，他由此斷言「畢萬之後必大」，理由是，萬是最大的數字單位（「盈數」），魏則是巍，高大崇隆之字；而且天子統治號稱兆民，諸侯則是萬民，所以說有個萬字的魏日後一定成為大諸侯國，也就是兩百年後戰國七雄的魏國那樣子，如此如此這般這般。

準嗎？不能更準了；那荒唐何在呢？因為卜偃的大預言理論只是「萬」和「魏」這兩個字而已，而且字詞釋義又只達小學生識字程度而已。也就是說，如果這能稱之為預言，那我們人人都會，通常我們不會說這是預言，而是吉祥話，帶點必要的虛情假意慶賀人家剛剛買了新房子、成家或生了小孩云云；我們也都曉得，命名求其吉利，並偷偷塞入人自己都不敢相信、也無處置放的生命奢望，因此總會找那些好一些、美麗壯闊一些的字，這稍有理智的人都不至於當真。如果這樣就能應驗、都必大，很顯然這一片中國大地乃至於整個世界是不夠分的，而且不會有賠錢的公司行號，還遍地是絕世美人。

還有，那趙夙呢？一起受封也在兩百年後一道成為大諸侯國，何以趙不見預兆？事實上，從春秋到戰國，趙遠遠比魏重要而且精采太多；而且，不論是春秋的趙或戰國的趙，極可能還是這段歷史出最多人物的家和國，包括名臣、賢君、謀士、戰將以及笨蛋，幾近代代不絕，魏只在戰國初的魏文侯一代短暫如流星劃過的壓過趙不是嗎？

如果我們知道了這是回憶而不是預言，那這一切就差不多都說得通了——這是簡單的時間錯置詭計，魏已獨立成為旭日東昇的大國，箭已穩穩插在靶心上了，這一刻，人站時間這一端重新想著自身來歷，倒回頭追蹤這支箭的行進軌跡；甚至，我們還可合理斷言，這一預言故事就來自魏，不管是依稀想起或創造，這在歷史任何時代皆常見或說必要，某個夢、某句歌謠、某個女性未婚而受孕（周的先祖棄，便是母親未婚生下來的，跟耶穌一樣）云云，既是人性也是某種統治術，因為一個才建立的新國家（尤其帶點篡奪意味而來、有道德負擔的新國家）需要神話、需要預兆、需要某種天命如此好潔淨自身、祛除懷疑。

知道了這是回憶而不是預言，這樣我們就不難讀懂、並放心大步穿越過《左傳》這一片神奇密林了。

## 我們都聽天由命的時代

然後，我們來猜想一下，這兩百多年，面向著未來，人們作過的夢、卜筮、以及對某人某事的批評議論（在時間大河裡皆可一一變形成為預言），總數量究竟會有多少？

先來說，當時人們若提前追問未來可能結果，會如何進行詢問——《尚書》這部古老神聖典籍告訴了我們理想的基本格式及其順序。《尚書》是到周代為止中國最重要歷史大文獻的緝成，即「中國古來最偉大的聲音」，其中的〈洪範〉一篇，相傳是武王滅商之後訪問箕子的記錄，洪範的白話直譯就是「大法」，治國治天下的基本大法，周武王來自遙遠西土，想最快掌握「中國」一路傳承、結晶下來的此一珍貴東西，因此找到箕子這個內行、認真而且無私的好人。這個部分在治國大法中稱之為「稽疑」，人心裡有某個大疑問得弄清楚，箕子告訴武王，一直以來的正確做法是這樣子的：你得先認真問自己，再問卜，問筮，問卿士，問庶民，走完這五道程序，也就是努力不遺漏任何可能訊息、可能意見。麻煩的是，如果這五種不同詢問對象給了不同的、甚至背反的答覆那怎麼辦好？這是實際上一定會發生的情況，〈洪範〉並不閃躲，比較簡單粗魯的解決方式當然是多數決，The Best of Five，但〈洪範〉的理解及其處理遠比這世故、細膩而且試圖「理性」。比方說，如果只有你自己和卜說可以，筮、卿士和庶民皆不同意，2：3，那「作內吉、作外凶」；又、只有卜和筮兩者同意，對抗所有人包括自己，那「用靜吉，用作凶」。

內，指的是較私人私家傾向的、適合獨力沉靜判斷的事；外，則是屬公共性質的、事涉眾人甚至得眾人協力來做的。靜，是不動的、保持的；作，則是積極的、發展的、創造的，大致是這樣。這裡，我們便看出來人對這五種詢問對象的試圖更進一步分辨，它們有著各自不同的可能盲點，也就對內、外、靜、作性質不一的疑問有著不同的預言分量；也因此，就不僅僅是吉／凶、Yes / No而已，吉凶底下是有層次有內容的。

對虔信天地鬼神的人，卜和筮得到背反結果是不可思議的，也是很尷尬的，如同兩個算命的人講得完全不一樣，你會認定一定是其中一個說得不準、甚至是騙子，「上帝不可能跟人擲骰子吧」。但箕子還說，卜和筮的正確做法是各自一式三人同時進行，所以就連卜和筮自身都可能不一致、自我矛盾自我背反，不一致則「從二人之言」，仍是多數決。這說明了，天地鬼神和你、卿士、庶民是五者平等並列，天地鬼神的存在及其知覺是「正常」而非特殊神奇的，它也可能說錯，沒誰比誰更高貴更說了算這回事。至少理想上是這樣，人不僅不刻意去保護卜筮的神祕性，反而想把它拉回到人的一般性認知裡來，讓理性可消化它判別它。

這是一次詢問的理想數量，但什麼樣的事得這樣詢問呢？（兩者相乘才得出總數量。）我們找不到明確的定則，只有一些鬆鬆的原則、一些有感而發的體認、一些勸阻。《左傳》書裡有的，其中比較有意思的是，比方說卜以決疑，意思是不疑的、一定得做的事，包括信念堅定不疑不懼的或日常的例行性的，那就不必也不該輕易啟動此一鋪天蓋地的詢問機制；又、這一詢問不該用來「占險」，用來支持任何鋌而走險的行動（亦即用二比一的卜筮機率來賭萬分之一的僥倖，這可能會製造災難，並同時毀損卜筮的機能和信用）。這個勸阻也可能是已察覺此一詢問機制尤其是卜、筮這兩者，已實際上一再發生被操控被利用的不好狀況。我們說，問卜問筮，就算我們不相信得到的答覆是不可違逆的神諭，但相較於詢問我們自己、卿士和庶民，它仍有可貴的某種超越性、某種深刻的沉靜，畢竟，人（自己、卿士、庶民）會陷於當下、有著人難以察覺難以掙脫的同一盲點，人尋求一個當下世界之外的支點、一個不同視野看事情想事情的位置、一個漢娜・鄂蘭所說「非參與者而是旁觀者」「無興趣無利益」的特殊位置，這可以是正當而且非常有意思的。

但人心何事何時疑懼不安呢？這是各異的、也是流轉變化的。大致上，人察覺自己所知所能太微弱太不成比例時，人有特別輸不起、損失不起的東西時，以及，人心大了起來、想僥倖得到非比尋常的某物、某結果時，凡此種種。

日常生活裡，我們時不時察覺自己身在如斯處境之中，有一個一目了然的揭示方式，那就是到日本的神社一趟——我指的是當門設置的販售處，標的物是那些制式化、幾百日円一個的「御守」，也就是平安符護身符。百年千年絡繹前來拜山的人，他們心中的普遍疑懼，在時間大河中緩緩的積聚凝結，成為具體的此物，真實得不得了。我們看它們的種類，一般而言，不出於健康（疾病、生死），課業（考試），姻緣（戀愛、婚姻），交通，安產，以及厄除（循環的、以及不定時襲來的厄運）這幾樣，都是人較禁受不起、變數大、運道成分高、人盡好自己本分往往感覺並不夠的東西。

我們通常簡單認定，愈古遠，鬼神愈多，人們也愈「迷信」，這基本上是對的，但為什麼？我們可以深一層的想，其實不是時間的作用，而是人對世界理解的緩緩變化，鬼神的數量和人知道的多寡呈現一種反比、替換關係，如光與黯的交迭。這樣，才能幫我們解釋，何以除魅這一定向歷史過程，會一再出現倒退的所謂反挫現象反挫時刻，何以鬼神會忽然在某一段時間、某一地區恢復活躍？當然不是時間倒著流，而是因為世界回到了某種如我們說的「不確定的時代」，世界又危險起來了，甚至整個世界就是個大賭局，未知不再只是人的好奇可以擱置，未知迫切起來攸關生死成為必須有「答案」的東西，這樣的空白出現，飄盪在空中的鬼神就會重新降臨如同聽見召喚。

順此，我們便很容易也判別出來，哪些人包括行業特別容易疑懼不安尋求鬼神力量，並知道這驅之不易——政治人物、上戰場的士兵、賭徒、影視歌星、職業運動員、投機客、戀愛中人、少子化單子化的母親、還有各行各業裡生出不恰當野心欣羨上述行業成功者的喪失信心信念之人，等等。近些年的台灣民主選舉，候選人的學歷愈來愈高，但鬼神也愈遍在，稍稍知道內情的人都曉得，幾乎每個候選人身後都有師父都有神人，其數量又與競選的職位高低呈正比，總統選舉（尤其是二〇〇八那場）簡直就像古希臘人特洛伊戰爭那樣天上地下全打成一團，是《伊里亞德》的無趣版難看版，今日何夕兮，這種零合的、而且贏家全拿的大遊戲必定誘人重新走向鬼神。如果台灣當年憲改採行內閣制而不是總統制，我們有理由相信狀況不至於到這樣子。

這也說明了卡爾・沙根的唯科學盲點——時代的流轉變化，並不是只有科學知識的發見和普及這道直線而已，事情哪有這麼簡單，我們說，資本主義的發展會不會回頭召喚鬼神？其實有可能會；民主政治呢？也一樣有可能會的。我們真正要看的是，權勢和財富是否有集中的傾向；遊戲是否變大、以全球為規模；人的所得，和他自身能力和努力的因果關係是否逐漸鬆脫開來，人的成功更多取決於機運、取決於某一股莫名其妙的時代潮水、某種其實並沒道理可講的時尚流行；人和他所站立的地方、和他周遭之人的穩定聯繫是否浮動起來、愈來愈不確定起來；人是否難以清楚說出口、也難以得到忠告對象的累積著更多疑懼不安，等等。資本主義和民主政治，在不同的發展階段究竟是加深這些還是減除這些？便是在這樣一個一個始料未及的地方和時刻，我們這樣一個看似持續除魅的世界，轉個彎又悄悄的和鬼神世界接上頭。

春秋這兩百多年，相較於周平王東遷之前的西周，是個不平靖不確定的時代，也必定是個鬼神不減反增的時代，光是戰爭的經常發生這一點就夠了。一場戰爭，像托爾斯泰在《戰爭與和平》一再講的，尤其是莫斯科陷落前的博羅迪諾大會戰，兩軍一交火，左邊搞不清右邊，前方顧不得後面，誰也不真的知道會發生什麼事，勝負更忽然莫名其妙的就決定了，托爾斯泰由此放聲嘲笑了法俄兩軍的最高統帥拿破崙和庫圖佐夫，也一併嘲笑了勝負之後歌頌這兩大戰神如何睿智、如何胸有成竹洞視全局的所有人。《左傳》書中，我們實際讀到了，一場戰事，不是只一次總的詢問斷言吉凶成敗而已，一輛兵車三人，誰負責駕車誰擔任車右，都得一一問卜問筮，這已是當時的標準作業了，大小戰爭都一樣。

魯昭公三年，當時孔子應該才十三歲，有一場很特別的私下會面和交談，是當時兩個實際從政、最內行也最聰明的人，齊國晏嬰和晉國叔向。《春秋》本文沒記，是所謂的有傳而無經部分，《左傳》作者特別有感覺的寫下此事——當時，晏嬰是為著兩個大國的婚事出使，任務完成慶功宴當晚，極可能是一場熱鬧過後的更晚時光，兩人老朋友也似的坐下來交談，平靜、知心但各有所思而且沮喪。晏嬰講自己所在的齊國：「此季世也，吾弗知。」季世白話解釋就是末世，晏嬰唯一敢肯定的是齊國將由姜而陳，這差不多是一百年後才兌現的斷語，但晏嬰不是那種大而化之的感慨也不是神奇的預言，他是齊國政治第一線的工作者，他實務的、具體而且細節的一一說明齊國當下的種種實況（所以這應該不是《左傳》事後的編造），好像這已是一條無法逆轉的歷史單行道；叔向完全同意而且同感，說晉國「今亦季世也」，仍是諸侯盟主強大無比呼風喚雨的當時晉國，叔向指證歷歷，公族不斷消亡，一樣正發生、也一樣頭也不回的走向衰敗指向毀滅。晏嬰問他會怎麼做，叔向的回答非常蒼涼，他沒有答案沒有辦法，只說期盼自己能終於正常人壽（「幸而得死」），至於子孫家業的延續看來都是不可能的奢望。這歷史一夜，很像是屠格涅夫《羅亭》最末尾的那一幕，兩個老朋友在深夜無人的逆旅驛站不期而遇，跋涉過這段歷史歲月，誰都一身傷痕滿心疲憊，大雪紛飛，眼前俄羅斯的冰凍大地無際無垠，「我們全都聽天由命——」

稍前，聰明的局外人吳國季札北上遊歷，對齊晏嬰、晉叔向、鄭子產也說出了很類似的時代判斷，季札對每個人的忠告，基本上都是勸他們後退一步，放棄財產和土地，保護自己。這樣，我們是否注意到了？季札、叔向、晏嬰和子產，都是這個時代資質最好、人格最完整的幾個人，這樣的人全都只能選擇後退，這意味著，往後春秋歷史的展開，只能交給次一級的人，或者說另外一種人，那些多少願意把自己生命當一紙樂透彩券簽單、跟著機運和偶然浮沉周旋的人。楚國的石乞可能是個最極端的例子，當然不一定要到這種地步，楚惠王時，他追隨白公勝作亂，一路的獻策凶悍無情但準確（殺惠王、焚府庫云云），是個厲害角色，可惜關鍵幾處白公勝沒有採行，事情功敗垂成，石乞很光棍的不肯吐露白公勝的自殺地點好保護他的屍身，寧願選擇被烹殺，石乞說得坦然，成了我就是楚國正卿，敗了被煮成熟肉一堆，事情本來就是這樣。

最好的一些人不加入，所謂賢人在野，一直以來，我們說這是君王或掌權者失職，但這其實是人類歷史任何一個時代的基本事實，道理再簡明堅硬不過，因為政治基本上是集體性的，集體辨識不出也容納不了、既不需要更受不了最好的東西和最好的人。賢人在朝，這僅僅是個理想，也絕對是人類歷史的極特殊極短暫時刻，得來自君王或掌權者極不尋常又獨斷獨行的鑑賞力、善念和企圖（而且還得有獨斷獨行的權力），但起心動念是一回事，真正付諸實現困難重重而且有著非常風險，因為實際過程中，這又會不停的觸犯到難以違逆的集體性體制本身，以及集體的習慣、想法偏好和利益，以至於，更多時候這僅止於一個善念，就算找到了也拉進來了，還是只能供在那裡，擺放在一個做不了什麼事的位置，像一個樣板，或是一個收藏（一如我們相信，魯君和季孫氏曾經真心的想任用孔子）。這愈到後代，也就是集體性的政治體制愈成形，愈是如此。所以孔子周遊，不得不徘徊於一些三級的、滅亡只在旦夕的國家，在愈強大、政治體制愈完整的國家愈沒機會，連進門都不可能。

也因此，另一個普遍的歷史錯覺及其真相是——我們總慣性的認定，一種動亂的、不確定的年代，正是最好、最優質之人的萬世一時機會，但《左傳》實際揭示的此種時代真相很顯然不是這樣。也許，一開始很像是這樣，混亂同時也是解放，帶進來久違的自由，一時彷彿什麼事都可能，但這持續不了多久，因為接下來的赤裸裸競逐（競爭是不斷消滅數量、消滅多樣可能），更只能直接取決於這兩者（或說其實是同一個）：集體性的偏好，以及歷史的無盡機運。這是更粗魯、毫無鑑賞力的歷史選擇，更加不可能認出好東西。

所以說結論是什麼？結論是，人類歷史尤其是其每一次的勝負結局，總是平庸的——我以為如此結論已經非常非常客氣了，另一個著名的說法是，人類的歷史是一本瘋子的日記。如果我們受不了這樣的平庸，不願意對人如此低估和汙蔑，那就只能努力把眼光從歷史的主線移開來（不管是寫史或讀史），政治的主線，現實成敗的主線，人類所曾擁有最好的東西、人最好的樣子不會在這裡，它們微光閃爍於各個角落，你得想辦法找到它認出它來，一如一個好讀者不會笨到在暢銷書區找一本好書一樣（儘管很偶然的、帶著無盡誤會的，也許《生命中不能承受之輕》或《百年孤寂》會出現在那裡）。

## 當時最好的一些人怎麼看

我們於是可確定一件事，那就是——整個春秋這普遍疑懼不安的兩百多年，人回頭求助鬼神、尋求神祕的力量及其預兆、問卜問筮的總數量一定不減反增，而且大得不得了，鋪天蓋地的來。如此說來，《左傳》這些神準預言，我們又會覺得不夠多不夠過癮，而且還多坑坑疤疤的，真的只能搜集到這些、這種的嗎？

書寫者自己怎麼看這些神奇預言呢？書寫者讓自己藏身於記史者、存留事實者的身分裡，並不輕易顯露自己的態度。這也很接近我們所知孔子、孔門於此的基本態度，不否認鬼神但也不靠近，只持續的把有限的心力時間放在人的世界這一邊，做這些想這些憂煩這些都來不及了——也許我們可以借蘇格拉底的話來說。在和朋友散步到那處著名的懸崖時（傳說，北風神就是在這裡帶走了奧瑞西亞），朋友問他信不信這傳說，蘇格拉底講，要為這個傳說找個一般的、常識上合理的解釋並不難，比方說奧瑞西亞其實只是在這裡玩耍，不小心被突然颳起的北風吹落懸崖摔死云云，但這樣一來，我們便得一個一個再去解釋更多神奇的傳說，像是噴火的怪物、會飛的馬等等。往下，蘇格拉底說了這段非常重要的話，他講他自己完全沒有這個空閑時間，因為他始終未能做到德爾斐神諭所指示的「認識你自己」，所以他寧可不解釋，寧可用傳說打發它們，就放它們保持這樣，他只想弄清楚，人究竟是什麼？自己究竟是什麼？是更溫和還是比百眼巨人更狂暴更危險的活物？

這裡，我們稍稍再進入一點，實例的一個一個來看這些神奇預兆預言的內容和經過；尤其，我們特別留意一下，那幾個《左傳》較看重的、視之為楷模的人，他們實際上怎麼看、怎麼說自己所碰到的神奇之事。如果說《左傳》的作者有態度，比較可能藏在這裡。

首先是齊國晏嬰，魯昭公二十六年天有彗星，齊侯下令禳祭，晏嬰勸阻他說，這麼做是沒意義的，只是自欺欺人，因為如果天意真的要降災，怎麼可能簡單的通過一個禳祭就改變？而且，天起彗星，相傳是為著掃除汙穢而來，如果國君您沒有穢德，幹嘛要回應和你無關的彗星，如果真有穢德，那又怎麼可能靠幾名祝史人員來補救來抵消呢？

再來是晉國師曠，相傳師曠是個盲眼的頂尖樂師，但更多時候是個智慧的、正直說話的哲人。魯昭公七年，晉魏榆一地發生了石頭說話的怪事，晉侯詢問師曠，師曠只平穩的回答，石頭自身不會說話，只可能是某種東西依託於石頭上，要不然就是人們聽錯和謠傳。而且我聽說，如果過度勞用民力，人民滿心怨怒無處申訴，便會發生這種原本不會說話的東西講出話來的奇事。當今，君主的宮室高大華美，民力凋敝，怨言四起，人民喪失其常性，所以石頭跟著違反它本性說話，這不是也很合理嗎？——當時，晉侯正在虒祁一地又建造新宮室，叔向完全同意師曠，還進一步說出他一己的追加預言：虒祁之宮完成之日，諸侯一定叛離，君主自己也一定有災禍臨身。

再來是之前的魯僖公十六年，發生了春秋最著名的怪事；五顆隕石墜落在宋國，同時，在宋國都城有六隻鷁鳥倒著飛行。這當然驚動了當時的宋襄公，他詢問了正在宋國訪問的周王室內史叔興（顯然是相信王朝來的人比較有學問），這是何預兆？吉凶何在？叔興也大剌剌的給了三個天大答案：今年魯國會有大喪事，明年齊國動亂將起，還有，國君您將領袖諸侯但無法善終。有趣的是，轉頭叔興私下對人這麼說，宋襄公問了不當的問題，隕石墜落，六鳥退飛，這都是天地陰陽的自然之事，和人間吉凶完全無關，我只是不好意思違逆他，才應和著回答而已。問題是，叔興的三大預言事後證明皆神準無比，這又是怎麼來的呢？很簡單，當然全都是他已「看到」的事實，比方說，魯國執政的季友已病得快不行了，不可能活過今年；齊國公子群立亂局已成，誰也阻止不了；至於宋襄公本人，叔興顯然知道了他的不恰當野望，也知道他全然不相稱的實力，被人這樣一眼看穿，這其實有點悲慘。

（「六鷁退飛過宋都」，這使我想起一樁遙遙往事，當時我才是高二學生，在台灣的古國學大師衛聚賢教授，便是抓住《左傳》這則奇事，斷言鷁鳥就是美洲蜂鳥，大自然界唯一會倒飛的鳥，由此強烈支持他的特殊考據主張——春秋之時，中國和美洲已有相當交流，蜂鳥就是這麼帶進來的，孔子周遊列國，乘桴浮於海，其實也親身到過美洲大陸。）

然後，是晉的士會和趙武。這其實是晏嬰引述出來的，魯昭公二十年，齊侯久病不癒，遷怨祝史人員祭神祈福不力，準備殺人，晏嬰輾轉講了這故事勸阻他，這一次顯露了趙武、士會和晏嬰自己（其實還包括楚國屈建、楚康王）的基本態度——趙武（趙氏孤兒）是晉的最後一位大執政者，事蹟頗多，多到附會添花的地步，但士會值得多說兩句。士會是個被歷史嚴重低估的了不起人物，這個人聰明、機智、而且有想像力，是那種在曖昧不明關鍵時刻能做出決斷乃至於想出方法的人，但真正不容易的是，他居然還正直不阿，在這樣一種時代浮沉周旋，卻能始終不被自己的聰明誘惑，成為那種所謂「有辦法的人」，實際做事情的人都曉得，這樣的人多讓人放心，也多麼稀有難得。士會經歷前後五世晉君，一度流亡宿敵秦國三年瀕臨死亡，還是因為晉這邊知道這樣威脅太大才設法弄他回國；邲之一戰，是晉楚交鋒百年裡晉國輸得最慘的一役（其對手正是楚國第一明君楚莊王），當時士會統帥上軍，只有他堅持這場戰爭打不起打不贏，也只有他的上軍完整不敗（士會謹慎的設置了七道埋伏，護住了這支軍隊），便是靠著這支軍隊掩護撤退，晉軍才不至於全師崩潰，《左傳》的記載如此。楚國這邊顯然對他印象深刻而且好奇，對手總是最了解，所以屈建問了士會之德，趙武回答得也實在非常好非常準確，證明他看得懂：「夫子之家事治，言於晉國竭情無私，其祝史祭祀陳信不愧，其家事無猜，其祝史不祈。」是的，人不做錯事不做壞事惡事，祝史人員就可以直接說真話，不必欺騙天地鬼神，多犯另一種罪；人沉穩做好自己，心思清澈如水，知道什麼可得什麼不可得，沒有僥倖沒有非分的欲望貪念，祭神就只是單純的祭神而已，不必祈求。

「其祝史不祈」，不祈求，這麼簡單的話，也是最動人的話，晏嬰仔仔細細解釋給齊侯聽，只是齊景公一如我們所知的笨而多欲，晏嬰只好再實際算給他看，如果全國的人都不停詛咒幹聲不絕於耳，就算祝史人員再盡職再會祈求，「豈能勝億兆人之詛？」算術上必輸無疑，所以殺這幾個人幹什麼呢？

然後，就是鄭的子產了。子產這上頭的事蹟一樣最多（或說《左傳》作者最視他為楷模，最通過他說話，如小說家選用書中某個人物折射自己），我們只選用這幾則。

魯昭公元年，晉侯生了場病，依據問卜，此病是實沈和臺駘這兩個怪名字的神作祟，但問遍整個晉國沒人知道這究竟何方神明。正好鄭國派了子產出使並探病，叔向趁機就教於他，這裡，子產顯然是稍微賣弄了一下，他從古細說，指出實沈是參神，即日後「人生不相見／動如參與商」的參星之神，獵戶座最奪目漂亮那腰帶一排三顆一等大星；至於臺駘，則是汾水之神。子產好整以暇講完故事，這才說出他的第一個結論：這兩個神都「不及君身」，也就是不會管、也作祟不了晉侯的身體，生病只是人飲食哀樂之事，「山川星辰之神又何為焉？」跟著，子產又重啟另一番道理，談論近親生育繁殖的危險（在多亂倫的春秋時代，這是《左傳》書中的首次公開討論），忽然直指核心的刺進去：晉侯不只多內寵，其中光是同為姬姓的就有四個之多，病灶是否就在此呢？

這人可真的是什麼話都敢講出來，理一直，氣就壯。孔子嘖嘖讚嘆他的文辭，意思也是說他懂得如何把種種不容易的東西說出來、說正確，但這其實不可理解為只是修辭技巧，而是認識方式；也就是說，這其實就是子產的思維方式，他不把事情特例化戲劇化，而是想辦法剝除掉它獨特的外殼，認清它並不奇怪的本來面目，讓它返回到、溶解於它的本來道理裡面，「世界上沒有只出現一次的東西」（歌德）。人面對道理，不管舒不舒服、接不接納，總是可以減少很多不必要的情緒，子產因此能夠以一個外來者、一個小國使者身分，說出晉國人都不好講的禁忌話語——當然，今天我們知道這不會是晉侯的病因，近親通婚生育的麻煩緩緩出現在後代，但這是兩千多年前的醫學知識限制，只進展到這裡（事後，秦國請來的名醫做出了和子產所言相當一致的診斷，晉侯因此非常服氣）。重點是，生病是人飲食哀樂之事，不及於鬼神。

魯昭公十八年，那年夏天，大約是氣候無常、天乾物燥，而且起了極不尋常的超級大風，宋衛陳鄭這一整塊平坦無遮大地是主要災變地帶，同一天發生大火。此災早有預言（說不清是氣象預報還是鬼神示警），還附有解方，那就是拿出鄭國的寶玉來祭神，但子產沒給。大火過後，預言兼請玉的裨竈說，不聽我的勸告祭神，鄭國的火災還會發生。這話引起全國恐慌，子大叔負責請命（寶是保民用的，可以救國保民，為什麼吝惜呢？），子產的回答是，天道遠人道近，這不是人真能洞視、真能掌握的，裨竈哪裡有此能耐，他只是個多言之人，說這麼多次，總有不幸言中的時候，如此而已。《左傳》記載，子產還是不給，而鄭國也沒發生第二次火災。

子產，這上頭和孔子相當一致，他只是在人的世界和鬼神的世界劃一道界線，人的認知僅能抵達的最終那道界線，把鬼神置放在此界線之外，那是人不可知的、也無望解決的領域；他不好奇不求助，也不說沒有不特意抵抗揭穿，大家相安無事就好。比方有回傳出兩龍相鬥的奇異景觀（會是大水、龍捲風還是某種特殊雲相？還有，中國造字，閃電和彩虹也都可以就是龍），只要不為災，忙得要死的子產連前去一看的興趣都沒有，他講，我們人這邊天天打成一團，也沒聽說有龍來看過，龍自己相鬥，我們幹嘛去呢？

我自己一直相信，不可知論比無神論更成熟更複雜。無神論只是反面，只需要多跨出一步；不可知論需要較完整的理性基礎，包含人對理性的質疑、對理性限制的思索。

但《左傳》中最見子產態度的可能還是這事——魯昭公八年，鄭國鬧鬼，鬼魂很厲害是鄭國三世強族、生前即心性凶惡的伯有（良霄），因作亂被殺，死的地點有點狼狽是在羊肆裡。相傳伯有是為著報仇回來的，還有人夢到（誰那麼無聊去夢伯有？）伯有的鬼魂一身披甲全副武裝而行，放話壬子日殺子駟、壬寅日殺公孫段。時日一到，果真子駟和公孫段都準時而死，這種事（或說這種附會流言）連發生在我們今天都會上電視新聞（最起碼在台灣一定情熱報導，大陸則官方禁止），遑論兩千年前而且人心惶惶的鄭國。於此，執政的子產做了什麼？他迅速把伯有的兒子拔為大夫延續家業，鬧鬼一事就此平息。子大叔問子產，可能有質問的意味，因為伯有之死並非無辜；子產坦白講，這確實是妥協是取悅，不問是非只求取悅於人，做人的確不可以這樣，但為政有時卻非得如此不可，不這麼做，人民不會安定不會開心不會聽從，政事就卡住什麼也做不成。

「不媚不信，不信民不從也。」這不是取悅亡魂，而是安撫生民；不是聽命鬼神，而是遵從理性。事實上，不只伯有之子公孫洩，還有上一個執政者、因大政變被殺的子孔之子良止，子產順勢一併拔昇一次解決，順勢消滅掉下一隻更大、更凶惡的可能鬼魂，徹底剷除禍根。子大叔所關心的是非善惡呢？我們讀《左傳》並不難自己看出來，政變也好作亂也好，對子產而言，真正的政治圖像是，這些都只是鄭國幾個大家族的奪權鬥爭之事，他早早看穿，也從不加入，當年伯有死於羊肆，只有他一人前去撫屍而哭，齊國的晏嬰對齊國的鬥爭動亂也是這樣；真正該堅持的是非善惡在更高一點的地方，不在這裡，這裡的成敗生死，只是幸與不幸、人聰明不聰明、做得漂亮不漂亮而已。

從子產的如此作為，我們便看到了春秋時代人之於鬼神之事的另外一面、走得較快較遠的那一面——對這些走得快走得遠的人而言，這只是一個必須處理、必須考慮進去的現實，不是你自己相信什麼，而是一般人民相信什麼，這構成一道時代的當下界線、一種基本限制、圈出一塊事情可為不可為的場域。這裡也就有一個非常簡單的歷史通則，當為數並不多的人成功穿透過他所在時代的基本限制，啟蒙不見得立刻就來，或者說不會自然發生，因為把此一界線往前推、往外擴大並不是個原有的、自然的工作，而是人的特殊作為；啟蒙是辛苦的、長期的甚至是很危險的（就像跪在宗教審判庭上伽利略傷心的說，可是地球真的在動啊），需要人下一種非激情的、比某個衝動某種善念更堅持也更柔韌不折的決心才行，就像孔子才做的那樣；比較有利所以也就比較常見的做法是，保持密而不宣，不冒犯眾人，讓這個認知成為一個獨占的祕密、一個好用的武器，你比同代所有人多一分清醒、多出一種視野及其想像力，森嚴的基本限制攔住所有人，獨獨對你不生作用，因此反而是一個最穩定、最可預期的判斷依據，你自己自由不可測，卻完全知道人們會怎麼反應怎麼行動，所以可以利用可以操作，生出種種詭計。

柏拉圖也深刻知道諸如此類「人性」，知道個別之人的覺醒和多數之人的啟蒙不會同步發生、不是同一件事，這之間有個隙縫——在《共和國》的談話中，他以著名的洞窟寓言揭示此事，那寥寥幾個掙斷鐵鍊、走出幽黯火光和幻影洞窟的清醒自由之人，你得「強迫」他們再回到洞窟裡來，不是為他們自己，而是為了仍被鐵鍊綁著的眾人、為著共和國的建構。

鬼神之事，我們讀《左傳》，已可處處看到操作的痕跡，看到有人已掙斷鐵鍊，講述這些事給我們聽的《左傳》作者自己會不知道、沒感覺嗎？比方趙簡子趙鞅（孔子最後一次起心動念想投身想說服的厲害人物。孔子最終臨河不渡，那一番感慨、那一次看著洋洋河水的歌詠，成為一個永恆的歷史風景），魯哀公十年，他率晉師攻齊，便拒絕了屬下臨戰問卜的慣例要求，原因是出師前已卜過一回得到吉兆，所謂的「卜不襲吉」，其實就是見好就收；比方欒書，魯成公六年，他帶了晉國大軍救鄭，已逼退楚師，但要不要深入追擊擴大戰功，下佐十一人只荀首、士燮和韓厥三個反對，欒書的裁決實在很扯，他引用了〈洪範〉的「善鈞從眾」原則，原本的意思是當兩派意見好壞善惡難分或大致相持時以多數決，但欒書的獨特解釋是，三人為眾，荀首、士燮和韓厥加起來不就正好三個嗎？所以聽他們三人的，遂下令班師保持戰果。

最扯的是有名的城濮一戰，這裡可能就是整個春秋最決定性的一場戰役，晉國的百年盟主地位和春秋的獨特秩序，便啟始於這一勝——大會戰前，晉文公作了個提心吊膽的夢，夢見他和楚王兩人單挑，晉文公被仰面以某種關節技、固定技壓在地上，楚王則伏他身上吸食著他的腦（這個夢有其真實之物的裂紋和稜角，有那種噩夢才有的獨特恐怖感，看起來不像是事後編造出來的）。主戰最力的子犯這麼幫晉文公解夢，只能說充滿意志力和想像力：我向著天，楚王則是伏罪的標準姿勢，而且人腦是「柔物」，這代表我柔服楚。

原來這樣也說得通；原來這樣一個誰都不免駭怕、一身冷汗驚醒的噩夢竟是上上大吉的好夢；原來這樣一場百年霸業，這一段無可替代、無法改變的洋洋歷史，曾顫危危的建立在這樣一個突如其來的噩夢之上，也建立在子犯信口說出、這種水準、連聽的人都替他不好意思的「夢的解析」上頭。這個夢，曾經也會把一整段歷史帶上另一條路另一種可能不是嗎？——難怪讀多了人類歷史的人會這麼說，「人類歷史是我掙扎著要醒過來的噩夢。」

## 通過象牙之門和牛角之門的夢

夢與人的身體同在，與生命同在，久遠古老得彷彿永恆。生物演化，要到怎樣的身體、怎樣的腦部構造或說神經系統才會有夢的發生？這道有夢無夢的界線我們可能永遠無法確定，但日常生活中，我們看到家裡貓狗是作夢的，比較激烈忘情的夢應該是追逐獵物，牠在另一個世界裡快速奔跑還高聲吠叫，像是想起來某些遙遠的、很久沒做過的事，只是傳到我們現實世界，我們看到的只是四隻腳抽搐般的微幅抖動，以及夢話一樣的間歇咕噥不清聲音。《浮士德》第二部末章〈愛琴海的巖灣〉有這樣發自海底最深處的歌聲：

或許夜行者
把這月暈叫作氣象
但是我們精靈看法不同
只有我們持有正確的主張
那是嚮導的鴿群
引導著我女兒的貝車方向
它們是從古代以來
便學會了那種奇異的飛翔

莎士比亞講，「我們是用與我們的夢相同材料做成的。」這已是相當現代的說法，波赫士非常喜愛這句話，我也以為他說的恰恰是夢最迷人的地方（而且注意，他把我們的夢置放於我們之前，倒過來，彷彿有更深的時間來歷）——真正耐人尋味的、讓驚異持續不隨夢醒消失的，還不是夢這樣一個世界的如此不可思議、不記從何而來及其陌生，相反的，是我們對這樣一個理應很陌生、沒進入過的世界，有一種很奇異的熟悉和鎮定、一種幾近無可懷疑的聯繫感覺，乃至於一張完全不一樣的臉，我仍知道（或認定）他就是誰，一個長得完全不一樣的城市，我仍知道自己就站在台北市云云。我依稀彷彿記得、辨識得出來它構成材料的出處、來歷和原形，即便在夢裡它可能是另一個樣子、變了形的。這些材料，包括我才做著的事和剛見過、相處的人，也包括我不知多久沒想起、以為已然遺忘了的事和人，可能還包括基於種種理由我不去想、而且已經成功當它們從未發生過沒認識過的事和人，凡此。夢的真正時間圖像，於是總是我們一整個人、一整個生命，即便夢的情節本身上是幾小時、一天之內的事，但隱藏著某種我們一整個生命的一次重組，而且，這些久遠的材料不必回溯不必尋索，它們好像就在這裡，沒離開沒遺忘，它們好像就是現在。

夢的變形是另一個太有趣的東西，夢中的我們很奇怪對此並不驚訝，會驚訝的是清醒過來、回到原來世界的我們。它因何發生？會是什麼意思？何以森嚴、無可逾越的形式在此可以如此自由、可以這樣交換？如此說來生命是什麼、我的存在又是什麼？——「我做過統帥，做過手中的寶劍，做過跨越六十條河的大橋，我曾在水沫間被施過魔法，我做過一顆星星，做過一道光，做過一棵樹，做過書中的一個詞語，開始時還做過一本書。」「我曾是孩子，一個姑娘，一簇灌木，一隻鳥和一條露出海面的無聲的魚。」

當然還有莊周，他做過一隻蝴蝶。

此外，這個作夢的聲伯，他無聲的眼淚嘩嘩化為清脆聲音的一大把珠玉，還有夢中那首很美的歌，何以像聲伯、像是你我這樣平凡踏實可能還很拘謹的人，在另外那個世界裡竟然如此富想像力而且輕盈，這是一個我並不知道的自己在那裡醒過來？還是真有某種精靈之類、聖靈之類的另外神祕力量造訪我們、進入我們，並藉由我們說出話來？我們讀卡夫卡的《蛻變》、奧維德的《變形記》、讀神話裡遍在的各種奇異變形之物像是長著六根象牙的白象或各種獸類身體的人，我們無法不注意到，它們愈早期愈多、愈大而且狂野自由不懼，有些甚至難以再復原為圖像，也就是更多發生於人對夢更相信、更不加質疑的時日，或者說夢和現實界線更模糊、夢境和現實世界交壞重疊的那種時日。我們可以平淡的說，那是因為被前人寫盡用盡了，但我們也有理由相信，這極可能直接源自於人的夢境、各種璀璨奪目的夢和令人畏怯的噩夢、夢魘，以及，人從作夢得到的啟示、學得的可能和其模仿，而不是人白天裡的一個一個憑空想像和創造；它們的變形幅度大小，取決於人對夢的信任和投入程度。所以波赫士說：「我得出這麼一個結論，不知道是否科學，這就是：夢乃是最古老的美學活動。」

這裡，我們要持續說下去的是，這些夢的構成材料，這些在醒著的我裡面暫停的、戛然中止的、堆放的乃至於深埋不見天日的東西，在夜裡像施了魔法般以某種不可思議的方式重新活動起來並且進行下去（兩個世界在光與黯之間做了交換），讓未曾發生的發生，所謂的未曾發生就是未來、藏在事物內部的一種可能，這使得夢的基本時間感、時間暗示，非常有趣，不是過去，而是指著未來；不像回憶，而像預演、預兆。

仔細想想，可有過一個沒有我、我離開現場片刻的夢嗎？好像並沒有也難以想像，夢應該是很徹底唯我的，就是我一個人的夢（就像波特萊爾說的，人的夢乃至於幻覺幻境都由他已有的東西構成，沒有超出他之外的東西），也許正因為這樣，夢的外形往往像是小說有人有事有地有時有物，但我們感覺夢是詩是歌——我從頭到尾在場，我就站在其中心位置，是夢的唯一主體人物；我比任何時候都清楚意識到，世界是通過我的眼睛看到的，更像是圖像而不是客觀實物。夢以此直接聯繫著「我」的最終神祕性、「我」無可逃遁的個體生命和世界再無中介的一對一最終緊張關係，一種逼視，一種揭露，即所謂的命運，這也是宗教的所由來的最原初之點、之一刻。我以一種比醒時更孑然一身的樣式出現在自己夢中，也許一樣的在人群中行走或與人平常的談話，卻帶著比我醒時更熱切的好奇心（夢的好奇），以及一種時時自思自省的感覺，好像更想看清楚東西更要記住東西（比對於我們白天裡的慣性漠然）；夢總是給我們一種「有事情正在發生」的奇異感覺，或說這樣一種基本意識，所以更多時候它像是一個行程，一趟旅程，我們是「去到」，甚至是「進入」。

夢被人不由自主的視為神奇、用於啟示和預言於是並不奇怪，於此，《左傳》最為有趣的，就不是繼續遵循這道迢迢古老的夢之路，而是我們看到，它開始徘徊起來猶豫起來了，發覺、確認並指證歷歷記錄下來夢的不確定、不可捉摸；不是只有預言神準、未來果然就那麼發生無誤的夢，也有讓人走入歧途甚至毀滅、宛如捉弄人的夢。在這兩個極端之間，還充斥著更多捉摸不定的、只能由它而去的夢。這裡，人和夢的相處關係和方式在調整中，隱隱向著下一個階段，也許還不是所有人，只是某一些人，包括《左傳》作者，還有一些他因此找出來的人——其實，古希臘人也甚早如此懷疑夢，也許這就是對於夢的虔信的盡頭，對一個無法確定的東西非要確定它、釘牢它的必然狼狽和緩緩糾正。《奧德賽》這部史詩裡有個讓人印象深刻的解釋（或猜想）試圖緩解，它說夢是穿越了兩道不同的門進來的，一扇是象牙的門，那是虛假的、捉弄人的夢；另一扇是牛角的門，只有這樣的夢才是真實的、有預言力量的。

但怎麼分辨呢？很簡單，等事情發生就知道了。

《左傳》裡最明顯通過象牙之門的夢是這個，叔孫豹（穆子）流亡時作了一個怎麼看都像天啟的奇夢，記在魯昭公四年，那是他死去的一年，距離他作此夢已超過三十年時間，遠比聲伯之夢揭露得晚：「冬十有二月乙卯叔孫豹卒」——之前，因為叔孫僑如的一陣惡搞，同為叔孫家人的叔孫豹被迫流亡，路過庚宗一地，在當地某婦人家借住過一宿（有沒有發生關係呢？），稍後他客居齊國期間作了這個夢（時機、地點、背景、夢的延遲以及最終的死亡結局，叔孫豹這個夢於是和聲伯的淚水珠玉之夢以某種精巧的方式聯繫起來），夢到自己被天壓住無法掙脫甚至順利呼吸，這是有難解沉重心事的人很典型的夢魘，一種基本款，奇特的是，有個名叫「牛」的不識之人這時出現在夢中助了他救了他，叔孫豹記得很清楚，此人膚黑、肩僂、兩目深陷、有張豬一樣的尖嘴，叔孫豹召集所有隨從，並沒有符合這樣長相和名號的人。日後，叔孫豹回魯接掌了叔孫家位居魯國亞卿，庚宗婦人帶了自己兒子前來獻雉慶賀，赫然發現婦人兒子正是他夢裡的救難英雄，叔孫豹顯然很高興，把他帶在自己身邊，由小豎幹起，應夢稱他為「豎牛」，最終一路拔昇到負責掌理整個叔孫家（魯國第二大家）的家宰地位。昭公四年叔孫豹生了場大病，野心愈養愈大的豎牛想趁機吃下整個叔孫家，於是把叔孫豹完全隔離起來不使見任何人，令由己出。這一年冬天，叔孫豹虔心相信、跟從的這個夢抵達了它的終點：豎牛矯命殺了嫡子孟丙，還把叔孫豹活活餓死（送進去的食盒都是空的），叔孫家大亂甚至震動整個魯國；來年，豎牛也事敗被追殺於齊魯邊境，割下來的腦袋就扔在甯風一地的荊棘叢中。是的，沒有人有好下場，這樣一個夢，竟然是如此惡意的、假冒的、沾不得的、「每個人都死了」的一個夢。

夢不靈驗，鬼神不靈驗，卜筮結果不靈驗，《左傳》不諱言但也不特別聲張，述說起來很平靜，彷彿知道是這樣已非一朝一夕了，就跟我們今天再再察知的，其實並沒有一個充滿無止境、無理由善意的大神或者大自然。

魯莊公三十二年，那年秋天有神降於莘地，而且就此長住下來，這顯然引起周遭國家一陣騷動，連周天子周惠王都問這該如何正確反應。當時最虔信的是虢公，他第一時間派去了大祝、宗人和大史三位大員前去祭拜，神也賜下象徵性再清楚不過的土田給他，但虢國不僅沒從此得土得地擴張強大，沒撐太久就亡於晉（也就是唇亡齒寒這個成語的歷史來歷）。日後，包括《左傳》在內，人們普遍認定，這正是虢國滅亡的開始，從神的不當賞賜這個時間之點啟動——此事早於叔孫豹之死一百二十年。

最嚴重的一次不靈驗是魯僖公十五年的記事，真正的事情發生於之前的晉獻公，同樣是一次事後的記憶回溯和反思，這次搞鬼的不是夢，而是「筮」，《易經》系的占卜術——當時，晉獻公嫁女兒伯姬於秦的第一明君穆公，但卦象顯示不吉，而且還不吉得可怕極了，會兵敗、國破、家亡和人死，活生生一部人間災禍大全。奇怪的是，這個婚還是冒險結了；更奇怪的是，幸好結了，這個極端不祥的伯姬卻是往後幾十年晉國最重要的守護神，一路守護晉國通過各種劫難直到晉文公接任為止。晉獻公晚年的驪姬之難，是晉國最黑暗最風雨飄搖的一段時日，滅國不僅是可能的而且看來還不止一次，但這位伯姬夫人聰明、勇敢、對母國深情款款而且永遠知道怎麼恰當說服秦穆公。如果當年聽從了卦象，晉國的命運真讓人不寒而慄，而沒有盟主晉國的春秋，這趟歷史可能也得大幅改寫。

其實，晉獻公自己稍早納驪姬為夫人，便已經出現了卜和筮的背反現象，卜不吉筮吉，年歲已大的晉獻公很人性的選擇相信說好話的筮，就像他那位孝順不忍的大兒子申生講的，不這樣睡不暖吃不飽。整個結果非常耐人尋味，驪姬的這次筮吉，卻是靠著伯姬的那次筮不吉，才堪堪得以化解，不墮入萬劫不復，這個不準靠下一個不準來修正，有比這更大更嘲諷的懷疑嗎？

然而，若要選一個我最喜愛的卜筮失準實例，我會說是魯宣公夫人穆姜的那個「隨」卦——不準，不是我們事後講的，而是穆姜自己。

事情大致如此——這位掌過生殺大權、作風剽悍無匹的齊女，政變不成之後地位一落千丈，連她精心種植、打算用為自己棺木和頌琴的上等木材，都被執政的季文子報復性奪走，用在她媳婦也是魯成公夫人齊姜的喪事。穆姜退居東宮，隨卦的吉凶判定是「元亨利貞無咎」，但穆姜不買帳不接受筮詞的虛言諂媚，她先簡單解釋了元亨利貞的意思，然後駁斥道：「今我婦人而與於亂，固在下位，而有不仁，不可謂元；不靖國家，不可謂亨；作而害身，不可謂利；棄位而姣（淫），不可謂貞。有四德者，隨而無咎；我皆無之，豈隨也哉。我則取惡，能無咎乎；必死於此，弗得出矣。」

清楚，硬頸，犀利，仍是昔日那個穆姜，她就這樣昂頭走進東宮如提前走入墳墓。事實上她活了很久，一直到她孫子魯襄公在位第九年才死。

## 鄭穆公母親的一個夢

《左傳》書裡還有另一個樣子很美、還充滿香氣但現實裡也並不重要的夢，講的是鄭穆公一個人的特殊命運和他的死，同樣的書寫方式，事情記在魯宣公三年他死去、夢終結的那一年——穆公母親燕姞是南燕女子，原只是父親鄭文公的一名賤妾，她夢見自己族人的先祖伯儵給了她蘭草，並要她以此為兒子命名，果然應夢懷孕生下日後的穆公蘭。依《左傳》，這個美麗的夢顯然早早傳開來是個美談，鄭文公晚年因君位繼承問題引發一連串謀殺，本來毫無地位、不排入接班梯隊的公子蘭，便是靠著這個蘭草之夢，得到盟主晉文公的出兵協助，不可思議的搖身成為鄭穆公蘭。多年之後（魯宣公三年冬天）他生了病，大概他手植而且細心照料的蘭草也枯萎了，這個「靈魂有香氣」的小國國君知道自己時間到了，「蘭死，吾其死乎？吾所以生也。」遂不掙扎不抵抗，命人割去蘭草，他也跟著死去。

這個夢和這樣的生命經歷，當然還有那株從夢裡送來的蘭草，很容易讓我們想到《楚辭》和那一個香氣中翩翩降神的異樣世界，用今天的話來說，這是最典型的巫術思維，人類學報告裡我們一再讀到諸如此類的夢及其故事。巫術，不是人自由的掙斷事物的因果森嚴鐵鍊，正正好相反，巫術極可能就是人類有過最堅強不疑的因果論，已達急躁、不顧其他一切的執迷地步。它直接抓住兩個鄰近的具體外在現象，把這兩者從此綁在一起亦步亦趨，直接建立其因果關係，不相信巧合，不相信偶然，不相信有兩個同向進展的事物可以彼此無關聯（比方我從出版社辭職，整個地球的氣候變化也愈來愈異常，全球經濟分配也愈趨惡化云云）。鄭穆公的人生和蘭草，就因為一個夢和一個命名（占他整個生命時光微不足道的片刻），緊緊綁在一起；但這趟人生這個故事，其實我們可以有另一種描述方式：他的母親燕姞偶爾作了個好夢，是個孤伶伶的寂寞女子想念著她遙遙北國的故鄉和她的族人，本來就只是這樣而已，也許她無意中、或狡獪的使用了這個夢來抓住一個機會（甚至說她發明了這個夢，或修改了這個夢），成功的提昇了自己在鄭國內宮的位置，而這個夢（因此）

進一步發展成為傳奇，打動了包括晉文公在內的當時人們，是人們逐漸的相信了它，所以這個夢不斷得到了它本來並沒有的意義和力量，乃至於成為某種「自我實現的預言」，把一個不在排名裡的卑微庶子，在一個「反正鄭國總得找出一個繼承者」的特殊時間裂縫時刻，戲劇性的送上國君位置。那一個死亡到來的冬日，我們說，冬天蘭草會停止生長呈現萎頓的樣子這不是正常的草木榮枯天地規律嗎？尤其這種一年生的禾本植物？其他每一年冬天不也應該都這樣嗎？因此，真正唯一發生的非比尋常之事是鄭穆公自己病重了（「死亡這個非比尋常的事，它終於來了。」亨利・詹姆士），他也許生出某種樹猶如此人何以堪之類的悲涼應景感慨，憐惜自己一生珍愛的、也曾帶給他好運的蘭草並回想著自己這歷歷一生，如同一個隱喻；也許他真的被母親這個夢也說服了，尤其在這樣生命力量和溫度最低且熄滅下去的一刻，如同一種依託一個安慰，原來蘭草就是我，我就是蘭草，「吾所以生也」——

在各式各樣玄奇眩目如魔術師手法的操持方式底下，巫術的基本思維是最簡單的，令人不敢相信的就那麼簡單，就像當年卜偃的魏國大預言，只靠「萬」和「魏」這兩個字的最簡單釋義、這一剎那間的偶然相觸，就打造出一條兩百年不彎不折的歷史單行道，指出並支撐起一個大國的崛起和興旺。因此，巫術日後的自自然然衰落，便不是人類懂得了因果思考，而是人類不斷懷疑了、也不斷精緻化了因果論，巫術遂成為那種被淘汰的初級產品初期機種，像那一堆我們知道但快遺忘了的家電。人類不斷發現另外的現象、另外的作用力量、另外更多的隱藏聯繫，是原來的簡易因果鐵鍊沒看到、沒考慮、沒編進來的東西，所以有效或說命中率提高的因果鐵鍊必須不斷精密的重鑄；但不斷的，還有更多樣、更細碎（細如碎片細如粉末）的東西不斷冒出來，我們難以一一納入人可能建立、可能設想的任何因果之鍊裡如托爾斯泰所言，我們因此只能稱這些為偶然，稱它們的作用為巧合，都意謂著人的無法預見、無法準備和無法掌握，這是最令人頭痛的一堆東西，它們把未來打開、發散，至少呈現巨大的扇狀，直接摧毀的便是那種歷史單行道、那種只此一個答案的歷史斷言。坊間有一部寫得不是太好的書《馴服偶然》，並不如書名所顯示有什麼神奇的馴服偶然辦法，講的其實就是統計學的改良進展歷史，這個進展正是建立於人對偶然不斷「拒斥／納入」之上。巫術，不僅是最急躁輕信的因果論，還是樣品數遠遠不足、最早型號的統計學，抵不住偶然的第一波攻擊，它的衰落不是被駁斥也無須駁斥，而是在效用上、在實務的驗證上失敗或至少人無法容忍其低命中率（就像職業球隊無法長期容忍打擊率低於二成五或投籃命中率四成不到的球員，日本人稱之為「戰力外」，這個宣告等同於解約或不續約），只能由明而黯，由檯面轉入底下，躲藏在幽深的角落、幽深夜間時刻、幽深的人心欲望及其疑懼無知裡。今天我們很難想像，國之大事惟祀與戎，它曾經這麼重要這麼巨大堂皇，一個夢，可以直接拿到廟堂之上，用它來決斷大事，來據以施政，來選取君王和執政者，來發動一場戰事；人放心把自己生命、還有更多他者的人生和命交付給它。

人的歷史的確有在進步，也真的非常非常需要持續進步才行。

# 在夢和白天的接壤之地

聲伯作了一個如此美麗的夢，夢中的他還感慨的吟唱了一首歌：濟洹之水，贈我以瓊瑰；歸乎歸乎，瓊瑰盈吾懷乎。——這麼美麗的夢何其稀有，因為，如果我們把夢看成是一個作品，通常只會是失敗的作品。

文學創作的人，有時會很沒出息的這樣想，尤其是寫不出東西或寫得疲憊不堪的時候——漫漫人生，我作過這麼多夢，如果能有一種夢，夢中的我寫好一首詩、一篇文字或一篇小說，那麼有多好，我只要醒來時一字一字抄下來就行了。

文學史上有沒有這等好事呢？據說有一首詩差點是夢中完好寫成運送回來的（聲伯的四句夢之歌有點不算數，那更像只是這場夢的「詩化」，是一次總的文字描述），這就是柯立芝的著名殘缺之詩〈忽必烈汗〉，寫這位元朝大汗蓋成了一座他夢見的宮殿。據柯立芝講，這是一七九七年夏天他居住農莊作的一個夢，夢裡他已完整寫好了一首三百多行的長詩，而且醒來時他仍清晰的、一字一句記得全部詩句，但偏偏這時候，一個不速之客的到來打斷了他或說真正叫醒了他，「我相當驚駭的發現，我只模模糊糊記得大概了，除了八九行零散的詩句之外，其餘的統統消失，彷彿水平如鏡的河面被一塊石頭打碎，它反映的景象怎麼也恢復不了原狀。」最終，這首夢之詩以五十多行、六分之一比例「合轍押韻，長短不齊，韻律鏗鏘」的殘缺樣子留下來——

安樂的宮殿有倒影
宛如在水波的中央漂動
這裡能聽見和諧的音韻
來自那地泉和那岩洞
這是個奇蹟啊，算得是稀有的技巧
陽光璀璨的安樂宮連同那雪窟冰窖

就是這樣。我們已無從分辨，這五十幾行（夢裡存留的只八九行），哪些是白天的，哪些是夢裡原廠原裝的，哪些又是在光與黯那交迭一刻「融合」出來的。人們對這首神奇的詩有各種懷疑各種猜測，不見得都是惡意的，也有是觸動的、深沉的繼續想下去——柯立芝聲稱這首詩來自夢中，這是否只是「為他殘缺的詩作開脫和申辯，借助一個美妙的夢」，實際上並沒發生或並不這樣發生？意思是，柯立芝也許想出了某些精采的詩行，但這既有的詩行並不構成一首完整形式的詩，於是有兩種方法：一是再絞盡腦汁把它發展為一首完整的詩，如同所有詩的寫成那樣；另一種是，我只想純淨的保護這些詩行，我不要勉強增添只為湊足、符合詩的某種完整形式，我要人們就只專注的、彷彿天地只剩一物的看這幾行詩，如此，柯立芝便得為這些斷續的詩行想出一個奇特但可以成立的呈現樣式，而他也真的找到一個如此美妙的呈現樣式，借助一個夢，或者說一個被打碎的夢，殘缺不僅不妨礙詩的呈現還成為一個最美妙的形式，或者說，柯立芝把這些詩行送回去，送回詩歌和夢境的亙古接壤之地，那裡，也許正是詩歌最原初生長的地方。

夢是人對自己的鬆手，一種徹底的鬆手，大概正因為這樣，我們往往相信，夢曝現出某個、或某些「更真實的我」，賦予它一個深向的意義，一個諸如認識我自己的睿智意義。但這裡，還有另一個有意思的說法，像是接續著莎士比亞那句話：夢像是把一本完好的書拆散開來，再自由的、隨意的組合起來；這本完好的書，就是白天的我們自己。也就是波特萊爾講的，夢裡不會有「多出來的東西」，最多，只是某些我們以為已遺忘的東西，乃至於某個更原初、更幼稚、更未經改善處理、更接近生物性的我。這些，佛洛伊德稱之為「壓抑」（從而有意無意的賦予它異常的價值），我們在白天的清醒時光，站在世界裡、人群中是拿不出來的，只因為，每一樣具體存在的實物都限制著我們，他人的存在也限制著我們，還有，時間的流水先後順序更根本的限制我們，更何況，我們本來就只擁有時間的一截一段，沒更多了，生命本身就是有頭尾、有無可逾越死亡界線的，便只有作夢，在那裡，沒有真的世界真的他者，時間可任意聯結重設，這些東西才得以自由自在釋放出來。

這也許才是夢最富意義的地方，我指的是，一種幾近不可能的自由，一種取消白天世界種種界線的自由；也就是說，不是夢的內容本身，而是一個對白天森嚴界線的糾正和解放，通過相同材料的組合（組合狀況不佳無妨），以一種示範的模樣、一種啟示的模樣，告訴我們，我們自己、以及整個世界，可以不必然只此一途。

但我們也得知道，界線是有深刻意義的，不僅僅只是對人的限制和壓迫而已——人對界線的確認和思索，其實正是人對自我生命處境的確認和思索，乃至於是對人的世界基本構成、人的存有的確認和思索，而且，惟其如此才是具體的、稠密充實的。界線，也許每一道都可調整也該不斷調整，讓它最適，讓它擴展如同把某一面牆往外往前推動得到最大空間（只是我們一再發現，這永遠比我們的熱切想望要難、沉重、緩慢而且幅度有限），但界線是無法真正取消的，所謂完全的自由是不可能的，也是幾乎無法認真想像的，世界會跟著整個消失，我們也會消失（「完全的自由，和不存在，有不同嗎？」）。所以安博托・艾可，這個最愛在思維中、在他一部一部作品裡，把人類世界一條一條界線拿來嘲諷、穿越、破壞的人，最終鄭重的要求我們肯定界線的必然和必要存在，一個物件，一座城一個國，一個生命包括你我，都是從有了分割內外的界線才成立、才得以開始。艾可舉用的是《埃涅阿斯記》這部羅馬史詩，由那位引領著但丁的維吉爾寫成，講羅馬城的建造以及羅馬人這趟光輝歷史的展開，正是始自於特洛伊敗戰後裔的埃涅阿斯流浪到這長靴形狀的半島，在地表上畫出第一道線、畫出他們新居地的位置和經營範圍，在此之前，一切只是混沌，只是無形無狀的虛無。

界線同時意味著選擇，還意味著人的改善和保衛，讓有益的東西留下來不消散，並把不要的、侵入的拒斥在外。天文物理學者告訴我們，地球的生命史，成立於一道薄膜也似的又脆弱又強韌的界線出現，這就是留住熱能（及其他）、擋住紫外線（及其他）的大氣層。

我們可以這麼設想，夢一次又一次把我們「暫時的」帶到界線之外，也就是這個實存的世界之外，而且以某種實際演練的方式、接近可感經歷的方式——這麼說我們又何其熟悉不是嗎？這不就是文學書寫嗎？尤其是一部一部小說的書寫。也許文學書寫真的是人對夢的一種不知不覺模仿，一次又一次在實體的、時時處處是限制的白天世界裡奮力作的夢。

但兩者有什麼根本不同？

在彼處，沒有實體，沒有或不必管時間序，空間可任意連絡，也沒有真正存在只是幻影一樣的他者（《奧德賽》和《神曲》裡的鬼魂，原意都只是「陰影」，謹慎的保留了夢裡的原來樣子），這樣幾近全然自由隨機的組合方式，的確很像把寫好的書一頁一頁乃至於一句一字重組。最顯著的不同我以為是，夢的如此隨機組合，而且既無法事先規畫，還不修改也注定無法修改；但文學書寫不是，文學書寫，在一樣面對這些幾近無限可能組合同時，還接著一一檢查、思索並不斷做出選擇，選擇對的聯結，對的路，對的字，對的說法和語調，還一再從糾纏線團中試著抽出準確、可豁然而解的那條線，這是個小心翼翼而且得不斷回頭的工作。選擇最難，我們可以這麼說，相對於書寫，夢顯然是個太不認真、習慣很差的作者，也是不容易寫好東西的作者。

隨機組合，理論上以及機率上，我們有絕對的理由相信，夢更多時候因此只能是「失敗」的作品（那些只相信直覺、由筆拖著走的作品亦然），證之我們每個人的實際作夢經驗應該也如此沒錯；還有，橫向的隨機組合，不會有真正觸及到稍深一層東西的機會，有時彷彿有但其實不會有，那只是混亂的偽裝。這裡，文學書寫的做法是，書寫者得先大致設定自己要寫的東西，並決定某一書寫形式比方小說或詩，畫出各種界線把作品鎖定在裡面，也把自己鎖定在裡面，這才能專注才能延長時間，不會碰到困難就逃走或藉鬼神飛走，讓深向的挖掘工作成其可能。所以，夢不僅總是失敗的作品，還是個初級的作品。

但丁《神曲》，從地獄走到淨界再走向最高天，像是一個人的夢，但是不是真的但丁作了夢呢？波赫士不相信，他說夢和幻覺都延續不了這麼久；我們說，夢也不可能有這樣垂直性的深刻不紊層次。但仔細看，這裡的確包含了很多夢，《聖經》希伯來人夢見的以及他們得知於取用於彼時其他部族的，古希臘人諸城邦的，古羅馬人的，以及但丁自己夢見的，還有和但丁一起活著的人們正作著的夢——

但《神曲》仍是白天寫成的，當然是書寫而不是夢的抄寫。

這是兩個不一樣的世界，本來就不同而且實際上又隨時間不斷遠離的兩個截然世界，我以為最根本的問題在此——佛雷澤指出，野蠻人，或更正的說，早期人們，分不清夢和真實世界的界線，分不清的還有稚齡小兒（要不要再加入精神病患和文學家呢？還有愈來愈多幼態持續賴著不想長大的青年人中年人？）。根柢的來說，夢要「有用」，還是得送回到白天醒著的世界來，只是，人類這一趟夢的運送史，看來一直是失敗的，至少是捉摸不定無法信任的——作為預言，它不準確；作為一個完整作品，它成績不夠；直接拿來解釋甚至解答人們白天的種種行為，像佛洛伊德那樣，它千瘡百孔而且雷聲雨點完全不成比例有點好笑。夢好像是那種對獨特生存環境太依賴的生命體，比方某種畏光性厭氧性的微生物，無法在我們人間的光線和空氣裡繼續存活生長。有些夢在夜裡感覺如此華美，卻在我們的世界裡、醒來那一刻光采盡失。

很可惜，而且白天黑夜的長度又是1比1的，儘管夜間我們並不都用來睡覺作夢，我們會感覺有一半（或至少三分之一）的生命時光、一半的自己被遺棄在那裡。夢應該被置放在哪裡呢？可不可能有一種這樣的空間？——一個慢一點不立即有用的世界？一個黑夜已過去、白天還沒來的交壞世界？一個人既清醒卻又不那麼清醒的世界？在那裡，人可以調節光和黯，可暫時擱置現實的硬生生限制及其侵入，可交織起、並且反覆進出這兩種世界之中，可以讓夢沉入，如一整個沉入到人的記憶底下，讓人攜帶著它，更富耐心的觀看它思索它，還可以緩緩的、小心翼翼的修改它。

我們該怎麼進一步描述這樣的所在和這樣的工作進行呢？——夢就是夢了、結束了，無法修改，但朱天心的一篇小說〈夢一途〉卻這麼告訴我們，可以的，她說她持續的夢見同一個其實並不存在的小城鎮，在夢中，在每一天夜裡（正確講，每隔幾天一陣子的夜裡），她有點奇怪的一直回去，就像我們一再前去同一個城市逐漸認識它、熟悉它、弄清它每一條道路街巷，每一家商店，每一處拐彎和死角，每一種生活機能及其配備一樣；但更像是夜裡的自己，一點一點祕密的打造一個完全屬於自己的城鎮，這當然是現實白天裡做不到也難以比擬的，最接近的經驗仍是一部小說的書寫。朱天心講，等這個城鎮成形了、該有的都有了、完整可居了，大概也就是她打包離開、住進去的時候到了，是的，就像兩千年前那一刻、那個黃昏，聲伯終於打開了他的瓊瑰之夢那樣。「這樣吧，入夢來，所有的死去的、沒死的親人和友伴——」

這裡，我們且不管它的哀傷寓意，我們只關心它的進行和如何可能——這不是一個夢，而是一連串不斷進行的夢，銜接這個夢和下一個夢的是白天世界和白天的朱天心，我們大概可以這麼不詩意（很抱歉）的描述，這個夢進入到白天，被作夢的人珍視、收藏、眷眷難舍，成為人的構成，人的新材料，以某種略有不同但極可能更豐盈飽滿的樣子，再回去它所在的夜裡，進一步的自由無羈拆解組合，珮妮羅普也似的，就這樣日以作夜、夜以作日的一直反覆下去增加下去。「修改」這一個詞，也可以改換為「生長」，一個夢以這樣的方式被存留下來，植栽，澆水，保護。

這大概就是文學的世界吧，唯一能讓運送出來的夢仍能存活的一個地方，或者說，極可能只有文學書寫才能建造出這樣一處所在——如果書寫者做得正確的話。耐心，小心翼翼，收存更多個夢，也累積更多白天世界的理解，甯晚勿早的延遲打開它處理它書寫它，也許就等到某種黃昏時候，等到書寫者自己已緩緩老去，可以把它放在一個更全景也似的時間之流裡，可以用接近一生的完整經歷來比對它，包含了某種恍然大悟，某種原來如此——

就像《左傳》這個聲伯渡河之夢，延遲，小心捧著，以及那個死亡到來的黃昏。就大歷史書寫來說，這樣一個夢是沒必要甚至不應該記述下來的，記述下來也通常被讀書的人略過，最好的捕捉方式、閱讀方式仍是文學的，事實上，也正因為這樣，這樣一個夢才被記下來、存留下來的不是嗎？

# 《左傳》的情欲亂倫之事

《左傳》書裡有一堆男女情欲之事，比例高到讓人不免驚訝，閱讀時，我們感覺這很古老原始呢？還是竟然非常現代？

情欲，與人的身體同在所以同樣古遠而且恆定，後代史書裡面當然也都有，但仍稍微不同——《左傳》的男女情欲故事並不躲入那種窺探式的所謂後宮祕事裡，成為歷史記述的另一種篇章、一個下班後的夜晚世界。它們就如明晃晃的亮在檯面上進行，往往直接就是一場國際戰爭的爆發點，一次大型政變的緣由，一個國家、一個君王、一個大政治家族以及一大堆相關不相關的人之所以破毀死亡的真正原因及其開始；也就是說，它不僅比例高，還分量十足，得正式被記錄、被說出來。

其中，大致上又以齊國君主的因此不當死亡最多，這是因為齊國靠得近、因之影響魯國較大被記述？還是因為這個順應當地原來風俗而治的邊陲大國保有著較為古老的生命樣式？

《左傳》裡，最完整最刺激的男女情欲故事應該是夏姬，夏姬顯然是個絕美的女子，美到所謂的不祥，太多人想得到她，時間長達幾十年。《左傳》不文學式的說她傾國傾城，而是計算得更具體更實際，詳細列舉這紙清單的是晉國叔向的母親，為的是阻止叔向娶夏姬的女兒——總計是，夏姬一共折損了三個丈夫（陳御叔、尹襄老和申公巫臣，其實這部分皆是自然死亡的，和夏姬無關，其中尹襄老不那麼自然的戰死於邲之役）、一個國君（陳靈公）、一個兒子（夏徵舒）、還滅掉一個國家（陳國）連帶流亡了兩名國卿（孔甯、儀行父）等等。叔向母親其實還可以再扳手指頭繼續算下去：日後，強權楚國因此戰禍年年疲於奔命，一度還棄守郢都，死去的國君被挖出來鞭屍，這是春秋兩百年裡唯一如此狼狽的一次；還有，申公巫臣為了要夏姬，整個留在楚國的大家族幾乎滅門。

不說傾國與傾城，但實際上發生的就是傾國傾城，整個世界骨牌般一路傾過去，由陳到楚。

因此，只從單一而且只會很單調的情欲角度來讀夏姬故事未免可惜了，勢必會錯過太多東西，不只夏姬本人，還有申公巫臣，申公巫臣是整部《左傳》最有趣最特別的人之一。情欲和人的身體緊緊相聯，很容易把人的複雜、特殊行為和思維還原成只是某種生物本能，而且大家都一樣，古往今來全都一樣，人消失了，只剩一具毫無特色的身體，乃至於更不思不想的腺體。這種看事情看世界的方式基本上是虛無的，或者更糟，是偷懶的。

這裡，我們還是先來看個小一號的、簡易版的故事，比較滑稽、比較平實，不像夏姬故事那麼巨大，大事件把人的存在給蓋掉，也不像夏姬故事那樣情節塞得滿滿的，《左傳》只點狀的記載這個故事，留有大片不連續的空白，給了我們較多思索和想像的空間，所以更像是個素材——書寫者，以及老練的讀者，也許比較喜歡這樣，如張愛玲說她喜歡素材感覺較強的《金瓶梅》，勝過精緻成品的《紅樓夢》。

事情大致發生於魯文公七年時，那幾年，是各國君主瘟疫般接連死亡的時日，其中最大隻的是周天子周襄王；風波較大的則是盟主晉襄公，引發了繼位問題，但因趙盾執政鎮壓得住，局面還算平穩；比較不被注意（《春秋》經文沒記）但後世討論最多的是，著名的秦穆公之死，這個喪事殉葬了秦國三個活的優秀人物奄息、仲行、鍼虎（是被迫殉死還是遵行一個古老的決定？），留下一首很悲傷的思念之歌（〈黃鳥〉）、一個很糟糕到有點不公平的謚號（謬公，秦穆公的真正謚號）、一個據說至此暫時無力再東征爭雄天下、宛如又沉睡下去百年的秦國。

也就是說，那幾年在國與國路途上奔走的，不是披甲的戰士，而是急急趕路參加喪禮的人們，畫面上比較像讓賈西亞・馬奎茲寫出他自認最好短篇小說〈星期二的午後〉的那樣。這個情欲故事的主人翁是魯國的公孫敖（穆伯），這一年冬天，他奉命去更小的莒國談結盟之事，也順便幫他從父昆弟的襄仲娶親，但這個剛死了正室妻子的傢伙，登城看見莒國已氏這名女子驚為天人，就直接自己留下了。被搶了妻子的襄仲當然憤怒，奏請魯文公要出兵殺人，文公也同意了，但被叔仲惠伯勸了下來，於是惠伯出面當和事佬，說好襄仲放棄這門親事，公孫敖也送返莒女當這事沒發生過，兄弟還是兄弟，結束。

這種為人娶親卻留下自用的故事，《左傳》裡幾乎可以用層出不窮來形容，並不特別奇怪，事實上更多是發生在父子之間，遠處看是妻子，一靠近卻變成某種母親，這已不是生氣或沮喪的問題而已，而是，這大家要如何調整關係？要如何每天面對面好好相處下去？

本來已經沒事了對不對？但魯文公八年，一樣是冬天，公孫敖帶了一堆人和禮物出門，這是一次莊重的任務，代表魯國去參加周天子的喪禮，但這個有點荒唐的傢伙居然半路捲款跑掉了，帶走弔喪的所有公家值錢東西，跑去哪裡呢？當然就是莒國，找剛好一整年不見（365天×三秋？）的已氏，並從此在異國定居下來——《左傳》沒交待年紀，但這個公孫敖顯然不年輕了，應該是生命閱歷豐富的中年人甚至初老，他拋下國、家族和相當的地位身分，尤其選在這樣一個讓自己百口莫辯、難以回頭的時機。他和巳氏又一起生活了整整六年，只比《奧德賽》裡猶力西士和女神卡呂普索短一年，最後，他也想搬家回魯國，不知道是思念或是為他和巳氏的兩個小兒子前途打算，只是這事鬼使神差的沒成功。魯文公十四年九月，公孫敖死於齊地，應該是已經動身了，但沒有天神的介入援手，沒完成最後那一段航程，當然也沒一覺醒來發現自己身在故國那棵橄欖樹下。

《奧德賽》是個遠較詳細講述的故事，它用了整整一本書，體例上也比較接近文學（如果是《春秋》式的歷史記載，大概只是「×年×月猶力西士至自特洛伊」），而且還是以猶力西士的自述方式來說，我們於是還有處處線索（語言、語調以及各種細碎游離的心思和臨事反應等等）去進一步猜想猶力西士更深藏的想法，以及他沒講出來的部分；公孫敖則沒留下任何一句他講的話，我們想多知道什麼，只能全然的、近乎徒勞的想像。

昆德拉於是據此斷言，猶力西士和卡呂普索那七年是愉悅的相處時光（我們當然也能表示反對）；換句話說，那並不是落難孤寂旅人的一種慰藉、一種情欲滿足而已（但可以不必排除由此開始），而是猶力西士自己也說的「過著夫妻一樣的生活」。他最終離開這個小島和卡呂普索毋甯是聽從一個更大的、他以為無可抗拒的命運，帶著沉重的割舍之心和時時流露出來的不情願甚至後悔（尤其航行又有危險困難時）。當然，這絕不意味他對珮妮羅普的情感和思念消褪了，用「沉入」、緩緩沉入到生命深處記憶深處這樣的解釋會比較好；而且珮妮羅普那一頭，天平上還得再加上故土、故人、已經不曉得長多大的兒子特勒馬科斯，還有自己的由來、自己更厚實的原初生命記憶，事實上，有意思的也正在於此不是嗎？猶力西士的抉擇因此變得困難變得必然深刻而且猶豫不定，就連空間距離也無可避免的成為考慮因素，有點「情感重量和距離平方成反比」的意味，這儘管有些令人沮喪但我們卻也都知道這更接近人生事實。

但公孫敖呢？依《左傳》，整件事的確開始於一張美麗的臉出現，第一次在莒國，我們可以同意這也許出於衝動，或說單純情欲力量的驅使，但時間是接下來最為有趣的東西，永遠是這樣，我們得想辦法填滿它才行——送還莒女後悔不已或者處心積慮的那一整年呢？還有夙願終於得償、卻也必然發覺自己支付的代價、自己人生怎麼搞成這樣的那六年呢？公孫敖怎麼想，是開心是後悔還是兩者都有並隨著天雨天晴交迭反覆？基本上，我們什麼也不知道，我們想多知道什麼，就得使用自己，自己的經驗、記憶和情感，自己的身體，試著用自己去替換公孫敖。但有一點我們幾乎可以確信：純粹的情欲是很短促的，至少是間歇的，它絕對裝填不滿那一整年以及那六年，長日漫漫，至少它必須也必然降溫轉變成其他東西、某種可以跟每天生活和解相處的東西才行。如果我們始終只用情欲的單一角度去想，那我們就得把絕大部分時間想成是情欲和情欲之間的等候難熬時光，人僵在那裡，這不會是真的，至少人脫離了青春期之後就不會是真的。

歷史和文學，其書寫者大致都可以想成是葛林和漢密特所說的「留下來收屍體的人」，但回想的東西還是有點不同——我們用一般性的語言來說，歷史書寫還是得有事發生，人必須留在大舞台上、在公共世界裡，基本上，它注目的是人和大世界聯繫、周旋的這部分或說這個面向。這個根本關懷，再加上它日趨審慎、有足夠證據才可以說話的書寫規範，使它不容易持續追蹤曲終人散之後的個人，這一不小心就讓歷史書寫顯得「勢利」，當然原來的意思並非如此，書寫者本人的品格心性也不見得如此（只除了人的每天工作會讓某些東西不知不覺內化）。日後，歷史書寫往下方、也往細微處進展，但仍然，歷史書寫有它無可逾越的、非得停下來不可的界線，事實上，這個進展反而讓我們有機會看清楚歷史書寫這個工作（而非書寫者）的某種真相、某種「本質」。這麼說，它的自我規範、以及因之形成的書寫體例和其文字使用方式，讓這個書寫成為一個相對巨大的東西，它實際上不知道該如何處理單一、細小且沒足夠分量事情發生的個人，尤其不宜也無法進入到人身人心裡更加細微幽深的角落；它得退回來，收集或說收攏更多細如碎片細如粉末的個人，讓他們合成為（或說從中抽取出來）一個夠大的總體現象，如某一地的經濟活動，或某一階段時間裡人的宗教崇拜方式，重新建立起他們和大世界的必要聯繫，這樣才能繼續工作。

但那些微光閃閃卻苦於證據不足的誘人東西怎麼辦？那些比方說「娜拉（公孫敖、申公巫臣）出走了怎麼辦」的確實必要追問？——曾經（其實也沒多久前的曾經），這並不特別困擾我們，我們可以先擱置它們，因為還有大片空白之地、一堆大問題大題目亟待研究書寫，而且，我們可以信任未來，未來人們應該會有更好的配備、也能持續找到更多可靠的證據來處理它們。但現在，我們大致可分辨出來了，太多而且愈積愈多的問題並沒有假以時日的這種未來餘裕，它們注定就只能在不會有決定性證據、或說這種嚴謹意義的所謂證據的曖昧不明狀態下被思索被追問。這只是某種特定工作方式的盡頭，但不應該就是人思維的盡頭，否則接下來人能做的就不多了，而且有點荒謬，我們明明擺著一大堆真的疑問，卻同時幾乎無事可想，常常為找一個書寫題目研究題目想破頭。

最近，一位讀歷史的聰明絕頂年輕朋友帶著好心提醒意味跟我說，她相信器物，不那麼信任文字——確實，我也比較相信實物，一塊玉，一具古琴，一件衣服，從材料、工匠技藝、生產活動到生活實況，可以告訴我們太多事情，而且多是明白無誤不留疑問陰影的答案，讓人舒服而且放心；只是，我不得不以某種提心吊膽的方式相信文字，因為太多地方沒有而且不可能有器物、有可以憑依的具體東西，只有文字鋪成的斷續危險之路（卡爾維諾稱之為懸空吊橋），就像公孫敖這一年和這六年，我們看不到他的任何生活用品，我們也不能寄望比方他和莒女居住的屋子未來會出土。話說回來，能夠確知大唐李白當時喝的什麼酒是很過癮的事，也許還可以是一篇好作品或者升等成功的學術論文，但那並不是真正困擾我的疑問。

歷史書寫的工作成果，另一方面來說，人們常把它看成某種素材，其他領域的工作者，尤其是文學工作者，如托爾斯泰取用它們寫他的《戰爭與和平》，如賈西亞・馬奎茲的《迷宮中的將軍》，或就是葛林架在倫敦大轟炸之上所寫的《愛情的盡頭》——素材的意思正是，某些工作由此才開始。

## 夏姬・尤其是申公巫臣

需不需要回頭來講夏姬的故事呢？很多人熟知這個故事，尤其前半場，這無疑是《左傳》最香豔刺激的一段書寫，還出現女性內衣——陳靈公和孔甯、儀行父一君二卿，都和夏姬有男女關係，這三個該死的傢伙居然就在朝堂之上交換傳看各自獲贈的夏姬內衣，還找死的一起到夏姬家飲酒作樂，指著夏姬兒子夏徵舒討論比較像誰。於是，夏徵舒當天就殺了陳靈公，孔甯、儀行父逃到楚國，楚莊王以聲討弒君之賊的罪名出兵滅了陳國。

《左傳》沒記下夏徵舒年齡，但有能力弒君並掌國，應該已達成人年紀，也就是說，當時的美人夏姬應是中年人了，事發當時以及之後，她想些什麼呢？

只從單調而且很快就想完的情欲角度來看夏姬故事未免可惜了，會錯過太多東西，不只夏姬本人，還有申公巫臣。我自己比較推薦夏姬故事的下半場，故事重心轉到申公巫臣這個太有意思的人身上，而那是楚莊王滅陳國、殺夏徵舒又八年以後的事了——依《左傳》，八年前當時就連楚莊王本人也想要夏姬，勸阻他的人正是申公巫臣，話也說得堂皇有理，大意是楚國伐陳原是討罪，納了夏姬，事情就不堪的變成貪色、是為了搶奪女人云云；楚國的令尹子反也想得到夏姬，申公巫臣則細數夏姬往事（也就是叔向母親那紙清單），證明這是個沾之者無一倖免的不祥女子，天下美婦人多得是，何必非夏姬不可。夏姬在異鄉嫁了第二任丈夫尹襄老，但尹襄老旋即戰死於邲，屍骨流落鄭國，就在這裡，申公巫臣看到機會了（楚國於情於理都該接尹襄老「回家」），並機敏的伸手緊緊抓住，展開一系列環環相扣的冷靜無比行動：他先說動夏姬去鄭國，並保證他能讓楚國放人促成此行；又讓鄭國承諾，只要夏姬人來就歸還她丈夫屍骨（很像我們今天的官方作業，必須當事人本人到場辦理）。楚莊王詢問是否可信可批准，申公巫臣又引歷史掌故又分析當時國際形勢證明鄭國不會也不敢搞鬼，他顯然每一步都算清楚了，包括這一番說辭，這像是個被情欲沖昏頭的人和腦子嗎？夏姬順利抵鄭，申公巫臣安排她在那兒定居並等候，至此，申公巫臣這個大型「夏姬行動」就只剩最後一步了，也就是他自己脫身出走的理由和機會，他果然耐心等到了，新即位的楚共王打算攻魯，派遣他去齊國約定聯合出兵的確切日期，申公巫臣家裡能帶走的悉數帶走「盡室以行」，他直奔鄭國接了夏姬，兩人再轉往晉國尋求政治庇護（只有宿敵晉國夠實力真正庇護他們，是唯一選擇，這申公巫臣絕不會判斷錯誤），於是，多年之後，這一對更老了、朱天心所說「初夏荷花時期愛情」年紀的男女終成眷屬，並「從此過著幸福快樂的生活」。

楚共王倒是開明，他分出公私，並不全然否定申公巫臣，說他為國進言這部分（即阻止了莊王和子反）是忠心的也是大大有益的，就是為自己打算的這部分超過了點，一加一減，這事就這麼算了；想不開的人是令尹子反，奪妻之恨，他隱忍了又五年，終於逮到機會盡滅巫臣一族。慘案發生當時，人在晉國的巫臣寫了一封信回來，《基度山恩仇記》似的指天立誓「必使爾罷於奔命以死」，他依然說到做到，重出江湖的請准晉君讓他出使吳國，幫吳國軍隊現代化並親授射御之術戰陣之法，還留下自己兒子主持吳國的外交和戰事務，吳國從此脫胎換骨成為另一種級別的國家，叛離並開始積極西進攻楚，《左傳》下了這樣的階段性結語：「吳始伐楚，伐巢伐徐，子重奔命，馬陵之會，吳入州來，子重自鄭奔命，子重子反於是乎一歲七奔命，蠻夷屬於楚者吳盡取之，是以始大，通吳於上國。」而這不過是往後幾十年不休吳楚血戰的序場而已。吳楚之間的戰爭，從頻率到內容，極可能就是春秋最慘烈的一組戰爭，比較接近日後戰國時代形態的戰爭，不像春秋這種有保留的、總講究點別的什麼的戰爭。

申公巫臣是那種你最好別吵醒他的厲害人物，他的視野不限於一國一地，總是一出手就好幾個國家為之震動，楚共王的開明處置，是否也意識到這點？

美人夏姬，後代好像沒誰為她寫詩，但夏姬有一首確確實實的讚美詩，那便是申公巫臣此人，以及他的所作所為。我們其實並不難設想，如果沒有夏姬，申公巫臣本來可以成為怎樣一個人、過怎樣一種人生——他簡簡單單的便高出身邊所有人一頭。這個人，判斷事情快而狠而精準，有那種幾乎學習不來的進一步想像力和創造力，只要現實裂出一絲縫隙、一點稍縱即逝的機會，他馬上能發現它抓住它並知道接下來如何有效利用它展開它；更難得的是，像他這樣敏銳快速的人，卻同時極富耐心，他沉靜得下來，願意而且習慣用三年五年甚至更久來做成一件事，得到一個美人，或幾乎憑空的創造出一個可與晉楚匹敵的強國。這麼說，今天跨國大企業重金獵取高階人材，整部《左傳》他們會挑誰？我相信第一個就是申公巫臣，只要他們書讀得夠仔細。此外，他居然還生在對的地方和對的時刻，不只是超級強權的楚國，還是楚莊王時候那一個最好的楚國；對的還包括他的出身，他擁有足夠的大家族實力和正當性，春秋當時這是個不必太聰明也不用特別努力都可以呼風喚雨的生命位置，輪都輪得到你，更何況子反子重之輩差他多少。也就是說，申公巫臣能有的都有，聰明如他會不知道嗎？但夏姬的現身楚國，他的人生在這裡轉了個大彎，用了更大氣力，還賭上身家性命，處心積慮多年，只成功的成為一個流亡者和一個丈夫，事實上，要不是子反的不智，他的一生就大夢一場的至此沉睡下去不是嗎？變成只是另一個公孫敖。這樣來試著回想初見夏姬的那一天，想想當時楚莊王和子反無可扼止的騷動和他的全然不露聲色，這還真是驚心動魄。

夏姬何時開始和申公巫臣共謀不知道，依《左傳》，最可能是早在她離楚去鄭之前。我們人性來說，楚國終究是個滅她國家、還殺她兒子的南方蠻夷異國，她想要的究竟是申公巫臣這個人、或一個丈夫、或僅僅只是離開此地回到某個接近原來世界原來生活方式的機會，這也不得而知，可能連她自己都不容易說清楚。這裡，我們只試著多指出一點，我以為滿根本也滿確實的，那就是夏姬也許不是也無法是個對自己命運太有主張的人。《左傳》中的男女情欲之事，很多次係由女方發動主導，基本上取決於權力而非性別（在父系社會的大背景下），夏姬的故事記述得比誰都詳盡，而我們卻只看到她近乎馴服近乎虛無的柔婉。我猜想，她的不幸就是因為她長太美了，她因此不斷惹到一個一個大她太多的世界，她所遇到的每一個人、所面對的每一趟命運潮水，幾乎都遠比她力量大。這會是一種幾乎安甯不了的騷亂人生，也是一個只容得下情欲、來不及讓情感生成的匆忙粗糙人生。情感是遠比情欲精緻緩慢的東西，它得置身於一個小一點的世界，需要一點點不被侵擾的空間，以及稍稍長一點的自由時間。這些尋常可得的東西都是夏姬難以獲取的，得到了也難以持有，她的生命裡隨時有一堆窺視的人，這也很難不內化為她的心性人格、她的看待世界方式、她的基本生命態度。這一切，若有可能，也許只能等到她年老之後。但偏偏她好像是個比較不容易老去的人。

去到晉國，夏姬這才從《左傳》裡整個隱退，看來這個不懷好意的世界終於放過她了，多年之後，我們只從叔向母親口中知道，她和申公巫臣生了女兒（高齡產婦？），申公巫臣先她而死——沒消息就是好消息，我們有理由相信（也許帶著點期盼），她和申公巫臣這最後一段的偕老夫妻生活應該過得不錯，至少是平順的。

## 一個亂倫公式

這裡，我們來看個有點駭人的計算公式，沒記錯的話，是從已故古生物學者古爾德的文章裡看來的（另一個科學作家卡爾・沙根也談過），也就是說，這個看似胡思亂想的公式攜帶著人類學、生物學的嚴肅質問。

我們任何人都知道而且一樣，我們都有一對父母，四個祖父母，八個曾祖父母，並由此上推，很容易看出來，這就是最基本的冪數——稍知冪數可怕的人這樣就曉得事情不大對勁了不是嗎？就像我們常舉例，一張薄薄大紙，只要不斷簡單對摺，很快就厚到抵達月球（我自己是個還不壞的摺紙人，業餘級的，當然知道這實際上是不可能的）。

我們繼續——如果我們合理的以廿五年為一個世代，如此，一百年有四個世代，一千年四十，就先到這裡就好。換算過來，在一千年前，我們現在每一個活著的人，都得有$2^{40}$個先人，也就是剛好一兆個先人，當然男女各半。

一千年不是太久之前，在中國，那是北宋，我們知道不少當時的人和事以及王朝的模樣，事實上，正史裡還間歇的記載著當時人口總數，因為事關賦稅；在歐陸，腐爛掉的西羅馬帝國稍後才滅亡，今天歐洲各國的先人，還散居於整個歐陸被不太公平的稱為蠻族；北美洲地廣人稀，如小說家馮內果說的，為數最多幾百萬的原來住民在那裡過著辛苦但自由富想像力的生活，凡此。事實上，因為阿法南猿露西女士的矮小遺骨，在披頭四〈露西在鑽石閃爍的天空〉的ＬＳＤ迷幻歌聲中出土，人的存活歷史已前推到超過三百萬年了。過去我們文學隱喻的、今天我們基因回溯的，總試圖找尋一個夏娃、一個最老最原初的母親和子宮，但依公式，三百萬年前我們應該有2的12萬次方個先人才對，其中一半是母親，也就是說，應該很好找，滿地都是。

公式顯示的結果當然和我們所確知的人類歷史現象不符，也不可思議，既抵觸了人類繁衍由少而多而天上星海中砂的最基本樣式（科學估算，地球的沙粒總數為$10^{20}$個），實際上我們這顆藍色小行星也供養不起、甚至站不了這麼多個祖先。可是，計算公式錯在哪裡呢？2的冪數是死的演算，是不受任何干擾的；廿五年一個世代絕無誇大，這也是基本事實；而除非人類某一長段歷史時間裡行無性生殖或直接分裂繁殖，否則我們就需要這些男女先人一個也不能少。公式看不出任何破綻，但其結果又和事實差異如此巨大無法以誤差來消解，這就代表必定有其他奇奇怪怪的事在人類繁衍之路上發生，而且長期的、持續的起著作用。這個鬼一樣公式的真正積極意義，不是要改變地球每一階段時刻的人口數，也不是命令我們找尋宛如人間蒸發的鉅額失落先人，而是迫使我們重新檢查，人類的生殖繁衍，還有什麼我們不知道的、錯失的、或知道得不夠認真不夠徹底的真相？

這裡先說，死亡並不能幫我們搪塞住這一巨大矛盾，死亡最多只稍稍舒緩（但其實無濟於事）地球當下存活人口總數這部分，它對付不了需要的祖先總數，一個都減去不了。

這個公式倒不是沒有它光亮的一面，那就是，這再一次的、而且逼迫著證實，四海之內只好皆是兄弟皆親人不可，包括遠近不識的人，包括敵意以及你恨之入骨的人，包括韓國人索馬利亞人因努特人全部——我們最好這樣想，共用同一組先人，否則三百萬年前的地球人口數又得暴增。剩下的只是，親人該不該憎惡？

這個矛盾沒乍看的、想像中的好躲閃好解決，因為最終還是得回來正面冪數祖先這堵高牆，不真正大量減少這一脫韁也似的數字，一切都只是徒勞；而減少祖先數字的可能也出奇得少，事實上真正可靠的好像就只有這一種，古爾德這麼認為，我自己拚命想過也只好這麼認為——那只好讓我們的先人自身大量重疊，也就是一人分飾兩角，乃至於三角四角；而且，這還得大量的而且不間歇的進行，否則一定追趕不上可怕的冪數。

一人分飾兩角三角四角的生殖繁衍，我們籠統的稱之為亂倫。如此，這個冪數祖先公式可能更改了我們的人類生殖繁衍基本圖像——亂倫，極可能並不是早已禁絕的、羞恥的、人懷著無可饒恕罪惡感的情欲之事，也不是稀少的，而是人類幾百萬年的基本事實；以及，人類對亂倫的禁制，不僅來得相當晚，而且並非以一種森嚴的、斷言的命令形式出現，毋甯是人一個緩緩的發現覺知過程，並一直嘗試找尋一條邊界，無論如何，這至少說明亂倫禁忌不是一種原始的生物性機制，而且是人日後逐漸形成的主張。

因為佛洛伊德的太過激動緣故，古希臘的伊迪帕斯弒父娶母悲劇故事顯然被誇大的、過度延伸的、巫師式的解釋，亂倫也被說得可怕沉重乃至於像是每一個人（尤其男性）生命深處都有的騷動惡魔，事實上，我們從這個已戲劇性處理過的故事（有沒有原來的事實根據呢？）較合理讀到的應該是——一、伊迪帕斯在全然不知情的情況下誤娶了自己母親，這直接說明此一生物禁制的自然防堵並不存在，他的悲慟是人的道德懊悔，而他刺瞎自己雙眼繼續自己的流浪命運，這一懲罰也是人的自我懲罰（伊迪帕斯可選擇不同的自懲方式，甚或不懲罰），而不是外在的、無可商量的生物機制性懲罰；二、伊迪帕斯的自覺罪惡滔天，究竟是因為自己殺了生父（二級謀殺、非預謀的）還是娶了母親（近親通姦）？或兩者比例如何？三、伊迪帕斯顯然並不憎恨他的父親，也沒戀慕他的母親，他殺了某一個國王，接收了王國和王后，只是依當時人們征戰搶奪的現實慣例而行（故事裡是他解破史芬克斯謎題的「獎品」）；四、即使伊迪帕斯的罪惡感集中於發現自己娶了母親，我們仍得繼續追問，這是伊迪帕斯一個人的想法？還是希臘人普遍的想法？甚至竟是亙古以來人類根深柢固、大家全都這樣的想法？五、希臘人講述這個故事，原來要說的是一個人（本來可以是個英雄的人）的無可抗拒命運捉弄還是突顯弒父娶母這事？以及，在希臘一大疊神話傳說故事中，它有沒有某個特殊的位置？事實上，真正賦予這個古老故事如此顯赫地位的是幾千年後的佛洛伊德，以及近代的人類世界，這再次說明有關亂倫禁忌一事，更多是我們後代的警覺而非古老的歷史事實。

於此，我想起大人類學者李維—史陀的某次發言，他一派輕鬆的引述法國普羅旺斯地區至今仍鮮活流傳的民諺：「在你那個村莊裡找人結婚；要是可能的話，找同一條街上的人；要是可能的話，找與你同住一個房子裡的人。」

我們稍稍看下去想下去，很容易發現亂倫真的是個太過籠統、也帶來不必要誤解的詞；也很容易發現，它並不可怕罪惡，而且很快就變得毫不可怕毫不罪惡，如果我們不對它做最嚴厲、如置放於顯微鏡底下的意義界定，那它不知不覺的每天都在進行，我說的是我們活著的當下——這麼說，當我們帶著生物性、基因性的堅實理由宣稱，四海之內皆兄弟姊妹，我們都有共同的來歷（科學的說法是東非）、共同的母親（基因研究，我們已能開始描述這位夏娃母親），像約翰・藍儂*Imagine*歌裡勸告我們的，那我們的婚姻、我們的生育繁衍之事就只能持續在兄弟姊妹之間進行。你怎麼可能只說這一面、不要另外那一面呢？

## 弄亂人的關係

先說，因為人類學的辛苦工作成果，人類的結合婚姻之事，我們知道了，非常複雜，而且什麼狀況幾乎都有，像維克蒙坎部落，一個男子不僅允許娶他外孫的堂表姊妹，而且這樣的婚姻還成為一種法則。但這樣很容易模糊焦點，所以我們盡量把話題限制在春秋這兩百年時間，以及這片土地上。

《左傳》的情欲故事有不少亂倫情事（姑且仍稱之為亂倫），倒沒到伊迪帕斯這麼刺激，最嚴重只達兄妹的地步，其中最有名也鬧最大的一次是齊襄公諸兒和他妹妹文姜，兩人應該早有男女關係，魯桓公三年文姜嫁到魯國時，齊襄公還一路相送出了齊境直到魯地讙，這是不合禮法也不尋常的，糟糕的是，兩人如此的舊情難忘難捨（事實上很難只用情欲來單一解釋，因為已各自婚娶，所以至少還應該包括人的愚蠢、任性和邋遢云云），魯桓公訪齊時文姜跟去了，事隔整整十四年熱情居然不見冷卻，兩人頗公然的幽會並因此曝光，齊襄公因此派了大力士彭生以某種職業摔角招式拉殺了魯桓公滅口，這樁任誰都看不下去的大型醜聞，最終魯國這邊硬生生的吞了下來，接受了齊國以凶手彭生殺人償命收場。

《左傳》裡，我們今天稱之為亂倫的，大多發生於婚娶之後的家族內私通，非常頻繁常見，像是夏姬在二任丈夫尹襄老死後私通於他兒子黑要；像是晉國的莊姬公主嫁了趙朔，又私通於趙朔的叔父趙嬰齊云云。沒有伊迪帕斯式的母子故事，不論是沒發生過（這不大可能）或因為種種原因沒記述下來，可能透露出彼時對所謂亂倫禁忌的認定及其進展階段，垂直性的直系血親尤其是母子之間，極可能就是此一禁忌的第一步、第一道界線，當時就劃在這裡。這很容易援引、貼附某種素樸可見的生物現象，至少中國人很早就這樣相信這麼說，所謂禽獸只知其母不知其父，人也許可以沒志氣一些跟牛馬犬羊一樣，但不要降低自己到禽獸不如。

古希臘的雅典有特殊的主張，休謨在一七四八年就這麼問過：「究竟是什麼原因，何以雅典法律規定只能和同父異母而不是同母異父的姊妹結婚？」也就是說，恰恰和日後中國人的想法相反，這個一樣是父系統治傾向的著名城邦，頗奇特的，「亂倫禁忌法則對於母方更為嚴格」。日後，人類學者在不少社群比方英屬哥倫比亞的奈丘特人也找到同樣的亂倫禁忌法則。這可能來自於相似的母子關係察覺及其延伸解讀，不允許來自同一個子宮的男女結合。看襄公和文姜這對同父異母兄妹（應該是吧），也讓我們不禁想起這個。

但這麼多親族內的私通故事，我們看，《左傳》述說時絲毫不改換說話語調，尤其完全不加道德譴責，只作為某件亂事、某個災難的緣由來講，告訴我們事情何以至此。或更精確來說，若有所檢討有所譴責，也不著眼於人的不德，而是其不智和不宜，它弄亂了人的明確關係，破壞了穩定可依循的秩序，從而引發了災難。

那是不是說，諸如其類的私通情事，只要不召來災禍就沒關係是嗎？是有這個意味，但比較正確的說法應該是，彼時人們已一次一次察覺出來，這樣的不倫情事和災難不幸有某種「親和性」，不必然但機率滿高，這樣的警覺持續累積中，並可思議的緩緩發展為亂倫禁忌的下一步、下一道界線；或用大白話來說，這不會是好事，更多時候還會召致不好的結果，儘管不是什麼滔天大罪，但能免則免。

來看個《左傳》裡相對正面看待的亂倫故事，晉文公重耳，一般認為是春秋第二號霸主和明君，事實上，也許人生歷經險阻洗掉不少習氣，他人格上比第一號的齊桓公要乾淨少缺點——晉文公重耳十九年流亡的最後一站是秦，秦穆公決定支持他回晉國接掌君位，在秦期間，秦穆公給了他五名女伴，其中懷嬴正是重耳姪子子圉、也就是當時晉君懷公拋下的妻子（所以才稱之為懷嬴），重耳儘管感覺異樣，但最終仍接受了這個妻子，《左傳》也以為這是明智的（難得有好結果的不倫之事）。此一猶豫過程，《左傳》只生動的記載一件事，說重耳在懷嬴首次侍奉他洗手時，有些不高興也有些敵意的甩水在懷嬴身上，這位聰明有個性的秦女馬上抗議，秦晉是相同等級國家，為什麼看不起我（不說此刻秦強晉亂、你流亡於此已很客氣了）？重耳立即改容謝罪；日後《史記》則還引用《國語・晉語》中的另一資料，當時是司空季子子犯子餘一干手下力勸重耳接受，話說得很粗魯：「我們就連他（懷公圉）的國家都要攻伐，更何況他的妻子。」有現場的真實感急迫感。

順便說一下，並非全不相干，晉文公重耳算是命運坎坷，但一路碰到一流的女子，這是他命最好的部分——他先娶了狄女季隗，出亡時重耳交待季隗，等我廿五年，廿五年我沒回來你就改嫁。季隗大約是笑著回答：我廿五歲了，再個廿五年都老得可以死了還嫁人？放心去吧，我會好好留這裡等你（這應該是《左傳》唯一和守貞有關的記述，但顯然不是一種規範而是夫妻間的商議，是季隗一個人的決定）；流亡齊國，又娶了齊桓之女姜氏，大約過得太幸福如猶力西士和卡呂普索那小島七年時光，不想走了，還是姜氏先力勸、最終又和子犯聯手灌醉重耳，硬生生把他「運出」齊境，也跟猶力西士的最後航程一樣，醒來的重耳氣得拿戈找子犯拚命。姜氏為封口還殺了桑樹上不小心聽到出走計謀來告密的養蠶婢女；再來就是秦女懷嬴了，子圉逃歸晉國前夕，要懷嬴同行，懷嬴拒絕了：你是晉國太子，想回晉國這天經地義；我嫁給你則是奉命留住你，若隨你回晉，那就背棄了君主之命。所以我不跟你走，但我也絕對會為你保密到底。

有理有情，心思清明如水——春秋記述的是男性爭逐的外頭世界部分，但並不乏這樣精采的女性，尤其在男性每每陷於混亂、陷於沮喪軟弱不知所措之際，她們「提供一種花崗岩一樣沉默但堅定、可信任的力量」，我自己很喜歡的還有楚國的王后鄧曼，以及那個卜筮誣指她婚事不祥的晉國伯姬。其實私通之事不斷的魯宣公夫人穆姜也非常精采。

兩千年時間相隔，這之於人的基本欲求、基本情感，其感受和反應（可仿用經濟學所說的「第一類需求」）可以無甚不同，我們正是依據這個人的根本恆定性，才得以同情，得以循路理解、討論、判斷當時的人和事；但人的實際行為這一端則變異極大，我們得考慮很多東西——春秋的男女之事，我們甯可說這是彼時人對婚姻不同認定、不同期待、不同防衛選擇使然；也就是說，看你優先要得到什麼、要保護什麼，從而決定當時的婚姻形貌。比方是生育繁衍的順利遂行還是關係的穩定，這兩者極多時候便不一致，甚至背反，而此一選擇又直接受當時人口數量的變化牽動，人口的持續增加、脫離了滅種危險，會讓婚姻逐漸轉向關係的維護云云。

今天讀人類學、對早期婚姻家庭各種實況及其變動包括「族外婚制」有所理解的人就不必我們多做提醒（春秋的這些姻親亂倫，其實是典型的族外婚制現象，一切迎刃而解）。這裡我們只粗略的回憶一下，作為一個理解的背景——人類的生殖繁衍之事，從必要的男女結合到家庭建構再走向今天幾乎是普世性的一夫一妻制（李維-史陀以為一夫一妻制是最終的合理結果，因為這正是男女的正常比例），這是一個漫長的演化故事，它的前半截是生物性的、身體的，單純對著天擇，目標也只有一個，那就是物種的存續，大致上進行到家庭的出現為止。最原初的家庭形成，是生物性演化的延伸，可視之為一種生殖繁衍的有效競爭手段，不算是人的發明，也並非人類獨有，為的是確保其生殖成果，讓生殖這件其實很危險又消耗性的大事「效率化」。我們在鳥獸蟲魚其他物種都可見到類似的演化進展（配合著牠們各自不同的身體），人們也常拿來相互支持印證，作為一種寓言，一種啟示，或由此想像一種根源性的自然法則和道德命令；也大致從人類家庭的出現開始，在這個新的基礎之上，人的生殖繁衍之事緩緩走向所謂文化性、社會性的獨特演化之路（當然連同著他獨特的身體，包括他生物界最複雜的腦子，最靈巧的雙手，以及發情期長而不明顯、不用後即分離、最適合家庭存續經營的性器官、性行為方式）。我們也可以說，至此人類算是成功的從森嚴的物種存續競爭鐵鍊掙脫出來了，男女結合不（必）再只聽從一種命令，目標也不再只有一個（即盡其可能的生養眾多），這是人類獨特歷史的實況，也是我們的常識：男女結合可以有更多種更複雜的功利性目標，就像懷嬴自承的，她嫁子圉只是奉命留住這個晉國重要人質；也可以沒任何功利性目標，這不是人們不免懷疑但一心嚮往、以為最美麗最純淨的男女結合方式嗎？也可以結合但不生殖，抗拒著古老的生物命令（以及比較在意古老命令的各自家長）；還可以不結合，終身禁欲應該是人類最獨特（奇特）的思維和行為，也是對古老生殖命令最徹底的叛離，大自然界有其他這樣守貞的鳥獸蟲魚嗎？工蜂和工蟻那種應該不算數，牠們是個無性的身體，此外，牠們演化成這樣，更是「不計一切」的為著保衛蜂后蟻后的生殖不是嗎？

春秋當時，男女的結合之事，顯然猶存續著較素樸的生物性面貌，生養眾多仍是重大目標（儘管已不是唯一），因此，扞格於生育根本目的的各種男女之防還不可能太嚴謹，比方寡婦就生育目的而言，毋甯是所謂生產資源的閑置，不僅有違人的情欲本能，還是一種浪費；此外，戰亂不絕、死亡遠高出「正常」時日的現實（尤其男性死亡率的可思議升高，造成男女比例的不均衡），也對男女結合、家庭建構之事產生種種返祖效果，這是基本背景，這樣我們才不會太冤屈當時的人，尤其是真正負責生養的女性，一樣的，你怎麼可能只要這一面、不要另一面呢？

我們也得在這樣的背景和認知裡試著理解春秋的亂倫情事。李維—史陀便不認為所謂的亂倫禁忌是生物性的根本設計，「如果說這是生物基本禁令，那我們就想不懂了，幹嘛還需要人類用這麼大的力氣來一直防禦它呢？」——的確，我們在大自然界怎樣都找不出稍微像回事的「證據」（不是沒人找，而是找不到），最接近的可能是某些雌雄同體但採行異體交配育種的植物，它「精巧的」讓雄蕊和雌蕊的成熟時間錯開來，以增加變異的可能云云（其實正確來說是，它「不知不覺」採行了這種繁衍方式，並「不知不覺」淘汰並替換了沒這麼做的同類。生物演化是不思考、不預見、沒計畫的），但這毋寧只是生物由自體分裂、自體直接複製的無性生殖走向異體交配的一步，乃至於一個演化環節而已，事實上，另外一些植物則徹底演化為雌雄異株，動物界這邊尤其是最晚出的哺乳類更是如此。

但同時，李維—史陀說：「事實上，很難想像存在著沒有亂倫禁忌的社會組織。……在反對同宗血緣孤立傾向的過程中，亂倫禁忌成功的編織了姻親之網，它使社會得以延續；沒有它，任何社會都不可能生存。」——也就是說，亂倫禁忌同時是「打開」，打開一個家庭、一個家族乃至一個部落，不一定是其原來的目標，但卻是一個很快會察覺的結果。

李維—史陀的想法和我們從《左傳》中實際讀到的很接近，他以為亂倫的防止是人類日後的主張，而且一開始的理由應該還不是生物性的，比方近親繁殖可能會生育各種不良不健康的後代乃至於怪物如《百年孤寂》裡歐蘇拉害怕以致新婚之夜抵死不從的那條豬尾巴（這個也許並非全沒科學根據的恐懼無疑是誇大的、恫嚇的、夢魘似的，為的是強固此一人的禁令，其因果順序是倒過來的），而是當下社會性的，直接危害到人類世界的特定建構。我們得注意這兩者時間的不一致，相較於遙遙日後的、有僥倖可能、也許得好幾代反覆近親繁殖才顯現的不良生育結果（《百年孤寂》的豬尾巴出現在接近百年之後的最後一代亂倫結合，那具蠑螈也似的小身體被螞蟻抬走），亂倫第一時間便會紊亂人的關係，破壞人的位置，從而讓一個家庭、家族乃至於奠基其上的團體、國家不知道該怎麼組織管理、無法順利分工運作，這樣的災難明白、立即、遠遠早於所謂白痴或怪物後代的出現——我們倒用不著懷疑，人類從作物的年年種植、從牲畜的長時間牧養，極可能經驗性的察覺出一些端倪，但這個察覺仍是模糊的不確定的甚至僥倖的（更對抗不了當下激情）。《左傳》中，我們引述過了，唯一一次以生物性理由勸告（而非指責）的亂倫情事，是鄭國子產之於久病不癒的晉君，但子產的生物性理由仍是不成立的，他說的傷害是晉君的身體而非後代；但這個故事更有意思的訊息是，子產也說出來人是無法生物性的辨識出結合對象的血緣來歷（意即沒有身體性的可能警覺存在，如伊迪帕斯和他母親的結合），人只能借助其他線索，所以同姓不婚，姓氏不得已被認定為最可靠的界線，如果婚娶對象無法確定其姓氏，那就只能碰運氣了，即問卜，子產說這是自古流傳的解決方法。

人關係的紊亂，這裡來說個老笑話，說一對父子AB交叉娶了一對母女CD，所以這個新家庭的關係便是，A的新妻子D同時是他的孫女，A的兒子B同時成為他的岳父，A的媳婦C既是他的岳母還可以再下降一階是他孫女的兒媳婦，依此，就像波赫士最害怕的鏡子迷宮，可無限的繁衍並紊亂下去——這個家庭最好別選擇四人同住，否則大家每天早上見面都很困擾很尷尬，連尋常招呼都不曉得怎麼打；也最好別再生育後代，那只會更亂，而且怎麼教小孩呢？還有，偶爾碰面最好大家都直呼名字（如某些歐美家庭那樣），也就是說，放棄彼此的身分關係，躲開它。

也就是說，建立這樣一個家庭並非不可能，但每天都有數不清家庭建立的這樣一件尋常事，就是會變得這麼困難令人生畏。

血親間的亂倫（《左傳》已少見）和姻親間的亂倫（《左傳》層出不窮）基本上都是人的情欲之事，一樣的本能衝動，一樣的行為進行，具體層面上應該沒什麼大不同，但前者少後者多不成比例，不論是取決於實際數字如此或記述者的選擇，可能都說明了當時人們的基本想法，以為前者遠比後者情節嚴重，這也很接近我們今天的認知。可是為什麼呢？我平凡不出奇的想法，差異不在情欲本身，而是和外在世界聯繫的這裡，是身分位置的不同使然（其實辨公室戀情，尤其發生於垂直性的上下關係時，也有很相似的紊亂效果，這是另一個很好的參照點）。同樣紊亂人的關係，血親亂倫破壞的是最難以解除難以放棄的一種，或一般相信，「不可能解除的關係」。關鍵也許在這裡。

來說一下「人盡可夫」這句不堪成語的來歷，正是出自《左傳》，魯桓公十五年的鄭國，不是罵人的惡毒話語，而是（說者以為）揭示一個常識性的道理——當時鄭國掌權的是祭仲（《左傳》對他有貶意，《公羊傳》則盛讚他），國君誰當由他決定，鄭厲公實在受不了了，要祭仲的女婿雍糾郊祀時刺殺他，雍糾把此事告訴了妻子雍姬，雍姬陷入天人交戰，跑去問她母親一個根本問題：丈夫和父親究竟哪個比較親？母親以為這完全不是個問題：每個人都可以是丈夫（「人盡可夫」），父親則只此一個不能替換，這怎麼能比呢？因此詭計曝光，祭仲先下手除掉自己女婿，政變失敗，鄭厲公算很夠意思的載著雍糾屍體出奔蔡國，還是氣得邊罵：「謀及婦人，宜其死也。」

和《左傳》大致同時代的《禮記》一書，應然的思索超過實然的記述，追究並試圖規範的便是人的位置、彼此關係和合宜的行為方式。《禮記》以為唯一無法解除的便是與身俱來的血親，其他君臣、夫妻、師生、朋友各自到某種地步都可以放棄，比方說君臣，臣子三次勸告（而且不必直言，以免危險）不聽就可以走人，但父子不能這樣，父親不聽勸，做兒子的只能號啕大哭緊緊跟住他，有死纏爛打的味道。這使得人在血親此一身分上的行為可能彈性最小，顧忌最多，辦法最少；也使得「孝」的實踐，成為所有德目的實踐最難、最常違反自己是非善惡基本認知、累積傷害最多、也最容易陷於絕望的一項；也因為無法解除，沒有出口，遂有成為某種詛咒、某種醒不來夢魘的可能，《左傳》裡有這麼兩句話，非常沮喪但非常生動現實，進一步探視了某種無法解除的不平衡關係的陷阱式困境，這是富辰說出來的，但他是引用當時的俗語：「報者倦矣，施者未厭。」報恩的人已竭盡所有快榨乾了，但施恩的人還有所要求至少仍有所期望，這可見當時的人並非不察覺，也許只是不忍用於家人父子血親這裡而已（其實最該用在這裡），跟我們今天一樣。我認得的人，尤其是相近年紀的朋友，應付這個據說是敵意、無情、壓榨、人吃人的外頭世界，一般來說不大是問題，往往還遊刃有餘，但除了極少數運氣太好，真正束手無策的永遠是溫暖的家、是這些「不可能解除關係」的家人，先小孩然後父母，或倒過來，或同時發生纏在一起，一個個都衰弱到快發神經病了。

情欲的強大紊亂破壞力道，人們也很快察覺出來了，尤其在於情欲關係和一般社會性關係這兩種關係的不同質、不共容而且難以和解——情欲關係是親密的、私密的、或說是激情的相互侵犯的、或直接說是赤裸裸的。這裡，我們指的不（只）是衣服這部分而已，而是說人在情欲關係裡通常得卸除所有一切，回轉最原始最單純的生物性、回歸成一具什麼也不遮掩的身體；我們說，情欲關係尤其是不倫的情欲關係，通常是（或說啟始於）一種支配性的權力關係這可能沒錯，但情欲「完成」帶來的卻是某種夷平也似的、「都一樣」的素樸平等感，儘管可以隱而未宣，卻再實質不過的在人心裡發酵。而社會關係這邊，則不僅是上下層級性的，而且是節制的、有公私分界的，人不是以整個自己、整具身體參與，而是某種身分；不像情欲中人是生物性意義的human，在社會關係裡人是角色性意義的person，漢娜・鄂蘭曾指出，person這個字幾乎是連字帶意義的原封不動從拉丁文的persona搬過來，它原來是個面具，一副只嘴巴處有極大開口的面具，人戴著它進入外頭世界，發出自己的聲音、說話。

我們每個人都不難經驗的（直接或間接經驗的，比方從辦公室裡）證實此事——有熟知你面具底下赤裸裸樣子的人在場，人多難再戴著這副面具一本正經的說話，尤其這個知情的人又不是應該會配合你、不揭穿你的明正言順夫妻家人時。那會很狼狽，總感到威脅，彷彿某個黯黑角落裡不時響著嘲諷的輕笑聲音。

## 只是一種不恰當的情欲

我們大致可以這麼講，起碼《左傳》所顯示的是這樣——亂倫，不因為生物性意義的亂倫，而是作為一種「不恰當的情欲」、包含在所有不恰當的情欲裡被反對，當然，它是最不恰當的一種；而族外婚制裡的姻親重複結合（妻子的父死子繼或兄終弟及云云，還有《左傳》裡幾乎仍是規矩的，由妹妹接續死亡、無法再履行妻子職責的姊姊）不被認為是不恰當的，姻親間的私通亂倫（因此）被特殊的寬容（相對於血親，或正確講，相對於父系親屬系統），也說明這不是真正的亂倫思考，而是在彼時婚姻、家庭家族的總體關注底下有其一貫邏輯的對情欲問題、生育繁衍問題的一種處理。

我們說過，亂倫其實是個太籠統的說法，主要在於缺乏界線，所謂的近親得「近」到哪裡、到親屬關係的哪一階才算數，或科學的，基因要相近到哪個地步才是危險的；我們也可以講，正因為亂倫沒有明白可信的生物性界線，從來，便只能「借用」外在的、既成的社會性界線。因此，人類這幾千年的歷史現實真相大致上是，亂倫的現實界定一直是傾向狹義的，一般只及於直系血親，或至多到關係明確、可辨識可叫得出稱謂的近親這只兩三階的封閉範圍內，接近於「住在一起的人」。而這個不得已也不準確的界定無意中竟也是明智的、可行的，不論就生物性的防範或社會關係的防範。

由於並沒有生物性的森嚴禁令和明確的懲罰存在，亂倫的進一步追究思索，勢必得離開此一最狹義的近親範圍，進入到陌生不識之人的大世界裡，要另外找出一道稍稍清晰的界線，這其實遠比想像的困難；但也正因為是在陌生不識之人的世界裡進行，所以這道新的人為界線是否恰當、有沒有被違犯也就沒太大關係了，這既不會有所謂的近親繁殖（可疑）生物性懲罰，更不會擾亂破壞人們要建構、要保衛的社會性關係，也就是說，這毋甯只是個道德思索題目，或只是某些人太過神經質的杞憂而已，比方佛洛伊德。

非要在陌生不識之人的大世界裡劃出一道更小心翼翼的亂倫界線，依子產（或《左傳》），古來能依據的只有姓氏；《國語．晉語》討論重耳和懷嬴那樁多少讓人不安的跨國婚事，談得較多較有個理論架式（但完全不通），說來說去也就是個姓氏而已。這一方面深植人心（同姓不婚，幾千年後今天還在），但另一方面也差不多到此為止了。我們都曉得，姓氏本身就不是個穩定的東西（還有人素樸的發現，中國是姓少名多，相對於歐美的姓多名少），同時，姓氏的切割也不吻合生物的遺傳基因，在中國，幾千年來更純粹是父系的。在這樣千瘡百孔的姓氏基礎上，想想是可以的，但既無法建構起某一種理論，也無法擬定可執行的現實規範。

所以我們說那個重複祖先的冪數公式並不可怕，它始終不知不覺的在進行，包括此時此刻。不知不覺的意思是，其場域是陌生不識之人的廣大世界，既不帶來無可挽救的生物性惡果，也不破壞社會建構和其規範，甚至連人的負疚之心都不驚動，流水一樣平靜進行，直到某個無聊的人發現這個公式來嚇我們一跳。

台灣的民法規定，同姓的堂兄弟姊妹禁婚，也就是說，兩千年後我們的法定亂倫界線仍停在這裡，也仍是姓氏，若干年前，這道界線被稍稍外移到連異姓的表兄弟姊妹也納入進來，但這並非來自於立法者對亂倫一事的認知改變，而是基於男女平權的緣故隨相關修法一併調整，父系母系一視同仁。當然，從純生物性的理由來看，這調整也是宜當的公平的，因為堂表兄弟姊妹和「我」應該是等距的，事實上，在其他很多民族的親屬系統裡堂表是不分的。

我們並不知道、也可合理的懷疑，這條法令是否有嚴格的執行，辦事人員在處理結婚登記時是否警覺的一一上溯，尤其表親又少了姓氏的直接依據、不易一眼看出來。但真實的情況是，這已不怎麼困擾我們了（不意味著絕跡），原因在於這類的婚姻情事已少發生，或說「不需要」發生，世界這麼大，對象這麼多滿街都是（申公巫臣也這麼勸子反），幹嘛非跟你的表兄弟姊妹談戀愛結婚不可呢？今天，這種戀情只要人心裡有一點點相應的警覺便可以不開始、可無從發生。

但表兄妹，這不是幾千年來最適合談戀愛的天成佳耦嗎？中國的傳統故事傳統戲曲不都這麼來的嗎？近水樓台，還親上加親（或比較有學問的說，確認一種親密關係），上一代的人樂見其成（還有所謂的指腹為婚不是？），就算上一代某人因家道不同、勢利之心發作非阻止不可，不是讓這對天可憐見的表兄妹更是非愛不可嗎？這種通俗故事貫穿極長時間直到近代，比方瓊瑤寫的〈婉君表妹〉，三個兄弟一起愛上美麗表妹，這個短篇小說不斷拍成電影電視，直到才不久之前。

我們與其背反機率的相信，表妹必定是美麗的天人的，倒不如平實相信，表妹，往往是直系血親之外，第一個闖進來的可能對象，是人情感情欲的一種銘印以及第一個可能出口。

同理，母親、姊妹以及堂姊妹也是如此。這正是李維—史陀的意思，早期的、原始的亂倫，不是有血緣關係的異性有什麼極特殊的性吸引力，也不是人身體裡有某種黯黑的情欲成分蟄伏著騷動著，而是不那麼容易找到對象而已，在那個人散居於大地的時代。所以婚姻對象甚至得通過搶奪、通過戰爭來獲取（新幾內亞的土著這麼說：「人們只能在與他們交戰的那些人當中找到一個妻子。」），直到今天，我們從較講究的婚禮儀式裡還處處看得出這類「遺跡」；這進一步便是族外婚制的發生，兩個家族、部族緩緩相遇、接壤，合理的改用協商、乃至於連協商都可一路省略的慣例約定方式進行，彼此生養而不是彼此相殺，增加人數而非減少人數，代價小，供應穩定，還能積累的發展其他的有益關係，擴大人生存的想像力云云。我們讀《左傳》，齊魯兩國尤其明顯是這樣，儘管不時失控發生一些麻煩，聯姻之事始終不懷疑的代代進行，這很可能不自周公太公國始，而是源遠流長於商代之前猶是西土的姬姓姜姓部族時。

所以，早期的、原始的亂倫其實幾乎是可以「自然」解決的，只需要人有一點點不安、一點點警覺就夠了（不論是生物性或社會性的疑懼）；日後亂倫重新（或依然）是問題，其實是「人為」的，最主要當然是各式各樣性禁忌的思維，造成所謂性的壓抑，像是把性視為是羞恥乃至於罪惡之事、男女嚴防隔離、貞節尤其是女性貞節的非人性要求云云，情欲找不到出口，用我們前述的話來說是——在一個人已非散居、已不難找到對象的時代，逼使人無法接觸、得到對象，等於是變相的回到那個眼前只有直系血親、只有寥寥那幾個異性親人的古老時刻。

但這不是春秋的問題，這在中國至少要到宋明千年之後才發生。春秋當時，人們先狡獪發現的毋甯是性的現實力量及其可能利益。亂倫會紊亂、破毀既定的關係和體制，是的，正是要紊亂它破毀它，好把水弄混，或拆掉重來，由此創造、獲取新的現實利益。因此，亂倫便不單純只是無可扼止的情欲需求，它同時可做成其他事，晉文公和他一干流亡手下最終決定接受懷嬴，不就是破壞、取消、並替代子圉和秦的原有關係嗎？事實上，《左傳》還清楚記述一樁「強迫亂倫」之事，發生於動亂時刻、還弄到滅國重建的衛國——這裡，我們從稍遠的衛宣公講起，因為這是一個連續性的情欲亂倫故事，亂成一團，不下於我們那個父子ＡＢ娶母女ＣＤ的笑話。先是，衛宣公和自己庶母夷姜私通，生下了急子（既是兒子，也算兄弟），急子長大後衛宣公為他娶齊女（宣姜），但這荒唐的傢伙一看齊女長得很美就據為己有（原是媳婦，卻變成妻子），失寵的夷姜因此自縊而死，急子也因君位繼承之爭被害死，一場混亂之後，宣姜兒子朔如願即位為衛惠公，但可能顧慮到惠公年紀太輕國家太亂這不夠安穩，宣姜的母國齊這邊強迫惠公的庶兄公子頑（即其姪兒）和宣姜私通繼續生產可能的國君繼承人，《左傳》記載，公子頑原是抗拒的，但最終屈服於現實壓力，和宣姜極有效率的至少生下兩男兩女，有一不做二不休的味道，其中一位便是衛國最重要的國君衛文公，也就是衛國稍後亡於狄人、在齊國協助下接掌君位、讓衛國從只剩三十輛兵車恢復為三百輛（可由此計算其人口數及其賦稅能力、經濟實力的快速增長）、重新活過來那個「大布之衣大帛之冠」的明君衛文公燬，像台灣人講的，歹竹不見得出不了好筍。

而強迫人私通亂倫好保有衛國影響力控制力的齊國，當時國君是誰？霸主齊桓公。

李維-史陀講：「社會不管以什麼方式批准對其成員的婚姻，事實依然是，婚姻現在不是私事，從來就不是私事，也不可能是私事。」

## 不能只是情欲

有這麼多讓人目眩神迷的情欲故事，而且好像賢智愚庸誰都這樣無可逃避，但這並不真的是一個情欲橫流、人只剩情欲驅動不見情感抉擇的罪惡時代，像《聖經》所說的索多瑪蛾摩拉，據說只剩羅德這一家子是義人，或說還像是人，其他都只是野獸也似只知搶奪、只知攝食和交配生殖。《左傳》的情欲充滿，有更平實而且更合於真相的解釋，基本上，那是人對性、對男女生殖繁衍之事有不同關注、也有不同現實壓力和需求的時代，相當程度包含於彼時的婚姻方式裡而非純然的敗德惡行，至少是可思議、可以看得懂的敗德惡行。

更根本的是，《左傳》是大歷史記述，它得講這麼多人這麼多事，時間長達兩百年，空間幅員廣大又破碎分割，基本上，它只能捕捉夠大的東西——只及於人的情欲層次，很難進一步呈現人的情感。

夏姬、中公巫臣、公孫敖、懷嬴這些人，當然原都是一個一個完整的人如你我，但我們只讀到他們兩三件事，占他們人生的時間只千分之一甚至更少。我們難以確知他們的較完整感受，尤其不知道事件間隙裡、事件過後的漫漫時間裡他們做些什麼想些什麼，我們連他們是開心是後悔都不知道；絕不是因為他們沒有，他們人生只有這不倫性愛那幾天幾小時，而是歷史記述捨棄了這部分遺忘了這部分，這是再清楚簡單不過的事實，卻也是歷史記述的經常性盲點，或是基本限制。

人的情欲無疑是「大東西」，單純、一致、恆定、亙古，不僅人跟人全都一樣，而且跟其他物種也沒太大兩樣，這於是是一種最好捕捉、最方便連結、也最容易說並聽懂看懂不必多解釋的東西。人的情感則細碎、精緻、分歧，不同於情欲只是裡外同質的一團火也似激情，情感比較像是個有厚度、多面向、有諸多可能而且還在生長變化中的東西，這於是構成了我們一系列的不同階段困擾，從直接感受、進一步思索確認、到語言文字的捕捉再現、再到連結於他者連結於世界找出意義和通則，這一路上愈來愈難愈容易失敗；也就是說，我們真正的困難，不在於察知它（我們時時察知），而在於要如何說它，就像奧古斯丁講的，你不問我時我是知道的，你一問我我就不那麼知道了。

人的情欲與人的身體同在，人多古老情欲的存在就多古老，或更正確說，在人出現之前已發生於其他物種，但情感呢？它究竟是何時開始有的？我們仍可以相信它一樣源自於身體，也還是可以從人之外、人之前就有的其他物種那裡看到（為數不多、較後期才出現、生物結構較複雜的物種如鳥類哺乳類），但不大一樣的是，情感似乎是稍稍「晚出」的，在人之外的其他物種那裡並不顯著並不穩定，感覺還是個初級的模樣，是某種雛形，是猶待生長進展變化的東西，甚至只是某種感官作用的停留和延長，不像情欲已像是生物演化的「完成品」。所以很多人或說很長時間裡人們往往粗率認定，情感是人獨特的、人才有的東西。

似乎是這樣，情感更仰賴、更敏感於也更追隨於感官的演化和其進展，甚至還和已非第一層感官、感官升級到可記憶整理歸納思索判斷想像云云的腦子發展有關（或說一路跟隨著）；也就是說，比諸情欲，情感更是一種「知覺」，它不像情欲只單向的「發出」，還雙向的、往復的「吸收」，所以它不完成不固定不收工，持續累積著消化著對世界的知覺變化，也記錄著反映著人和世界的關係及其調整，也成為認識，成為學習。此外，我們也想到，情感不同於情欲是一種特定的生物性強大驅力，負荷著、同時也受制於單一而且沉重無比的生物性目標；情感似乎原來只是感官自身的延伸，某種生物演化意外跟來的東西或說作用，它「無用」、零碎所以自由，所以沒有命令指使、不被干擾乃至於不被察覺的進行並持續累積生長，這樣的累積於是進行於個體裡而非物種集體，或說不立即返回到、歸屬於物種整體，在感官的共同基礎上（所以仍可能相互理解）個別的發散，有更多的獨特性和可能，也更敏感於自身的空間位置和時間位置。

至少，有一點我以為再明白不過了，也無法躲閃，要求我們提出不同的解釋，那就是人在生物演化史的獨特轉折和「脫離」，人類自身獨特歷史的出現及其發展，所謂「人的世界」。這時間奇怪的來得極晚（幾千年至多萬年相對於之前的幾百萬年），有生物學者人類學者籠統的稱之為「新石器時代大爆炸」，這究竟是怎麼發生的？或更耐人尋味的問，何以人類已存在幾百萬年，卻「延遲」到近幾千年才發生？

我喜歡的已故古生物學者古爾德這麼描述，也包含了初步解釋，他指出，之前，人的演化同於一切生物演化，是「達爾文式」的，面向著天擇，生命的絕對性任務就是生存繁衍物種存續；而人獨特的歷史演化，卻是「拉馬克式」的，亦即演化是文化性的、是在後天學習吸收累進的全新基礎上進行，並因此不被死亡打斷、不需一一重來一再歸零的加速進行，生命的樣式也繽紛多樣。法國人拉馬克這個美麗但生物性上並不正確的昔日演化主張，古爾德講，卻恰恰好說出了人類世界獨特的、非生物性決定的進展方式建構方式；古爾德也細心提醒我們，達爾文式的生物演化也當然仍在進行，只是相對之下太緩慢也太細微了，它被新的演化覆蓋住了。

正因為這是「延遲」發生的，人早已存在，我們無法說這是突如其來的，事實上我們也找不到任何明確的時間斷點、有某件驚天動地的事在當時發生，一切都是延續的；我們的生物構造也沒改變，仍是那具老身體，不只我們和夏姬、申公巫臣是同樣的身體（除了夏姬那一具外形較美），我們和同為靈長類的黑猩猩差異也小得可憐、小到幾乎沒有意義（「只不過是程度的差異，而沒有任何性質上的差別」），尤其是我們今天視之為奧祕所在的生物遺傳基因——沒有任何簡單、方便、並容許自大的生物性理由，可以直接解釋我們眼前這樣一個人類世界的出現，但這確確實實不同於其他的生物世界、黑猩猩的世界；人，「實在是非常特別、但又不怎麼特別的一種動物」。

我們來看以下這段文字：「西元一七五八年，當林奈為自己那本著名的《自然系統》作最後定稿時，他面臨一項困難的抉擇：到底人應如何歸類呢？是要跟其他動物放在一起，還是要另外特別創造一個範疇呢？最後，林奈採取了折衷的辦法：他把人類放在一個接近猴子和蝙蝠的分類系統裡，然後用一些描述把人和其他動物分開。他以某些具體的特徵（例如，大小、形狀、幾根手指頭、幾根腳趾頭等等）來描寫與我們有親戚關係的動物；但對於人類，他只寫下了一句蘇格拉底（其實是德爾斐神諭）的名言——認識你自己。」

如此，我們也就大致知道了，赫胥黎為什麼這麼說——相較於其他生物的穩定、成熟、可預期，「人只是一頭幼獸」。

這裡，我們得做個小小提醒，我以為是很必要的，儘管並不容易說清楚——歷史閱讀，於是很容易給我們一個認知陷阱，好像通過某種大時間的剝除或水落石出的作用，人會顯露出某種「原形」，人什麼都不是如是非成敗都是虛空都可以短到輕到只是某種假相，人只剩身體是真的，只有飲食男女，只回復成某種最原始的生命體，差別只在於，這是用犬儒式的老於世故冰冷話語來說、用文學的夕暉晚照詩性語言來說、還是用哲思的明亮頓悟話語來說而已。而我的簡單提醒正是，這其實是特定書寫形式「選擇／捨棄」的捕捉成果，而不是人都是這樣、人只是這樣。

無須也無法否認，情欲仍是一種強大的生物本能驅力如我們在《左傳》處處看到的；但如果我們想了解、想解釋的不是之前那亙古幾百萬年，而是這幾千年、是人類獨特的歷史真相、尤其是人何以揮開純生物性的演化單獨前行（會通向哪裡？會比較美好或一連串災難？……），便不能不試著把眼光從情欲移開來，否則我們繞一圈又回到之前那幾百萬年，除了認定這一切、這一場只是生物傳種繁衍的手段及其偽裝，我們什麼也不會多知道。

# 一場盟會・一個國君・和一個老人

魯襄公二十七年夏天，當時孔子已出生了，年約六歲，「叔孫豹會晉趙武、楚屈建、蔡公孫歸生、衛石惡、陳孔奐、鄭良霄、許人、曹人于宋」——這是《春秋》那一年的一條記載一枚竹簡，多年之後長大的孔子這麼寫，但光是這樣實在看不出來發生了什麼特別的事不是嗎？而且，地點選在小國的宋，參加的人又最高只達正卿的層級，春秋有太多的盟會都是國君親身來的不是嗎？所以說真的需要《左傳》，人的記憶隨風、隨個體死亡消逝，只看《春秋》不看《左傳》，我們後代的人根本不知道發生何事。

這其實是相當重要的一場盟會，至少非常非常特殊，後代或稱之為「弭兵之會」，也就是停戰協定或者和平會議，參與的有九國（連主人的宋共十個，如果更正確的加入齊國，十一個），但其實就是晉和楚的一次大和解——這細心點就可從與會名單看出來。這張名單的不尋常之處之一就是晉楚兩強反倒由執政者（第一號人物）親臨，頗講究層級的春秋跨國盟會原有簡單的換算公式，否則就是失禮或說丟臉（兩千年後的現在台灣，對此依然敏感依然脆弱，好像形式上的所謂對等遠比實質內容重要，或者說正因為懶得關心內容所以更在意形式），比方小國的一號人物對等於次國的二號人物、又對等於大國的三號人物云云。

有用嗎？——我們直接翻閱後面（後代讀史者的優勢，我們有歷史的下一頁可看），大致上，晉楚從此算是不再正式交兵，終春秋之世，也就是保用了七十年時間至少；但戰爭有因此停止或減少嗎？好像並沒有，列國依然捉對廝殺，只除了跨國聯軍式的大會戰稀少了，晉楚兩國也依然用兵不絕，只是這兩強之間彷彿從此豎立了一面隱形的牆，晉楚各自在「自己的勢力範圍內」兼併整理。楚國的狀況麻煩一些，因為東邊的吳國如旭日昇起，就算想如先代（楚武王楚莊王等）繼續北上問鼎大概也做不到了，所以真要計較，這個協定日後證實反而對晉國形成較實質的約束，而這也符合於本來的事實，事實真相是晉比楚積極於停戰和平的尋求，這場盟會本來就可以說是晉國這單邊的構想和發動，尤其是執政者的趙武，credit 應該給他，這我們還會在盟會實際進行時一再看出來。

一場盟會，當然解除不了早已進入某種「衝突狀態」的現實，哪有這等好事？這不僅我們事後知道，當時實際做事情的人也不僥倖的完全知道並戒慎恐懼。魯襄公二十五年秋天，也就是盟會整整兩年前，《左傳》細心的先記下了這一次談話：「趙文子為政，令薄諸侯之幣而重其禮。穆叔見之，謂穆叔曰：自今以往兵其少弭矣，齊崔慶新得政，將求善於諸侯，武也知楚令尹，若敬行其禮，道之以文辭，以靖諸侯，兵可以弭。」這段短短談話有幾處值得特別留意，一是、談話者正是趙武和叔孫豹，日後盟會的晉魯兩國代表；二是、趙武先已創造出某種基礎、某種大和解空氣，因為晉國不僅主動降低了各國貢賦，還反向的回報諸國以重禮，戰爭一時已有緩解的趨向，事實上，我們可以把日後的這場盟會看成是趙武此一耿耿心志的下一步，兩年後的弭兵之會這時已啟動了；三是、趙武果然也看到了進一步的機會並以為該伸手抓住它，其中齊國崔慶剛上台的廣結善緣是天上掉下來的，而楚國這一年才由屈建（子木）接掌令尹大位則只能說是個好機會，需要通過說服才算數，趙武以為他了解屈建這個人，甚至早有交情，他判斷此人可聽得懂話，可拉得進來，這頗令人振奮，因為搞定楚和齊兩個大國差不多就大事底定了；四是、趙武的終極目標是「兵可以弭」，這四個字的較正確白話文翻譯是「如果我們一步一步做對所有事（敬行其禮，道之以文辭……），那戰爭有機會可以真的止息下來」，也就是說，這是個有條件也有限度的小心翼翼現實目標、是做事情的人而不是夢想家的目標。

如此，這場盟會不上達國君層級就很有意思了（魯襄公二十六年、亦即正式盟會前一年在澶淵召開的會前會，解決衛國的問題並先整理好魯國這邊，魯襄公親自去了，卻發現只他一個國君尷尬得不得了）。這樣做出非比尋常承諾的盟會當然得各自國君點頭（尤其晉楚兩國）才行，但國君不出席，最可能的解釋是，當時各國都明智的不把這場盟會視為final，而是某種並沒足夠經驗可把握、朝向未知的一個嘗試，必須有失敗可能的準備，並對會盟成果存有可保留、必要時甚至不予承認的空間（如美國、日本政府不簽署商談好的京都協定）；也就是說，國家這邊是被動的、被告知的，而且暫時保持觀望，所以這不是任何一個國家的現行政策，而是人奮力想出來的一個目標，人的一次努力，寥寥那幾個人帶著務實判斷也帶著特殊意志的努力，跨國串聯，試圖在不該放它這樣下去的現實世界拉開一個縫隙，尋求另一種可能，這也許才是這場所謂「弭兵之會」最真實也最不尋常的地方。

日後孔子怎麼看這場盟會呢？他當然無法書寫於《春秋》的條狀竹簡記錄上，《左傳》記載孔子讚美「多文辭」（而非弭兵成果），似乎只針對其中某一場享宴，但也許不止如此——這場盟會，我們合理的想，無法像例行的盟會那樣依過往的劇本流水般進行，這裡有不少未知的東西，讓人疑慮不安的東西，也必定有不少人必須臨場應變發明、必須彼此說服的地方，人得試著去說不太一樣的、沒講過的、乃至於帶有想像成分的話語，把文辭逼昇到某種高度、逼入到某種細碎縫隙之處。

至少，《左傳》對這場盟會的描述是非常精采的，書寫成果超過任一場其他盟會；而且，不惑於道德之名，沒有那些說得很順的冠冕堂皇話語，認真、洞察、冷靜，每個人物皆接近真實的樣子，說著他應該會說出的話語。

以下，我們走入時光隧道般跟著重走一次兩千年前的這場盟會現場，尤其留心書寫者的書寫選擇，他是維吉爾，我們是但丁，由他指給我們該看什麼。

## 未知・不信・恐懼

如同聯合國祕書長總是不選自舉足輕重的大國強國，這場盟會的召集人策展人是宋的向戌，但《左傳》洞悉事實真相，並不把功勳交給他，事實上，《左傳》話還講得挺不留情的，「欲弭諸侯之兵以為名」，用我們今天的話來說，向戌就是那種勤於奔走、想藉此拿諾貝爾和平獎的人。向戌本人在宋國掌權相當跋扈，也不見什麼價值信念，弭兵，之於他是個政客目標，而不是理念目標；是為自己創造一座舞台，而不是一個較好的世界。

向戌的奔走說服之路相當合理，是一種骨牌順序，晉→楚→齊→秦→其他小國，果然先推倒早有弭兵之意甚至早有默契的晉國就成了。這流水般的過程，《左傳》只選擇記下來兩個代表性的贊成意見——其一是晉國的韓宣子韓起，也就是日後接替趙武執政的二號人物，他視戰爭為惡（「兵，民之殘也，財用之蠹，小國之大菑也。」），但他不認為弭兵真做得到或說和平真的可持久，這裡最值得注意的是，韓宣子說的不是泛泛的所謂「戰爭乃必要的惡」而已，他是具體的指出來誰會最贊同弭兵，答案就是永遠受害最深的所有小國家加上所有的一般百姓（包含大國百姓），這構成判斷此事的必要現實背景，非意識到、計算到不可，所以弭兵之議「雖曰不可，必將許之」，明明知道不可能用一場盟會來去除所有戰爭，但不能不參加的現實理由是，如果晉國不同意，那楚國必定第一時間同意，並以此號召，如此所有小國甚至所有一般人民都會站到楚國那邊去，什麼事都還沒做，晉國就先丟掉了盟主之位。其二則是齊國的陳文子，他力排齊國其他人的質疑，挑明了說，晉楚都已同意加入，我們有其他選擇嗎？而且，所有人都宣稱弭兵，變成好像只有我們一國要戰爭，這樣就連我國國人都跑掉了，還戰什麼爭呢？

《左傳》直指核心的告訴我們當時人們的判斷和各自盤算，這不是一群笨而好心的人，而是老於世故且非常專業的人，我們看到的於是不僅僅是「有人想停止戰爭」這個善念，而是這個善念進入到崎嶇起伏世界的真實模樣，以及，當時人們所相信的模樣。

接下來，則是電影鏡頭般各國代表團一個一個抵達。這裡，《左傳》進一步讓我們清清楚楚看到這幾個真相——其一，代表團斷成前後兩批，魯齊衛（有點奇怪的漏掉了鄭）和晉國陸續先到，陳蔡曹許則遲至晉楚（楚國由公子黑肱擔任先遣）初步協商完成之後，才整齊的由楚國令尹屈建率領進場，因此，這場盟會與其說是九個國家會盟，倒不如講是南北兩大集團的板塊碰撞，其中楚對南方小國的支配力顯然更大，陳蔡曹許更像是其附庸而非完整獨立的國家（日後，孔子帶著他一干學生，便是闖進到這裡來，他真的是不顧一切）；其二，實際與會的其實不止九國，還包括不在《春秋》名單裡的大國齊和小國滕、郳，都非常慎重，齊國代表是慶封和陳文子兩大人物，滕、郳更是國君親自到場，但齊國太大，滕、郳太小，「規格」不合於此次盟會，所以最終決議不列入正式與會名單，《左傳》也解釋了這一特殊處置的現實理由及其過程；其三，在南北兩批代表團進場的間隙，「秋七月戊寅」，這才是真正的關鍵日子，當天晚上，由趙武和楚公子黑肱先行閉門協議，向戌確定在場，至於其他各國代表極可能一概排除在外，「盟以齊言」，用我們今天的話來說是，達成共識，統一發言口徑，也就是說，真正該爭的、該解決的、該排除的都在這個晚上已完成，盟會現場只是個豪華的儀式而已，鄭重的在早已印好的條約上簽字並供媒體拍照，這跟我們今天的跨國協議完全一樣，也是米蘭·昆德拉想起來就急怒攻心的方式，當年他祖國的代表便是這樣不敢闔眼的通宵等在列強閉門會議室外頭，並在天亮時被告知他們的國家已滅亡，或說根本從不存在。

有很多事，兩千年前和兩千年後並沒太大不同，歷史感覺像是追著尾巴原地打轉的狗，我們可能會驚訝原來兩千年前人們已經全都會了而且如此熟練，也可以選擇驚訝原來我們人並沒變聰明多少，就像生物學者講的，從身體來看，我們跟還要更早的比方克魯馬儂人實在沒什麼兩樣。

齊國不列入，是因為尊重而非貶抑，這事因為楚方的魯莽要求而上到檯面，變得非處理不可——這也許才是楚國對此盟會的真正企圖，要求「晉楚之從交相見也」，也就是說，往後，晉方的從國必須去朝見楚，楚方也會讓自己的從國北上朝見晉；「晉楚之從」，這直接證實不是九國、而是晉楚兩大集團的盟會真相。於此，趙武的回應非常漂亮，既尊重了齊國，又反將一軍讓楚方知難而退，保護了盟會不破局。他把親楚或說仇晉、而且根本沒到場的秦給拉進來，指出來晉楚齊秦是對等的國家（這也正是日後戰國七雄的根本構圖，只需再加上東北方崛起但實力是七國之末的燕；正因為趙武講的是基本事實，所以無法反駁，或說稍有水準、稍微像個人的人都不會硬拗反駁，這反而是兩千年後今天我們比較糟糕的地方），晉國無法命令齊國正如楚國無法命令秦國，要不這樣好了，如果楚國能保證讓秦朝晉，那我們拚了命也會讓齊答應朝楚。這場風波最終回報給楚康王，由遠方自知做不到的楚康王拍板決定，放開齊秦，不列入。

至於滕與邾的問題，則是齊和宋有意見，大會也順應彼時現實做成正式認定，邾是齊的屬國、滕是宋的屬國，兩個小國沒有正式席位，或直接說，不算國家（想想當時還辛苦趕來參加的滕成公、邾悼公，這畫面非常悲涼不是嗎？）——這事還莫名其妙牽扯到魯國，原因是負責守國的季孫假借魯襄公命令，要叔孫豹完成一個不可能的任務，那就是爭取魯國比照滕邾、下修對晉楚兩強的貢賦（盟會之後，所謂「晉楚之從交相見」的結果，就是以後保護費得交兩份），《左傳》裡，季孫對出訪談判的叔孫惡整不只這一次，權力之事，時時處處暗潮洶湧。叔孫豹這回算運氣好，滕、邾降等自動幫他解套，據此，叔孫豹可堂而皇之回報：「邾滕人之私也，我列國也，何故視（比照）之，宋衛吾匹也。」保住國格，當然，代價是多花點錢。

這樣折騰一場下來，彼時列國的現實狀態就暴現無疑了，而且，這還是通過斤斤計較的集體共同認證結果，也就是說，當時人們相信的，便是這樣一幅列國圖像，這點也許更重要——春秋列國，不是彼此平行，而是垂直性的層級，這裡大致可分為四層：晉楚盟主在最高層，齊秦獨立大國是第二層，魯衛鄭宋陳蔡曹許這些仍是個國家的小國是第三層，至於最低下的滕郳，依其地理位置只算某一國的屬地，也就是叔孫豹所說「人之私也」。這當然是可變動的，比方被歸為楚國之從的南方陳蔡曹許事實上已下探第四層了，是楚之私也，但重點不在於哪個國家在哪一層，而是這個層級分別的存在和共同承認，這決定了一個國家被對待的方式，包括它的存在和滅亡。

這樣我們就簡單看懂春秋列國「溫柔／殘酷」存亡遊戲的乍看詭異現象，既不能滅人國家，實際上又不斷滅人國家，像子產講的，要不然你們這些大國怎麼會長成現在這種尺寸呢？春秋，我們講，當時列國打的是某種有限戰爭，以屈服對手為原則，否則幾乎所有國家都滅過了，包括齊（比方郤克復仇那一役），甚至包括晉（比方秦穆公時），也並不追求徹底消滅對手的有生戰力如日後戰國時代那樣。《左傳》記載了楚莊王打贏邲之一役之後重返大戰現場的一幕，這算是晉楚正式大戰首次也是最後一次的輝煌勝利，所以潘黨建議築成「京觀」來紀念戰功，所謂京觀就是把敵軍屍體堆積起來再蓋上泥土，這樣一座人體之山當然堆愈高愈神氣，但楚莊王不允許，他洋洋灑灑講述了武有七德，禁暴、戢兵、保大、定功、安民、和眾和豐財（我的老友初安民居然也躲在其中），然後楚莊王一項一項逐條自我檢查，結論是這七德「我無一焉」，一項都沒做到，所以哪能誇耀什麼武功，唯一可做的就是回去上告列祖列宗「成事」（做成了某件事）而已；而且楚莊王講，京觀之築是一種懲誡，堆疊的是那些有大罪伏誅的人，今天這些晉國兵士無罪，只是盡忠盡職戰死而已，怎麼可以這樣對待他們呢？凡此。正因為滅人國家這事不是目標不是選項，戰爭被勒住，才發展出春秋特有的戰爭打法及其戰陣禮儀，以及敗戰降服的那一套標準作業。我們這裡只多指出看似奇怪的一點，《左傳》記述，有太多場戰役都是國君親陣，但兩百多年打下來，卻應該沒發生過國君當場戰死這回事（宋襄公也只是傷股而已，他的死可能是事後傷口感染或其他併發，包括生命大夢的破毀和熄滅，心情影響了身體），國君親陣的最大風險是敗戰被活逮，還有就是倒楣被遠距的箭射傷，這背反了戰陣的生死正常機率，來自於人的有所節制和共同遵循。放心吧，真這麼危險，這些國君自會躲在後頭，如未來兩千年的戰爭那樣。

這也才發展出春秋特有的盟會——春秋盟會，不僅是戰爭的前導和戰後的收拾作業而已，它往往就是戰爭的替代，想辦法在口語、在行為上屈服對手、或讓人出醜、以及幼稚不堪的占點便宜，就像廿世紀冷戰時期，連奧運會都成了另一種國族戰場一樣。

所以滅國是怎麼發生的呢？大體上，滅國是一種過程，國家得下降到最低那一層，不再被視為國家了，而是某國之私，既然是別人家的東西，那要留要收就由人家自己決定，國際的維護干預力量不容易再及於它；或這麼說，它已先消失於人的視線範圍之外，所以滅國沒聲響、不驚動任何人，更不會有悲壯情事發生或說被記下來，更像一種靜靜的熄滅和分解，很接近於自然界的死亡。實際來看，這樣的「國家」不斷在死亡，通常《春秋》乃至於《左傳》並不記錄，偶爾有也只是幾個字而已，看情形看心情也看當年還有沒有其他值得一提的事。

這讓我們想到自然界的某種「規律」，一個物種的數量降低到一定數字，滅絕的機制便開始啟動了，進入到某一道「死亡的長廊」裡，民族學也早就發現這適用於部落、國族的消亡；我們或許也會想起來第一次世界大戰後美國威爾遜總統慷慨的民族自決主張及其尷尬幽黯的結果，實際執行下來發現困難重重接近無解，最終只能武斷的、殘酷的、毫無可信理論依據的劃定，民族有最小規格門檻，人數不達標不被視為一個可自決、可依承諾建造自己國家的民族，只是人之私也，是某個大國的「人民」，是的，跟兩千年前邾悼公和滕成公千里迢迢趕來聽到的一模一樣。

讓我們再回到盟會現場來——也注意到，從各國代表國陸續抵達開始，向戌自自然然的淡出，《左傳》的敘述主線對勁的移到趙武身上。

盟會在晉楚（當然都帶了兵來）彼此高度不信任的狀態下展開，如晉方的荀盈踏入現場所真實感受到的，「楚氛甚惡，懼難。」空氣裡有濃度極高的來自楚方不安分子，隨時可能有糟糕的事爆發。這裡，《左傳》直接切入「衷甲」（即與會人員穿不穿防彈衣）的迫切問題，鏡頭切分為晉楚兩邊陣營的各自私下討論。雙方幕僚倒是都贊成不穿戰甲，但主帥的屈建和趙武做成了完全不同的決定——屈建看似世故，但只簡單的著眼於長期以來的基本事實：「晉楚無信久矣，事利而已，苟得志焉，焉用有信。」這很難駁斥，所以，穿戰甲吧；趙武則完全接納叔向的看法，叔向談了好一番信與不信的利弊得失理論，看似疏闊天真，但其實更細膩的注意到這個盟會的特殊性，還注意到盟會的現時現地現物，並據此做成有層次、可執行的判斷。叔向特別指出來「弭兵」這個大會主張的約束力、號召力和其傳播效果，像回事的國家幾乎全數到齊，全天下所有人提著心緊緊盯著盟會的一舉一動，因此看似凶險，其實任何鋌而走險的行動都很難成功，而且代價太大，退一步來說，就算楚方真不理智的發動，晉方人員很容易就迅速撤入宋國城內固守（盟會現場選在宋都西門之外的開敞之地），可確保無事。所以，不必穿戰甲。

判斷得非常準確，空氣中浮漾的不安分子其實就只是恐懼，恐懼的總合，雙方都怕，這是自保性的，而非攻擊性的，一如雙方激烈討論的是可穿在禮服底下的防身戰甲，而不是可藏在禮服底下的殺人凶器。

下一個大麻煩便是盟會的最高潮一幕，也是盟會是否破局的最後考驗，那就是正式簽字（歃血）順序誰先。晉方援引慣例，過往盟會皆由盟主的晉先行；楚方則說晉楚既然對等，那這回不恰恰好就應該換人做看看了不是嗎？——這個最後難題因為晉國的迅速退讓沒有引爆，大會也就此平安落幕。《春秋》，如我們最前面引述的記載條文，肯定晉國的作為，所以正式的歷史記錄裡，還是把晉趙武置放於楚屈建前面，這果然也符合叔向建議退讓當時的歷史判斷（孔子的《春秋》記史，不像後代必須謹守記實天條，而是侵入性的直接「更正」某一部分事實，試圖帶進來一些價值，揭示一種應然的圖像，或白話來說，不是此事這麼發生，而是此事應該要這樣發生才對）。但老實說，不管是盟會上楚先於晉的實然，或《春秋》晉先於楚的應然，後人如我們今天來看，誰先簽字真的半點也不重要，當下的生死攸關計較，明天的黃花，有些事就只是這樣，沒更多了。

## 再從應然回到實然的《左傳》

便是這樣，從《春秋》三十個字左右的這一枚竹簡，《左傳》重建了這場昔日盟會，我們得說重建得非常成功或說很漂亮，時間的層次，事情的步步推進層次，人在其中想法和言談的變化層次，以及外部現實的移動層次，都書寫得有條不紊而且精確、緊扣、融合一致，沒有矛盾說不通的敘述，也沒有任何一個前言不接後語像發了神經病的人物存在（很多故事為了情節進展會讓人物這樣），而且，緊張感始終在那裡，難關一道又一道等著人。也許正因為太完整太通體沒毛病沒空白，難免反倒讓我們心生狐疑，這場盟會真的是這樣一五一十進行的嗎？包括「事情發生時為什麼他都正好在場」的那個人，包括像誰放了錄音機一樣保留下來、仍可 quote 出來的叔向怎麼說韓起怎麼說。此外，我們也很容易估算出來（事件和時間緊緊相繫，清楚意識到時間的存在和作用，是中國記史一個敏銳、早於人類全體、也十分正確的警覺），《左傳》的此番重建作業已事隔正好一百年左右，百年往事及其孤寂，這樣的現場感也真的太驚人了不是嗎？

或者我們這麼說，《左傳》描述的這場盟會，我們感覺是「可信」的，我們不知道事實是否百分之百如它所言，但讀起來似乎可以相信——這是賈西亞・馬奎茲說的「可信」，書寫是要寫得可以讓人相信。此時我再一次引用他生前這句話，十五分鐘前，我才輾轉接獲他終於還是過世的消息（2014.4.17），我的大陸小說家朋友豐瑋才剛從哥倫比亞回來，我們說她看到了最後還有賈西亞・馬奎茲的哥倫比亞，她說，這個世界感覺又下降了點溫度，「多了一分冷」。

好，話說回來，這裡我們得先根本性的確認這一點，我以為很重要。和他（或他們）老師孔子的《春秋》記述「方向」不同，《左傳》並不試圖修改事實，繼續朝某個應然的世界模樣走，而是掉頭回來，奮力說出來《春秋》修改之前，這件事、這些事其實是這樣這樣發生的。《左傳》這麼做，並非反對《春秋》，而是（逐漸的）察覺一種需要——其間的關鍵就是時間，時間幾乎無可抵禦的消蝕失憶作用；或直接算，從孔子《春秋》的書寫到《左傳》的再回憶，又忽焉三四十年過去了，活著的人又換掉一大批，一半到三分之二。我們說，《春秋》的修改事實本來是非常非常激越的書寫行為，甚至還可能帶著憤怒、不平、譏刺云云，並藏放著孔子特殊的心志，但這個力量來自於應然和實然的兩邊拉扯，張力大小和兩者距離成正比，少了實然這一邊（也就是人們已忘掉了實際上發生的事了），應然會失去必要的說明，失去其重量，還失去它最可貴的照見、更正現實力量，也就是在「為什麼事情不這樣正確進行」的此一詢問之下，所逼使我們一一去看去想的現實世界種種困難和限制、人的種種困難和限制，包括人的不得已，人的命運捉弄（這古希臘人比中國人更有感覺），人有時非常可怕的一次疏失不慎，人遍在的愚昧，人也許更遍在更戒除不去的貪欲懦怯和更深處幽黯云云。當《春秋》的修改不再能被察覺出來，孔子所寄予其中的心志以及對世界的諫言也就跟著全數殞沒（寫《春秋》極可能是孔子一生最慎重最緊張的一件事），我們只以為事情本來就是這樣發生的，趙武本來就先屈建簽字，齊國本來就沒參加，帶著強烈力量的文字被抹平了，這也許還不是最糟的事，更糟糕的是，《春秋》倒過頭來成為一次純粹的粉飾作業，純粹的「隱」，人做錯事做惡事我們連最後說他兩句、存留人世間僅僅那一點公平都不再可能了，我們已輸掉當下現實這便也罷了也習慣了，還自動交出未來，歷史記述連它最自然最起碼的矯正、警告、報償功能都剝奪掉，從抵抗現實權勢到服務現實權勢，還提前服務到此一權勢必定已消滅、已力所不及的未來。英勇的書寫成為諂媚的書寫，我們怎麼可以讓孔子的《春秋》變成這樣一部爛書呢？

孔子這樣的歷史記述，書寫者的源源力氣係汲取自未來，他必須相當程度相信，時間這不盡然可靠的東西站他這邊。

因之，我們可以不必懷疑《左傳》努力要返回實然世界、回轉歷史現場的基本企圖，這才是《左傳》發生的真正理由，好恢復世人的記憶，比對出《春秋》的應然性書寫，重新擦亮老師那一條一條慎重但精簡的文字。剩下的，便只是做得成不成功、好不好而已。

但事實是什麼？事實總是胡亂的攤成一大片糅成一整團，它得被細心的挑揀出來並組裝起來；

而且，事實又總是太多卻又遠遠不足夠，我們常用某種殘缺不全的拼圖來說（比方想找出謀殺案事實真相的推理小說神探最愛這一比喻），這有對和不大對的地方。比較對的是，在實際組裝的書寫過程中，我們總是發現掉了這裡一小塊那裡一小塊；不對的是，事實並不是先存在的一個東西、一幅已完成又拆散開來的圖像，它甚至並不是也不只「一個」、「一幅」，事件碎片可以組裝成不同的事實，複數可能的不同事實也重疊著、共用著相同的事實碎片，以至於，事實往往不是一種「正確」與「不正確」的簡單判別，而是「更正確」「更好」的選擇和計較。書寫的組裝作業因此無法有說明書、有完成的圖示、也不會有固定的組裝步驟，它要求書寫者更多的，因此不是手而是眼睛（觀看、尋找、判斷、洞穿和凝視），不是眼睛而是腦子，還有人整個身體能有的全部感官接收。

重返實然現場，尤其像弭兵這場盟會動不動事隔一百年的實然現場，人早已離開，更不會有「一個事實」在那裡痴痴等你。因此，用「組裝」這詞可能並不恰當也遠遠不足夠了，至少得加上「重鑄」，從所有本來就殘缺了、如今更是散失再也無從尋獲的事件碎片重建起，先重鑄這個然後才能順利進行組裝。但、事實有一部分得人為的鑄造？可以這樣嗎？這當然是不得已的，也非動用到想像力這有不實風險的東西不可。波赫士擔憂語言的延伸誤用（這必定發生），他告訴我們，想像（一直）是個被誇大的詞，所謂的想像，不過是「記憶和遺忘之間的不斷交換和補充而已」，他說得如此平實、準確而且聰明極了。

也許，人有另外一種想像，掙脫的、四面八方飛出去的，逃離現實棄絕現實，或為了得到某種安慰，或為著找尋某種極致、某個遠方、某些不可能有的美好東西、某塊樂土某處天堂，或僅僅是人的放鬆、人的自由自在、人的一種沛然如流水的遊戲等等。但在這裡，想像是收斂的、限定的，姿態是邁步而非飛翔，它封閉在這一已確認的事件和那一已確認的事件之間活動，不是要憑空創造出什麼，而是只負責接續並牢牢黏好這已知的兩個點，好讓「事實」可以有一個較完整的形貌被說出來；想像受到這兩個已知點的重重約束（其時間、位置和意義云云），實際上，這兩個點之間也往往留有些微光似的蛛絲馬跡東西不是全然空白（比方趙武和公子黑肱那場關門密商，事後還是會有某些難以完全證實的東西流出來，一定的）。這種想像，因此所謂的「想像」成分其實相當稀少，更多的構成成分是理解，以及通過理解很小心踩出那一兩步的合理推斷，書寫把這推斷具體化事件化，成為相同規格可以組裝一起的事實零件，大致是這樣。

在那樣一個文字遠較神聖、人們也對不解事物相信較多懷疑較少的時代（波赫士說，如今我們是「難言輕信的書寫者自己，寫給難言輕信的讀者看」），其實《左傳》的書寫已是高度自制的，其作者也遠比當時的人們難言輕信不是嗎？這很容易比較出來，不管是春秋同期乃至於稍後戰國留下來的其他文本（比方《國語》《戰國策》《管子》云云），乃至於我們把此一比較拉到彼時的世界各地，像是古希臘，或者《聖經・舊約》尤其是摩西五經的早期猶太人歷史追述。一般而言，也許是已知事件不夠而空白處留太多太大，也許更因為代代口語流傳無可約束的想像（所以我們不以為《左傳》是循此路徑、方式成書的），愈早期的歷史記述，總是愈戲劇性、也愈像是「一個」完整或甚至單線故事（天下之大，好像就這個人、這寥寥幾個人了），乃至於我們直接稱之為神話（意即我們認定這已不是實然世界能發生的事了），這些都是常識。相較起來，《左傳》奇特的如此零亂紛呈，不勉強串接，不勉強解釋，不勉強勾描一個稍稍完整的世界圖像出來，用本雅明比較美麗的話來說是，「像小孩把剛採到的滿手鮮花一整蓬捧給你」。作為一個《左傳》讀者因此是辛苦的、相當程度自助的，閱讀時得自己加入串接線索組裝事實（比方趙武和叔孫豹的弭兵談話，和正式弭兵盟會這一場，在我所使用的《十三經注疏》讀本裡整整相隔二十三頁，你得自己在一堆平行並置的事件中發現它、接起它），甚至自己去理解、推斷、想像好補滿空白，也就是做《左傳》作者同樣的事；《左傳》的閱讀因此也是不「過癮」的，很多線索戛然而止，很多你有興趣多知道的人沒有接下來、不知所終，很多你被喚起來的情感就懸空在那裡，甚至較童稚性的，很多惡事並沒被揭穿而且《左傳》也流水般放過它，是的，很像是我們站在自己的人生現實裡那樣。偶爾，會有朋友問我怎麼開始讀《左傳》，我曾建議可先略讀一次《東周列國誌》（《左傳》的口語版、簡易版、故事版），好得到一個當時世界的大概模樣以免迷路，這個心血來潮的建議我做得忐忑不安，至今還不知道究竟對不對、宜不宜當。

稍後的《史記》，其想像補充作業都遠比《左傳》放開，朝前多跨好幾大步，比方說趙武這個人的生平故事，這我們稍後再來講。

## 盟會之後，他們都哪裡去了？

這場盟會的關鍵之人——不是最忙的召集人向戌，不是最早把過程及其結果負責攜回魯國的叔孫豹（按理，魯國這邊應該是通過叔孫豹的眼睛來看這場盟會），不是話語留存最多像個智者的叔向，也不是出最多難題、扮演那種故事裡搗蛋者角色的屈建——就是趙武，這個人才是真正貫穿整場盟會、乃至於兩千多年前這一弭兵思維的靈魂人物。仔細看仔細想，趙武才是從頭到尾在場的人，這個念頭能凝聚成形，能跨越國界展開並成為談話，能上昇成國際性的政治焦點並排進正式議程，最終還能克服各種懷疑、不安、恐懼和分歧零和的現實利益讓它成真，真正有意志力、不使破局，只要代價還能忍受非做成不可的是趙武（讓楚國先簽字，很可能會引發國內的政治風暴，甚至保留成為未來權力傾軋的罪名），我們還可以這麼猜測，趙武極可能是把這件事當成他人生的最後一件事來做。

好吧，散會之後大家一一握手道別各奔東西南北的音樂聲中，我們何妨站著繼續看下去，之後這些人呢？他們還各自做了什麼，去了哪裡，遭逢了何事，還有，怎麼死去？

很有趣，除了宋國向戌，有記載可查（意即本來就比較重要）的各國與會代表幾乎都沒能再撐過五年時間，垮台，甚至就是死亡。我們這麼說並沒暗示什麼，比方那種所謂圖坦卡門的詛咒之類的，這也許只是與會者的年齡本來就普遍較大（我們由此或也想起來，弭兵也比較像是年長者、年老者的思維，像晚年的波赫士說的，「年輕時候我喜歡鄉下、黃昏和哀傷，現在我比較喜歡城市、早晨和寧靜。」）；也許這本來就是死亡的腳步稍快、死亡容易從各種途徑以各種方式找到人的時代，尤其是這些暴露在政治山頭稜線之上、背景透空、遠遠就看得到射得中的人；也許，這一切僅僅是巧合。

向戌仍是宋國左師，《左傳》直接追述此事，差不多各國代表團前腳才走，向戌就回頭向宋君請賞要土地，他稱之為「免死之邑」，這有兩種解釋，也可能本來就是雙關語，意思既是弭兵成功讓人免於征戰殺戮而死，尤其是夾在晉楚之間、生活在人家戰場之上的全體宋國人民，所有人免死；意思也是強調自己有幸完成弭兵這一幾乎不可能的任務，好險我總算不必以死謝罪，是我向戌免死。總而言之殊途同歸一句話，那就是老子這回功勳可大了。土地是順利要到了沒錯，宋平公「與之邑六十」，但卻被他同事司城子罕痛罵一頓，子罕很準確看出來，這不是天下弭兵而是晉楚和解，對宋國而言，子罕以為，這場熱鬧下來，既沒改變任何現狀（宋仍是小國、一樣得在兩大國間低姿態求生），戰爭也不可能去除（戰爭自有其發生的種種理由，戰爭甚至是一種需要），由此，子罕話講得極重，他以為向戌只是演了一場大戲，甚至算騙局（「誣道」），以此玩弄天下諸侯，這是大罪，不處罰他已夠好了，還要土地？——子罕的看法，極可能是當時的主流意見，盟會前盟會後，對弭兵一事有幻想的人看來真的不多。對此向戌怎麼反應呢？向戌退回土地，還阻止族人出兵攻子罕，說子罕這是救了他而不是修理他。向戌是聰明人，他可能犯各種錯，但不至於是這種愚蠢的錯；而且，看來他自己也對弭兵不心存幻想不是嗎？

叔孫豹，可能是與會各國代表年歲較大的一個，我們已講過他的悲傷人生結局了，他被自己那個看似應許的夢給害死，還是老病之中餓死的。叔孫豹，從《左傳》看，其實是很不錯的一個人，總是用心良善而且認真盡責，兩百多年間魯國少有哪個檯面政治人物表現比他好。也許季札講得對，季札指出他的毛病是「好善而不能擇人」，心中的善念遠超過他的眼光他的聰明，更容易犯下那些葛林所說「用心高貴的人才犯的錯誤」。季札這番話還是訪問魯國時當面直言的，可惜仍救不了他，不過那也還真是個有趣的時代，人素昧平生，話居然可以講得這麼坦白直接。

慶封，第二年馬上就出事了。也許也是年紀大了，慶封嗜酒，把齊國大權全交給他那個參孫大力士型的兒子慶舍，慶舍在一場宮廷政變被暗殺，他身受重創切斷左臂還單手幾乎把整座宮室搖垮掉亦如參孫之死，暗殺行動的主事者是慶舍自己女婿、也是慶封孫婿的盧浦癸。慶封帶著族人、還有富甲天下的財產出奔魯（贈送給季武子的名貴車子亮到可以當鏡子用，工匠的烤漆技藝一流），再轉去吳國，居住在朱方繼續喝酒。叔孫豹餓死的同一年，楚國軍隊攻入並搶劫，慶封滅族。

鄭國良霄（伯有），毛病和慶封一模一樣，嗜酒，還是昇級版的，他搞了個豪華地下室就像我們今天巨賈高官那種VIP招待所，每天窩在裡面喝酒歡唱（他的手下都知道，「吾公在壑谷」）。鄭國政變，良霄出奔，還是不醒人事醉著被抬出國的，稍後，他引兵回攻，很不體面的被殺死在羊肆，良霄人緣極糟孤立無援，只有子產前去哀悼收屍。

比較不重要但仍有幾字記載，衛國代表石惡，也是第二年就失勢流亡。

楚國屈建死得最快，就在會後第二年，連同楚康王，這兩人倒是「正常」死的。接替屈建令尹大位和接下來弭兵後續工作的，正是楚康王的弟弟公子圍，稍後，他還索性接替了楚康王的楚君位置，齊國的慶封也是他殺的。

公子圍，也就是日後的楚靈王圍，是整部《左傳》寫得最生動的人物之一，接下來的國際政治焦點在他身上，看他一人表演。

## 從公子圍到楚靈王圍

弭兵大會之後那幾年，各國仍經常性的串聯聚會，其中最熱切的是楚國，或說公子圍。

短期來看，或說淺薄來看，盟會最大的得利者絕對是楚國。趙武只想休兵，對各國的要求不增反減，也不想幹什麼，而「晉楚之從交相見」的大會決議，讓楚國的號令正式越過陳蔡曹許北上，往後可以名正言順召見、召集天下諸侯，楚國顯然也很享受這個，是新玩具。

更因為公子圍這個人，他的企圖、還有他的性格——楚康王死，兒子熊麇繼位，這場葬事果然趁勢辦得空前盛大，天下諸侯到齊，各國大夫還一路送到墓地，到場的國君有陳侯、鄭伯、許男，以及其實年紀已很大了的魯襄公（至此，魯襄公已在位廿九年之久，又兩年死）。葬禮上，大概全部人都看出來了，繼任的新楚王看來是毫無機會，一切都在公子圍此人掌控之中，事情只是遲早。

《左傳》沒讓我們看葬禮場上公子圍的驚人架式，或者說，把這一描述保留到兩年後。魯昭公元年，「叔孫豹會晉趙武、楚公子圍、齊國弱、宋向戌、衛齊惡、陳公子招、蔡公孫歸生、鄭罕虎、許人、曹人于虢」，很明顯，人已換了一批，地點也改在晉勢力範圍的虢，但趙武還是讓楚國居前，貫徹他的和平心志。這次聚會究竟要討論、解決什麼事？好像並沒有，氣氛也一派閑適，完全不同於上回的山雨欲來命在旦夕，最合理的解釋是楚國換了新令尹，公子圍要正式在國際間登場，是為他一人特別打造的伸展舞台。《左傳》的現場描述，非常有趣，是各國代表一人一句的對話體，真的像是在觀賞模特兒走秀的品頭論足，而不是事隔一百年的回想。這段，簡直讓人懷疑是錢鍾書寫的，不像是看《左傳》，倒像是在看《圍城》——楚公子圍一身光鮮走出來，叔孫豹說：「楚公子穿得可真美，真的好像是個國君。」鄭國罕虎接著：「你看你看，還有兩名執戈衛士前導呢。」（衛士執戈前導，這是國君才有的。）蔡國的子家有點不要命了，居然也跟著補了這一句：「人都已經住進楚王離宮了，這樣的陣仗有什麼好奇怪的呢？」楚國的副代表伯州犁很尷尬，解釋道：「這是我們國君事先同意的，讓令尹此行借用一下。」鄭國副代表子羽說：「借了，就不會還了。」伯州犁顯然動了肝火，這是整場比較沒風度的一句話：「我看你還是回頭擔心貴國的子晳又要造反吧。」（子晳稍前才發動政變殺了良霄。）子羽不為所動，繼續：「借了不還，這你們真的不害怕嗎？」齊國國弱說：「看來二位都不怎麼緊張，我倒是真替你們憂心呢。」陳公子招：「話說回來，沒有這樣的大難將至，怎麼能讓二位今天講得如此開心？」衛齊惡說：「怕是怕不知道猝不及防，既然已知道災禍無可避免，那也就不至於是什麼無法應付的大難了。」截斷這段流水般話語、收拾場面的是宋國向戌，他果然聰明冷靜：「大國下令小國受命，我只知道聽命行事，不懂其他什麼禍福之事。」最後一個說話的人則是晉國的樂王鮒，晉是唯一可和楚國匹敵、或說得罪得起楚的大國，這回又有主場優勢，還有這個自動走出來的寶貝公子圍，但樂王鮒只優雅的結束這段人人嘴皮發癢的談話，曲終奏雅，畫上句點，而且還真的是引用《小雅》的詩句：「小旻之卒章善矣，吾從之。」〈詩經·小雅·小旻〉是某種亂世思維，人時時意識到危險，要求審慎自持，〈小旻〉的最後一段講的是，暴虎馮河，不只要躲開不講理的惡人，就連那種看似不會直接傷害你的小人也最好保持距離，樂王鮒以為這是對的、好的，所以他不加入這段談話、他說他不敢跟著譏刺公子圍。

這段接力式的談話，我們彷彿一直聽到笑聲，本來是譏刺的笑聲，但漸漸的，也有某些溫度稍低、也較為深沉的東西不知不覺滲進來，大笑的聲音異樣起來，轉向某種放縱，某種今夕何夕兮的狂歡。孔子幾度感慨自己身處某種末世，儘管他也再三聲言自己不放棄，甚至以某種天命、某種「要不然上天怎麼讓我恰恰好生在此時此地」的偏神祕思維來為自己打氣（真的承認末世，人就會順著一系列的調整自己，很多東西得試著放掉不管，價值、善念、是非對錯的必要判別和堅持等等，這是末世思維代價最大的部分，所以不要褻玩）。事隔兩千年，我們難以感受，或許也會認為孔子過甚其詞，至少只是他個人的看法，畢竟人類歷史上這麼說的人太多了。但在這裡，一場不相干、也不為說這個而書寫的盟會記述，我們倒是看出來了，有一種空氣存在，或說每個人都帶著心事前來，很容易被觸發。憂與樂，很快的不停在公子圍和眼看大亂一場的楚國，而是轉回到每個人自己身上，自己的國家、自己的處境（是啊，如今哪個國家沒它的公子圍和子皙呢？誰向著未來不憂煩不茫然？）；好像大家都感覺到某個更大的歷史暴風將至（本雅明所說的歷史暴風，把一切化為廢墟，把人倒退著吹進未來），也許此時已等在門外了，管你是大國小國。這裡，感覺時間是偷來的，人有一種很詭異的平等，如同在死亡面前大家都得剝落一切、都身不由己的只能全然平等，人說著超出他身分、也超過這種場合的直通通話語，像蔡國子家，現場所有人就數他最不能得罪楚國，尤其是這樣一個下一任楚王；像鄭國子羽，他只是個朝不保夕小國的副手而已，要爭要吵應該都輪不到他；像齊國國弱、陳國公子招、衛國齊惡，他們話接得岔岔的但又感覺如此真實，一種有裂紋有稜角不完全接合前言、甚至有點不知語從何起的真實，真實到不像是得講究的外交辭令，而是忽然被觸動、攔阻不住脫口說出的話語。

《左傳》說，由這些話語可以預見每個人未來的命運，有人可安然躲過保其身保其家，有人看來一定會捲入風暴之中，「憂必及之」，這可能是對的，至少是有依據的，這簡單的幾句話，暴露著人各自的心性、生命態度以及造次顛沛時刻的可能做法。

公子圍沒等太久，他這樣性格的人沒這種耐心，而且也不宜讓新楚王站穩腳跟。就在同一年，虢之會正月舉辦，年底十一月公子圍就入宮縊殺了楚王熊麇，伯州犁沒能躲過，他也一併被殺，但他至少有一個日後比他有名的孫子跑掉了，投身大敵吳國，就是日後和伍子胥一起攻破楚國、把楚王挖出來鞭屍、報仇成功的伯嚭，有趣的是，伯州犁原來是晉人，他的父親伯宗因為直言而被掌權的三郤所殺，看來得罪當道流亡敵國，是幾代人的詭異命運，乃至於家族傳統。楚公子圍，往下，我們得稱他為楚靈王圍了。

弭兵之會讓世界有所改變，楚靈王上台，的確有個看來很開闊很過癮的全新局面等著他——首先，晉楚之從交相見的決議，等於正式確認了「雙盟主制」，這是歷代楚王一直尋求但未曾擁有的地位，即使強大如楚莊王都沒有；其次，晉楚大和解的盟會真正實質成就，加上晉國執政者從趙武到韓起的貫徹休兵南方，也等於把南方這些小國全降了一等，完全丟給楚國。這也的確是楚靈王興高采烈做的事，北向享受當盟主，在南方享受一個一個滅人國家，唯一擺不平的是不斷壯大、但並未納入國際秩序之中、比楚更不受約束的吳（楚國終於碰到比它更不必講理的國家了，這其實也是它大國崛起、獲得國際地位的必然代價）。楚和吳持續打著不會有決定性勝負的令人疲憊戰爭，比較吃虧的當然是楚，因為這同時又像是一個正式國家和一個游擊飄忽山寨的戰爭。

依《左傳》，楚靈王的第一件大事果然又是召開天下盟會（地點在楚地的申），這次他是楚王圍而不是楚公子圍了。《左傳》完全掌握了事實真相，或說盟會本來就是無聊的、乏善可陳的。這裡，《左傳》很會心的還是凸顯楚靈王這個人，清楚的記下這兩件事——一是盟會之禮（其規格、場面設計、進行程序云云）的選擇，楚靈王拍板決定採用或說仿用一百二十年前齊桓公的召陵之會，我們知道，這是當年齊桓公南下問罪、屈服楚國（也許因此楚國記憶深刻），等於是首次完成所謂「一匡天下」（把天下諸侯全裝入同一個籮筐裡）的最高峰一場盟會，也就是說，楚靈王想要的、或他自以為可以是的，正是當年的齊桓公；其二，則是楚靈王和鄭子產的這一席話。子產正確無比的為他判斷出來（子產永遠是對的），這場盟會除了魯衛曹邾各有困難不來參加之外，天下諸侯「誰敢不至」，就在這裡，楚靈王問了子產接下來這個問題，其實是心滿意足、如剛吞了奶油的貓那樣的喟歎：「然則吾所求者，無不可乎？」我真的要幹什麼都可以了，是不是這樣？

這次盟會同時談成楚晉的國際聯姻，第二年，晉國依約定由韓起和叔向送晉女過來，楚靈王這腦子長得和別人不太一樣的傢伙，想的居然是，我可不可以把他們抓起來，剁了上卿韓起的腳踝讓他守城門，閹了上大夫叔向到後宮當太監，這不是漂亮的折辱了世仇晉國，又大大彰顯了我楚國的威風嗎？他不只想，還真的當是偉大發現拿來詢問楚國眾臣，所有人顯然都嚇傻在當場，只有薳啟彊徐徐的回答，當然可以，有什麼不可以的（往後我們還會一直看到，幾乎所有人都用這種語調、這個開頭來回答楚靈王的各種異想天開詢問，包括之前的子產，像對待一個狂暴的獨裁者，卻也像對待一個小孩）？只要有接下來的種種準備，從心理層面到最現實層面，準備和晉國由親家再翻臉成仇人，準備承受天下的種種可預期反應，更要現在就準備好迎擊軍力遠強過我們、馬上如潮水般湧過來的晉國大軍（這裡，薳啟彊不加情緒如工作簡報的清點晉國的實力、可立即動員的兵車戰士數量、以及領軍各級將帥的人選），是的，全準備好，有什麼不能做的呢？楚靈王倒是聽懂了，哦，原來這樣是不可以的啊。他贈送韓起一份重禮，又因考不倒多學多知的叔向反而很佩服他，也一樣贈以厚禮。從要抓人到賞人，這種跳躍的行為方式的確是楚靈王獨有的，他不是真聽不懂話的人，事實上他也不笨，只是有一種無辜的天真（葛林說的，天真是一種瘋痴病，它永遠無罪），一種長不大的幼態持續，一種永恆的年輕，也帶著年輕特有的唯我、狂暴、嗜血和抒情，如昆德拉講的這樣，還不知道該怎麼恰當的進入到世界。

又兩年，楚靈王的章華之台落成，豪宅遷居沒有賀客盈門豈不寂寞？薳啟彊負責邀請的是魯昭公，最終當然還是威脅來的（「君若不來，使臣請問行期」，意思是，那我們就只好出兵打你了。「行期」，就是行軍會戰的日期）。靈王設宴於新宮室，現場侍者全刻意挑選過，都是「長鬣者」（長漂亮鬍鬚的男子，這顯然是當時的時尚審美認定），可能是一時太開心，靈王把楚國重寶「大屈之弓」送給了魯昭公，這像是他會做的事，馬上又後悔，這也是他會做的事，最後，還是薳啟彊出馬又語出威脅才討了回去。

魯昭公的章華之台此行，意外的發生了一樁也許很重要的事，那就是「孟僖子之恥」——孟僖子負責陪同昭公訪楚，路過鄭國，在鄭伯的宴會席上先失了禮丟了臉，抵達楚國，郊迎時又不知道該如何正確答禮，孟僖子耿耿於懷，回魯後四處尋訪請益學習，臨死時，還下命把自己兩個兒子孟懿子和南宮敬叔送到一介庶人的孔子那裡去，這在當時魯國必定是件頗轟動的事，還可能帶起風潮。孟僖子失禮此行孔子才十七歲，孟懿子和南宮敬叔入門則是整整十七年之後，也就是，孟僖子是玩真的，他從沒忘記，一生不放過自己，我以為這非常非常動人，我自己很喜歡會這樣想事情、記住事情的人。

《左傳》中失禮的事多了，整本都是，很多場面人沒見過不知該如何反應，很多話語人當場聽不懂也不會回答。像是早年的楚文王，他逼降許國，看到許國國君自己反綁雙手，嘴裡還銜著一方玉璧，所有許國大夫都穿喪服，士負責抬棺木，是個「死亡」的畫面，許男把自己裝扮成一個死人。楚文王完全搞不懂好好的怎麼忽然是這場面，問過逢伯才曉得，原來這就是昔日周武王滅商時微子啟的奇特舉措，周武王親手解開他繩索，取出玉璧，把棺木燒掉，並進行除凶作業，意思是把微子啟從死亡裡再拉回來，恢復成為活人。這日後也許沿用成為獻降儀式，但最原初時（是否就是微子啟「發明」的呢？），這裡面有著完整的亡國者思維及其意義暗示，周武王也會心的完全看懂了，他的答禮（是否也始自於他？）因此是充分理解之後的溫柔回答；也就是說，在成為儀式、成為禮之前，尤其是第一次，這是對話，雙方在這樣一種非比尋常的處境裡一個深沉、準確而且很漂亮的無聲對話。

我們說過，魯國可視為是春秋當時的一座大博物館、大學校，孟僖子，又是三桓中孟孫家的主君。這掌權三家稱之為「三桓」，意思就是魯桓公的三個兒子，在桓公死後莊公繼任分家出來各立門戶。我們算一下，傳至孟僖子當時已經歷了莊、閔、僖、文、宣、成、襄、昭八代國君，時間長達一百七十年，而且這三大家始終占據著魯國權力最核心一天也沒少過，是內行人中的內行人。孟僖子的失禮於是有點奇怪，我們可簡單歸因於他自己早年的荒失不習，也想到戰亂動盪年代的某些流失不傳，但事情很可能不只這樣。

我以為，春秋時人的失禮不知禮，的確有人「流失」「遺忘」的這部分，但更多應該是人「還不會」「還沒有」——禮，最簡單也最根本來說，就是人和人各種恰當關係的尋求和確認。麻煩在於，人和人的關係是變動的、增加的、還是持續發現的，因為人的身分、位置是變動的而且不斷趨於複雜多樣（隨時代、隨社會的建構），人和人「相遇」的各種當下處境也是變動的還往往是前所未見的；此外，變動的還有人自身的思維、人的價值選擇及其優先順序調動。春秋這兩百多年，要說和前代有什麼劇烈的不同，不是戰爭的開始頻繁發生，戰爭反而只是一種結果，或說一種難能避免的衍生之物，源自於人和人無可避免的不斷相遇、碰撞、相互妨礙干擾侵入，國家之間、部族之間，犬牙交錯起來，原來隔離彼此的空白之地一塊一塊消失，《左傳》記載著一場吳楚的戰爭，其衝突點便是兩邊的採桑女爭一棵桑樹，土地、天然資源的取用不再理所當然，或至少不像在一己國家之內、部族之內自有其分配仲裁。

盟會的頻繁召集和其內容變化也是這樣（之前，盟會是例行的，而且有基本年限規定），春秋頻繁的、讓人苦不堪言的盟會當然有無聊的，因為某國某人的虛榮；但也有迫切需要的，最常見是為著阻止或收拾一場戰爭，事實上，我們恰可把春秋盟會的次數和內容變化看成是戰爭拉動的，是當時人們面對、學習、並尋求處理戰爭的特殊作為；還有更具體解決當下問題的盟會，比方魯襄公十一年的亳之會，其決議便是要求諸國不可以試圖囤積控制糧食，不可以壟斷天然資源，還不可以庇護跨國罪犯，就像我們今天國際性的司法互助和引渡條例的簽署云云。更早齊桓公召開的著名葵丘之會，《左傳》只說和平停戰，但《公羊傳》和《穀梁傳》則記錄得很詳細，大會多項決議包括不可隨意變更繼承人（「不易樹子」）、不可以妾為妻等等，這當然是介入性的體制和秩序維護，卻也直接說出了當時國家和部落已不再全然孤立自主、想怎麼幹都可以的事實，一國一家的動亂衝突直接會泛濫到全體來。但最有趣也最具體的還是這一項——嚴格要求各國不能動手腳（築堤或挖掘人工曲道）截斷、控制河川水流，讓下游無法正常取水用水，河流源遠流長，正是自然穿透國界、蜿蜒不受國界約束的東西。

今天我們看，被視為中國古代神聖典籍的六經，除了《樂》流失之外，最厚的就是《禮》這一部。事實上，《禮》早已不是一本，而是再分割成厚厚的三大本；事實上，它不是比較厚，而是不斷加厚。從內容的時間性、時間感來說，《詩經》、《尚書》和《易經》都是封存式的典籍，本文早已固定不動，停在遠昔的時間某一點，設定時間稍晚的《春秋》也是封閉性的，始於魯隱公止於獲麟或孔子之死，而且如我們所說的，春秋三傳只負責解釋，完全不敢更動本文，就只有這三大部禮書，尤其《禮記》這最厚也最蕪雜無序的一本，其內容是增添的，其時間是流動的進行的，直抵成書當下，還感覺是未完的、暫停的。三禮的文字因此也明顯不同於其他四經的巨大清朗綱舉目張，它的文字尺寸較「小」而且不確定，是一種思維猶進行中的文字，是仍在移動、仍在探索、仍嘗試伸入到事物更細微處的文字，也是一種仍和當下現實糾纏著的文字；無法固著，另一種說法就是還無法真正從現實抽離出來、結晶出來，現實這一邊方興未艾，人和人各種新的相遇碰撞不斷發生，結論下不了以及不斷被破壞。

另外，三禮的本文也是最多彼此分歧相互矛盾的，諸多禮法規定尤其其實際數字往往兜不起來（比方賦稅，或封國的方式、邏輯及其大小等等），比較簡單的合理解釋是，這本來就不是同一個、同一次，或適用於不同客觀條件的地點，或施行於不同階段和企圖的時間，其背景是偌大凌亂而且變動不居的現實世界；還有，這已早是結論了，三禮中有太多應然而非實然的成分，人們（可能不只一人）忍不住把他對世界的期盼、對是非善惡的主張乃至於對事物更美好樣態的想像給一次一次放進去，這些又是根本未有過而且還不知道行不行得通、是否牴觸其他的東西——差不多就是這樣，有古老的記憶，有當下的判斷和作為，還有新的發明，過去現在未來全混一起，這其實也是三禮尤其《禮記》最豐饒好看之處，不是來自遠古的一道神聖強光，而是一條波光粼粼持續淹漫過人生現實的大河，我自己的閱讀經驗是，年輕時候會喜歡絕對聲音的《尚書》，年紀愈大愈傾向這說不清的《禮記》，感覺這裡有最多今天仍未想完、還在生長的東西。當然，更多年紀大的人可能會選《易經》，這可能是人一種終極性的疲憊，要一個最後答案，據說最後吸引孔子的也是《易經》。

所以，孟僖子的失禮可能就不足為奇了，他終究只是那個時間、那個地點的一個現實政治人物而已，一粒微塵；所以，難怪他日後整整學了十七年，還感覺如此不夠。

回到楚靈王圍來。在又被確認一次的南方楚國勢力範圍裡，楚國的併吞作業果然加速起來，申之會才結束，楚靈王便趁勢攻入吳國朱方，絕了慶封一族，並吞入了賴這個小國；四年後，滅陳，陳的先後兩任盟會代表，孔奐被他殺掉，公子招流放於越；又三年，滅蔡，「用隱太子於岡山」，也就是拿人家太子當祭祀的牛羊。中間時間，他召盟會，建宮室，殺楚國眾臣，還有，繼續打那個根本打不下來的吳，日子過得看來忙碌而充實。另外，就是逆向和平決議的大量擴張軍備，陳和蔡這樣尺寸和人口數的貧弱小國，居然被他改造為出千輛兵車的大城（「賦皆千乘」），可能有用到移民，但加稅幅度無疑非常驚人。

於此，北方諸國如何反應？很像那種皺著眉冷眼看著過動小孩胡鬧的父母，春秋兩百多年，少有哪件事諸國如此口徑一致過——從公子圍到靈王圍，他一直是那種想幹什麼誰都一眼看穿的人，虢之會時，大家都曉得他要弒君篡位了；申之會後，大家也預期到他必然變本加厲惡搞一場，但共同的結論是：不出十年，所以不必緊張不必做什麼安心等吧。甚至，還準準的猜中將取代他的下一位楚君是誰，不就是那個被他封派到蔡、手握千乘兵力、他最小弟弟的公子棄疾嗎？

《左傳》對楚靈王形貌的最後描述在魯昭公十二年，即滅蔡後一年，確實時間是冬天，隆冬。當時楚國出兵圍徐，仍是為著進逼吳國，楚靈王自己前進到乾谿以為後援，只是他再也沒能回去，這是他最後的身影──那一天下著大雪，楚靈王「皮冠」「秦復陶」（身穿秦國送的名貴羽毛衣，北地製造進口，禦風雪的）「翠被」（再披一層華美的翠羽外套）「豹舄」（豹皮鞋子）「執鞭以出」（極威風的出場）。這是一場對話，楚靈王問，右尹子革回答，前半段仍是靈王年輕小兒的淺薄，但最後居然還有點哀傷：「如果我跟周天子要鼎，會給我嗎？」「當然給。」「我跟鄭國討土地，也會給我嗎？」「一樣給，周天子都給鼎了，鄭怎麼敢不給土地。」「天下諸侯都怕我嗎？」「怕啊，哪國不怕。」但讀到這裡，連我們都知道了，這種靈王式的專用問答，最重要的一番話總是等在最後面，如子革自言的，我這是把刀子磨利，等最對的時機才出手，一傢伙斬下去。果然，子革設法把話題帶到昔日的周穆王，這位著名周天子也是個過動兒，他著名的巨大夢想是，他要窮盡四海八荒，要普天底下每一塊土地都留有他的車轍馬跡云云，最終，阻擋下他來的是一首詩，祭公謀父的〈祈招之詩〉，子革講，正因為有這首詩，才讓周穆王得以停下腳步保住了天下，自己也活到了自然人壽沒被殺沒凶死。

子革念了這首〈祈招之詩〉給靈王聽：「祈招之愔愔，式昭德音；思我王度，式如玉，式如金；形民之力，而無醉飽之心。」《左傳》告訴我們，宛如一陣清風吹過，靈王看來是完全聽懂了，他恭敬的對子革一揖，有點失魂的默默返回自己居室，連著好幾天吃不下也睡不著。但這短短幾天的心思清明，還是抵抗不了他的一貫人生、他的異常大夢、他騷動不已的太過年輕靈魂，「不能自克，以及於難。」現實的說，他當時若立刻返回國都，應該還來得及。

《左傳》真的寫得非常好非常專注，對這樣一個其實也不是非追蹤、理解下去不可的楚國君主，這與其說是歷史的存錄，不如說已是文學的好奇。最終，《左傳》甚至寫出了某種憐惜之情、寫到了同情，不是這樣嗎？

才半年後，他的幾個弟弟乘虛攻入國都，他的兒子包括大子祿皆死，消息傳來，靈王從車上撲下地，問了一個如此傷心但天真唯我的問題：「一般人也像我這樣疼愛自己兒子嗎？」侍者回答：「更加疼愛，普通人如果老而無子會更悲慘，曉得自己只有餓死溝壑一途。」靈王絕望的恍然大悟：「那我殺人家兒子多了，難怪會有今天這樣的下場。」於此，靈王拒絕了右尹子革的提議，包括停於國郊看人民怎麼反應選擇（「眾怒不可犯也」）、向各國諸侯請兵（「皆叛矣」）、先流亡國外再尋求外援歸國（「大福不再，祇取辱焉」），靈王知道自己過不了這種日子），他選擇自己吊死。

稍後，《左傳》加補了這段記事，楚靈王的真正人生大夢——靈王生前問過一卜：「我應該能取得天下是吧？」回答是不吉，靈王當場掀桌把龜甲一扔，仰頭對著老天大喊：「就這麼區區一點東西都不肯給我，你不給我，我就自己拿。」

## 趙武・一個老人之死

趙武呢？

說來好玩，因為「趙氏孤兒」這個故事的流傳，趙武的歷史形象總是年輕的（事實上他還是個嬰兒、是個道具）、英挺的，眉宇處壓著血海深仇，後代從戲曲到電影電視，都由小生扮演。但《左傳》裡的趙武卻是個老者的樣子，儘管他實際年齡並沒那麼大，五十歲左右而已。春秋兩百年，老人不算少，但這大概是《左傳》唯一一處對老人的描述。

應該都已經知道了，「趙氏孤兒」當然是個假故事，司馬遷寫《史記》採信了它，這很失常，只能說他大概寫累了，忽然看起煽情大戲的電視連續劇來——趙氏孤兒故事的真正主角其實不是趙武而是撫養他的好人程嬰，有兩處真正的高潮，一是程嬰和公孫杵臼的抉擇，究竟犧牲而死和忍辱撫養孤兒哪個比較難（所以公孫杵臼含笑搶過來犧牲自己和小孩這件「容易」的事）；另一是整個冤屈洗清大仇得報、程嬰卻在happy ending歡樂時刻執行他遲來的自殺這一幕，戲裡的趙武哭著阻止他，但程嬰平靜的說，不行啊，所有冤死的人犧牲的人都焦急的等著我，我不趕快去那邊報喜訊，他們會以為大事未成不得安息云云。所以哭吧，看到這裡怎麼可以不同聲一哭呢？那是不忠不孝不仁不愛不信不義……

真正的故事大概只是這樣——這是晉國諸家鬥了兩百年才分出最後勝負（韓趙魏三家）的途中一段，導火線還是亂倫私通——當時，趙家的原主君趙朔（趙盾之子）已死，妻子莊姬公主私通於叔父趙嬰，趙同趙括一干趙家人等聯手把趙嬰逐出家門，趙嬰離開前講了這一段話，大意是人都有他的毛病但也有他的用處，我在，至少莊姬公主願意保衛趙家，欒氏他們這些傢伙也不敢輕舉妄動，把我趕走，趙家就危險了。果然，莊姬公主為報復趙嬰的流放，回娘家晉君那裡告狀，趙同趙括以意圖作亂的罪名被殺，莊姬公主當然把自己兒子趙武緊緊帶身邊。事後，韓厥請命，以為趙衰趙盾兩代功勳不該無後，所以找出趙武繼承家業，連同趙家的所有被奪土地。這都是同一年發生的事（魯成公八年），實在沒時間讓趙武從嬰兒形態緩緩長大起來。

趙武看來人格很健康，沒什麼童年創傷，沒扭曲處沒陰濕幽黯面也不把此事一生長掛嘴上（通常，準備做壞事或至少不願做好事的自私之人會這樣，因為我童年受過苦被施暴，所以現在我有某種道德豁免權，社會還欠我、人生還欠我、你們所有人都還欠我不是嗎？），這點滿了不起的；或我們也可以壞心一點這麼看，趙家的這場家難原來就沒太嚴重（被誇大為滿門抄斬，只有一個人活下來說出這故事如《白鯨記》），時間也短，趙括趙同之死，只等於為太年輕的繼承人趙武（彼時才十歲出頭）清除障礙，這也許才是他母親莊姬公主進宮搞這一場的真正用意。《左傳》書裡有人（賈季）比較過趙衰、趙盾父子兩大執政者的不同，說：「趙衰，冬日之日也；趙盾，夏日之日也。」一顆是冬天溫柔斜照的太陽，一顆是夏天當頭直射的太陽，趙武的光線、熱度可能更接近他曾祖父趙衰，是個很溫和而且勤勞處理事物細節的人，對內對外總是在容讓。其實他執政時地位非常穩，包括國內，較危險的郤氏、欒氏才剛破家敗亡，晉國國君的權力也進一步收斂中（他的祖父趙盾執政時就驚險逃過晉君的幾次謀殺）；國外，晉的盟主地位無可懷疑，正順暢的運行於高原期。人在這樣較從心所欲的位置上通常有兩種走向，趙武看來是選擇了旅蹤較稀的那一道路，他在的這段時日，是天下諸侯最好過、也最能講道理的時候，貢賦也最輕，而且趙武還主動安排盡可能歸還各國被侵奪的土地；他的視野不限制於晉的國境線，他有一種普遍的關懷，還有某種理性的秩序感，對眼前伸手可及的世界有多一點期盼。

更清楚可讓我們這樣想的可能是弭兵，趙武把這當成他做得到的事，甚至就是他人生的最後一件大事情——停戰，或者說不再使用戰爭這最方便、最不必囉嗦的武器或解決事情手段，一般不會來自手握大權的人（除了是一種姿勢、一個策略或宣傳），總是始自於因為戰爭受苦的人（如韓起指出的，小國、一般百姓，日後戰國唯一提出「非攻」請求的，也是來自於墨家這個世界最底層的團體或說階層）。我們從《左傳》、乃至於可信的當時其他典籍看，當時這並未形成足夠清晰的聲音，或至少遠遠構不成大國、執政者壓力，事實上，通過向戌的實地穿梭詢問，我們等於多看過一圈並證實，沒人，各種大小尺寸國家的各個政治人物，認為戰爭這東西可能、而且理應廢止（有趣的是，反倒因為弭兵的提出，大國如晉齊開始感受到一點壓力了，得意識到這個最底層聲音的存在，所以弭兵是被說出來就有收穫有價值的），宋國這個戰爭受害國家的二號人物子罕甚至直說這是騙局，《左傳》作者看來也並不反對。

沒什麼人看好，更沒什麼人真心贊同，現實也沒促發的壓力反而處處是實踐的障礙，這個弭兵的構想，最合理最公平來說，是一個善念，始生於趙武心裡，是他單獨一個人的想法，一切從這裡開始——說是夢想有點不恰當，它沒這麼大、這麼光亮、這麼純粹，也不符合趙武這樣一個現代流行語來說有處女座傾向、平日有計算習慣、有高度實務感細節感的人。這比較像是個可能的目標，稍稍遠一點但人仍可以看得到發現得了的目標，像亞歷山大・赫爾岑說的：「太遙遠的目標不是目標，有意義的目標必須近一點。」

對構想者而言，這樣的目標是存在於現實條件裡的，是從現實事物的進展變化邏輯裡可以推演出來的；或至少不至於馬上被排斥，如同人把質料很接近、看起來很像的一片自己的葉子偷偷藏入現實的樹林子裡，希冀不會被其他人、被現實運行機制、被老天爺挑揀出來丟棄掉。這有一個好處，那就是人可想可做的事情有機會變多而且增加，不像人的大夢總是在減少，隨時間、隨年紀、隨著知道了一個一個「不舒服的真相」；人因此也不至於一直沮喪下去，沮喪到甚至決定別傻了去當完全背反的另一種人，對現實世界的一次成功欺瞞（成功挾帶進去一部本來不容易出版的書、一條原來不會通過的重要法令云云），可以很實在的保住自己心志不掉向虛無好幾年。我自己幾十年的人生經歷裡看過不少個這樣的人，包含我的一些年少友人，從太過明亮的這一端到完全陰鬱無光的那一端，從太多夢的理想主義者到不信人間有夢、還從此見不得別人有夢的詆毀者撲殺者，這轉換的時間可以極短，只需要一個縱跳、一個晚上的所謂「頓悟」，如同翻臉。這是人夢想最糟糕也最懶惰的一處盡頭，如果是你的朋友，這已經不是悲不悲傷了，而是令人生氣。

弭兵之會過後那幾年，各國國內依舊該爭的爭該亂的亂該殺的一樣照殺，但國際間的氣氛的確好多了，尤其晉國勢力所及的北方；那幾年，《左傳》的記錄重點也不是戰爭，而是一連串的大型國際性宴會，其中最有名的當然是神降臨一樣的吳國季札到訪，他在魯國聽了歷國歷代的音樂直到舜帝時候的韶樂，也即席留下了中國歷史上最早最重要的樂評。於此，趙武的心情看起來很好，他參與了好幾場，其中魯昭公元年在鄭國那一次，還是因為他暗示才舉辦的，享宴的人物主要是鄭國子皮和魯國叔孫豹，都是一起從弭兵走過來的人。這場宴會是趙武最開心的一刻，酒也顯然喝得不少，結束時他這麼說：「吾不復此矣。」——是的，到頂峰了，包括快樂，不會再有了。

便是這樣，我們很稀罕的看到了一個快速老去的趙武，一個垂垂老人模樣的趙武，《左傳》很不尋常的記述下來，還連著三次，分別通過三個不同人物的眼睛和嘴——最早一個是叔孫豹，早在虢之會前，他極可能是這段時間和趙武講最多話、從弭兵還只是個念頭、最近身觀察的人；叔孫豹返魯時要孟孫、季孫兩大家及早準備過沒有趙武的日子和國際情勢必然變化（劣化）：「趙孟（即趙老大、趙武）將死矣，其語偷，不似民主，且年未盈五十而諄諄焉如八九十者，弗能久矣——」，大意是，趙武愈來愈瑣細、愈囉嗦反覆，「你問他現在幾點鐘，他從鐘錶的構造開始講起」（借用某人的生動名言）。然後是兩個不太相干的人，外來者新鮮不遮蔽的眼光，一個是周天子使者劉定公，虢之會後他代表周天子設宴褒揚趙武，事後如此回報周天子：「諺所謂老將知而耄及之者，其趙孟之謂乎——」這進一步指出來，趙武可能開始出現某種腦子昏瞶不清乃至於失智前兆的徵象了，劉定公因此斷言趙武活不過今年；跟著是太有錢得罪秦伯流亡晉國的后子鍼，趙武問他計畫何時返秦，后子鍼回答得等這一任秦國國君死去才行，還好估算不會超過五年，就在這裡，《左傳》真的這麼寫：趙武轉頭看向日蔭之處，彷彿觸覺也似的感受到某種所謂的光陰（光線和陰影）、某種確確實實的時間流逝，他講了這句話：「朝夕不相及，誰能待五？」五年是太長、太遙遠了，誰能看得到等得到呢？

一直以來，這是趙武之死的三次神準預言，人們把注意力擺在這上頭，但我們何妨也這麼來看、來理解——趙武是否有一種任務已了的奇異感覺呢？不是作為晉國執政者的任務（這沒完沒了，是每天經常性的，而且當時並沒任期），而是作為我趙武這個人，我想得出來的，而且還要是我會的以及我能夠的。一個盟主之國的大執政者，好像什麼都能做（就像我們今天講，美國總統是全世界權力最大的人），但那是指現實既有的、尋常的、順流的事；當你想的某事，有超過現實邊界的成分、有超過人們足夠經驗的成分，指向某種未知，很容易發現人從能力、權力到時間都是很有限的，世界真的很大、很硬而且很黏。這是認真做事想事的人遲早會確確實實來到的生命處境，是的，我知道的都說了，我會的都寫完了，我竭盡所能做得到的就只能到這裡（我忽然想起來一事，我的老友初安民當年冒險衝出來辦印刻雜誌和出版社，有回告訴我，他這次得拿出「畢生絕學」來，他真的用這四個武俠之字）。對我個人而言，這個世界再沒有「更遠的地方」了（昆德拉語），剩下的，就是怡然的活著，或怡然的死去，這兩個可能，除了死活大有不同而外，其餘並沒兩樣。

叔孫豹、劉定公和后子鍼，他們據以判斷趙武的衰老和死亡，有一個關鍵性的共同點，那就是參照於趙武的身分，他的思維和行為已明顯不符合一個盟主國家的大執政者（「不似民主」，人民之主，不是今天說的民主）。也許高飛的鷹總有比母雞飛得低的時候，尤其是某隻衰老、羽翼殘破的鷹，但我自己實在不怎麼相信，這個好心但一直不夠聰慧的叔孫豹、只是天王使者沒其他表現可言的劉定公、還有這個有錢養一千輛名車的公子哥兒鍼，有機會真正從某個足夠高度來理解趙武這個人，更直接說，他們也從沒機會上達到趙武所在的現實高位，看到某個趙武看著的世界景觀，以及其盡頭和種種不再可能；站到此地，人但凡還願意去想去做某件不尋常的事，總是很孤獨的，連講話的人都不容易找到。

趙武比較像他的曾祖父趙衰，但這已是一個黃昏時刻的冬天太陽了，巨大，餘溫、愉悅，馬上要下山了——我相信叔孫豹三人聽見了死亡走近的清楚腳步聲，我相信他們某種生物性的感官，但也就只是這樣而已。

魯昭公元年，弭兵之會五年之後，第一批一起參加的人幾乎都不在了，趙武回到溫地舉行稱之為「烝」的冬日祭祖，這裡是他的家廟所在。當年，他的曾祖父趙衰隨晉文公重耳出亡前，娶了狄女叔隗並生下趙盾，他的這支嫡系血脈還是華夷「混血」的，這也是整個春秋兩百年人最精采的一支血脈，趙衰，趙盾，趙武，往後還有他的孫子趙簡子，狐狸一樣聰明、靈動、智計百出，他的曾孫趙襄子，性格完全不同，忍辱、沉著、什麼都吞得下來吸納得下來，跟大地一樣。

六天之後，趙武死。

# 很荒唐的戰爭

多年前一次重讀《左傳》，我心生異想做過一件年輕而且頗愚蠢的事——我一年一年的察看，可有一整年沒發生戰爭衝突的？全然和平的，至少是可以喘息的一年？

日後，台灣有一位行政院長做了件和我很近似的事——當時算是台灣的交通黑暗期，車禍頻仍，這位台灣當時的最高行政首長提出一個施政目標，希望能做到一整年內至少有某一天廿四小時不發生車禍人死的事。

都一樣不了了之。究竟有沒有不戰爭不衝突的某一整年呢？我記得我察看的結果是根本無法界定、沒辦法這麼浪漫的看事情。比較正確的圖像是，春秋這兩百多年，基本上是處於一種持續衝突的狀態，國與國的，家與家的，一群人與另一群人的，延續著更久遠以來人奮力求取生存、並彼此妨礙限制、遲早相互衝撞侵犯的生命實況。

這裡，「遲早」是個關鍵詞，其隱藏的意思是必然，暗示著事物的連續性進展，其底下有個堅硬的因果邏輯作用著。除非另外發生了足夠大的事情打斷掉它，或者人漸漸感覺出不安不妥、不能放由它一直這樣下去，於是人做出某種特殊的努力來抵禦，只是這通常不會來得太早，也許某個人、某幾個人先有所察覺，但有意義的行動構成需要累積足夠多的人數，因此，對於這個或這些先察知的人而言，會有一段難熬的、又像加速進行拉不回卻又像停滯窒人的特殊夾縫時光，一段不斷刺激人想事情、還想把事情講清楚的時光，進入到某種自我處境檢視、自我反省析辯的時刻。春秋這兩百年，同時也是這樣的時刻。

有關衝突，中國古來一直有一種相沿的遞減計算說法，其實描述的正是這片古老大地上的人們，從孤立的、宛如潑散水滴般的「自然」狀態逐漸聚合起來的基本事實——最早黃帝那時候號稱「萬國」，估算有整整一萬個獨立小單位（聚落、寨子、家族云云，李維-史陀說的：「從幾十人到兩三千人。」），或就是很多很多不計其數的意思（萬，盈數也，也就是人日常能用到的最大數字單位，再多就不容易實際來算了，成為一種純思維用的大數，京、垓、秭、恆河沙、阿僧祇、不可思議云云，印度佛家用來想一些比眼前實際世界大、這世界裝不下的東西），到堯帝舜帝禹帝時候各自剩下多少，商代時剩多少，抵達周代又只剩多少；《左傳》裡也有類似的記述，當然時間和數量有著參差，說禹帝糾集天下諸侯，「持玉圭者」也就是願意歸屬者有一萬個單位，仍是「萬國」。由此，中國的歷史思維較不假思索的把這看成某種收斂數列，終點處當然是1如同最後答案，只剩一個，即大一統，較少仔細去想其最適數量和大小規模。

這個逐漸聚合起來的長時間過程，跟全世界其他地方一樣，當然不會只通過粗暴單調的殺戮吞噬滅絕，喜歡只這樣想的人有點笨有點無知可能還有點心理不大平衡帶著創傷和莫名恨意（比方台灣過去通俗大談中國歷史的柏楊），實際上，有多種代價較小利得較大的更精巧或更自然而然方式，最顯著來說，比方通婚、貿易交換都是「手段」，更經常性而且更有效率更進行得下去，今天人類學已給了我們豐富到無可駁斥的證據。只知殺戮，不僅汙蔑了人的複雜思維可能，事實上還低估了人的生物性本能。這樣想事情的人通常是某種還原論者、生物決定論者，喜歡援引生物現象卻又不真的理解生物現象，大自然的生命競爭基本圖像絕不是一紙殺戮史，這在今天同樣已是常識了，真正讓我們歎為觀止的，是在攝食、維持生命所需的大前提下，生物如何各自精巧的處理、避免、欺瞞、替代和限制（自我限制）衝突，這演化為身體構造（包括外形、色彩和氣味），也演化出種種儀式性行為（嚇退、區隔、躲避、屈服等等）。真要說到底，人還有可能比較危險，因為人可以比其他生物「不現實」，發展出脫離第一類需求的特殊思維及其行動，發展出各種人類才有的生命意義、目的和其使用方式，是這樣，自然的衝突才會逐步上昇成有意識有目的的戰爭。

比方，獅子在牠生存之地立於食物鏈的最高一階，我們因此總比喻的說牠是萬獸之王，但和人類的君王不同，牠不會發動「殺敵一萬自損三千」這樣方式的攻擊，牠（應該是牠們，獅群是集體獵食）甚至放棄獵殺太強壯的「食物」，在大自然生存受傷不起，牠沒有面子問題，也不會因此喪失威信引發政治風暴。海明威的祖父告誡海明威，不管打獵釣魚，捕殺的數量得限於「能夠吃得完」為止，這才是回歸生物性的獵食；但該死的海明威從不聽從這個基本原則，他要誇耀、享樂和其他，他也是愛強調生物性的人（當然是誤解），但他有太多只有人才有、不能賴給生物性存有的一身糟糕毛病。

衝突成為經常性、成為一種持續狀態，最簡單的理由是難以避開，其關鍵是土地。周代人們最深刻的一則避開衝突記憶，是周人的先祖、孟子口中好色典範的太王古公亶父。相傳周人當時為狄人所逼，要東西要個不停，最終，古公亶父察覺狄人真正要的是這片土地，他選擇不抵抗離開，率眾（或更美麗的，人們相信他，主動追隨）來到歧山之下的周原，在這裡建造了永久性的住屋，並開墾發展農耕，孟子說他的好色本性，還讓他惠及其他男女，積極的關懷婚姻、建構家庭，讓族人生養繁衍，〈詩・大雅・綿〉記錄的便是周原的此一定居往事，也通常被看成就是這個姬姓部族正式站穩腳跟壯大起來的真正起點。但這裡我們問下去：如果有狄人繼續騷擾追逼呢，古公亶父和周人會如何反應？這是沒再發生或是周人不讓了、成功的一一逐退他們？答案以後者的機率遠遠較大對吧。

土地是關鍵，其一、是土地和人的比例定向的改變，人漸漸多起來了，這裡，不僅是土地，尤其是宜於人居的好土地逐漸成為必須侵奪和防衛的稀有東西（《左傳》裡，這持續發生於國與國之間，更在家與家激烈進行），更難處理的可能是人愈來愈難閃躲的相遇相處，不同想法和不同生活習慣云云的人；其二、是土地和人的關係也慢慢改變了，從採集遊獵到畜牧再到農耕，人逐漸和他居住的土地黏牢在一起，難以替換難以說走就走難以從頭開始，麥子成熟得等好幾個月，果樹的栽植甚至要幾年云云（就像日本人把農業基本知識編為歌謠教小孩好代代承傳的：「桃三年栗三年，柿子八年，柚子這個笨蛋結實需要十八年……」），還有，這裡的某座山某條河，也許已成為某個無可替代、別處不會有的神，就像北美的印第安納瓦荷人，他們拒絕美國聯邦政府的遷居（納瓦荷人稱為「長走」，是一段他們最絕望的歷史），新土地再肥沃都不願，他們要回去他們的Dinetah，四座聖山圍擁護祐的所謂四角神聖之地，或就直譯為「土地」、「我族之地」，否則會是一種更悲慘的死亡，不是肉身的而是心智的、精神的永恆之死，不是一個人的而是一整個部族喪失掉一切希望可能的集體之死，用納瓦荷人自己的話來說是，他們將永遠回不到「美」（「荷佐」）那裡去——

事實上，農耕也帶來土地的「升值」，讓土地美麗、柔軟、豐饒、更加可欲，這從視覺就遠遠看得出來，就像我們今天走到比方說京都大原那一帶、或讀《詩經》的某些描述篇章（如〈七月〉）宛若眼前一亮那樣，文明的「明」字是一道柔和的光，打開來，去除掉蠻荒幽黯。當然壞消息是，農耕的土地開發和人口集中，也帶來並加重了瘟疫（比方可怕的伊波拉病毒便是沉睡於非洲剛果黑森林裡幾百萬年被人們侵入「喚醒」），這尤其容易爆發於不同居住土地人們乍乍相遇時（不同土地的人有不同抗體），今天人類學報告一再證實，瘟疫實際殺死的人數遠遠高於武器殺傷力有限、難以及遠、人仍可以跑得比它快的原始武力衝突。

完全無法閃避的衝突，才會是最慘烈的衝突，如動物被逼到死角，中國人也很早就觀察到這個，稱之為困獸之鬥，生物學者告訴我們，當成了無路可逃的困獸，最柔弱溫和的動物都是危險的。

所以說，春秋這兩百年的衝突不斷，奇怪的便不是為什麼有衝突發生，因此也就不是來自於、更無須解釋為人的敗壞人的墮落，這只是「來到」了而已。我們應該問的是，衝突這個很古老而且人們也頗熟悉的東西，來到了春秋這個「階段」，它（逐漸的）起了什麼變化，包括它自身的樣態和內容，包括外於它的整個世界，有什麼新的、人們並不知道或還沒足夠經驗的事物發生，人們也相應的有了什麼新的警覺——這麼問，絕對不是雙手一攤要放棄對人行為的持續追究，而是在追究之前，先讓我們盡可能弄清楚當時人們的基本處境，把接下來的問題置放於其上，作為一個基礎。人的處境，實際限制著但並不決定人的作為，兩者不是一對一的嚴密函數關係。這於是也是一種比較公平的追究方式，對當時的人而言，我們不能期待春秋時人可以像經歷一二次世界大戰、目睹近一億人死去的二十世紀歐洲人那樣想戰爭、處理戰爭，一如當時的人不可能忽然開發出某種瘟疫疫苗一樣；這還是一種比較正確的追究方式，對重讀這段歷史的我們自己而言，由此，我們有機會把焦點放在真正起變化的地方，問出比較對、比較有效的問題。

《左傳》書裡的人，我們看，都非常「正常」，好得正常，壞得正常；笨得正常，也聰明得正常；高貴得正常，也卑劣得正常，並沒有超出我們對人可能樣貌的理解，也並沒有奇形怪狀的「另一種人」。了不起只是一種特定時代造成人的整體「位移」，時代鼓動了獎勵了一些也許並不值得鼓動和獎勵的人（也許那些指責人心敗壞墮落的人正是看到這個，帶著某種策略性的規正阻擋企圖），但這真正令人難受起來仍要等到稍後的戰國時代，從衝突不斷再進一步上昇成為戰爭不絕的歷史不堪時刻，是的，人不打斷它、或說阻止不成就會一步一步走到這裡。

《左傳》真的是一部很平實的書，考慮到它成書的那個年代，人總是被誘惑去聽去傳誦去誇大一些奇奇怪怪的人和事情。事實上，跟後代的史書來比，《左傳》仍顯得沉著和節制，起碼不出現那些幾乎必有的天縱英明人物，也不為勉強湊成一個完整的故事、完整的人而添加，它寧可就讓人保持碎塊也似、沒頭沒尾的現實看到的樣子。如此不添不加，意思是極度認真，不存僥倖不思安慰，一定是來自於人專注的要弄清楚、並設法解決眼前有問題的現實世界，怎麼可能會是另外的理由呢？

這裡，我們就先來看一場戰爭，交戰國是晉和秦，戰爭發生當時晉國還不是盟主，而且才剛經歷了一場最大最久的內亂衝突，連著好幾個國君和太子被殺——戰爭本身頗荒唐，尤其是當時的晉君惠公夷吾；但講述戰爭的人卻是冷靜的，沒有任何眉飛色舞的語調。

## 決定於一匹馬的一場戰爭

我們直接跳入兩軍交戰現場——非常非常有意思，整個戰場描述，就集中在一匹馬身上，沒講別的。這匹馬名叫「小駟」，是鄭國送的，想必神駿得很，至少樣子非常漂亮，晉君夷吾顯然很愛這馬，決定用牠上陣。

大夫慶鄭反對，他很專業的指出來：「古者大事，必乘其產，生其水土而知其人心，安其教訓而服習其道，唯所納之，無不如志。今乘異產以從戎事，及懼而變，將與人易，亂氣狡憤，陰血周作，張脈僨興，外彊中乾，進退不可，周旋不能，君必悔之。」除了對馬受驚發狂的一番淋漓描述，這其實是很容易看懂也很實在的說明，大原則是，御車作戰，就得使用本國自生自養的馬——戰陣之上，不可逆料、得瞬間做出應變的狀況非常多，人和馬必須心志合一才行，所以得是長時間馴養相處的馬；況且，這場戰爭就在晉國境內打，馬是極敏感容易受驚嚇的動物，本國的馬生於斯長於斯，熟悉這樣的景觀水土地形地物，進退周旋，才能確保不驚懼不失控。

晉君夷吾當然不聽，他要是個肯聽話的人，就不會有這場戰爭了。

果然，兩軍會戰於韓原，晉君的戰車就卡在泥濘裡出不來。依《左傳》，慶鄭本來已成功堵住了秦穆公的戰車，正是因為夷吾的呼救而錯失大好戎機，結局是，晉君夷吾被秦軍活逮，這一戰當然是如預期的大敗。

《左傳》沒再告訴我們，這匹「因為一匹戰馬而損失一名國君」的小駟哪裡去了——比起晉君夷吾，也許有人更關心這匹馬的生死下落，比方說我自己，上了年紀，愈來愈看不得動物受虐受苦。動物總是無辜的、不知者不罪的。

## 夷吾此人

就像慶鄭稍前講的，秦國大軍，等於是國君大人您要他們這樣深入攻進來的，這有什麼辦法（「君實深之可若何」），韓原會戰前，晉軍已先連吃三場敗仗）——咎由自取。但事情得從比較遠的地方講起，整整兩代人沒停止過的一系列荒唐行徑。

一般認為比較糟的是夷吾的父親晉獻公，他才是晉國這幾十年內亂衝突和這場大敗的第一因——獻公在位的晉國，本來是旭日般快速崛起的國家，他也有好幾個樣子看來不錯的、夙有賢名的兒子，一切順利得很。晉獻公的人生以及晉國的折返點發生在魯莊公二十八年，有個極美麗誘人的東西彷彿從天而降：那一年，晉伐驪戎，他得到了美人驪姬，旋即多了一個兒子奚齊，還有驪姬的妹妹，也幫他生了另一個兒子卓子，算是中老年得子，人變得比較脆弱易感。驪姬顯然是個有腦子也有勃勃野心的美麗女子，她用超過十年時間只專注完成一件事：讓她兒子奚齊繼承晉君之位。《左傳》把這段處心積慮的經過記錄得相當詳細，太子申生如何一步步被排擠出去，最終，申生被派駐去防守邊境重鎮曲沃，連同他兩個也有威脅的弟弟，重耳守蒲城，夷吾守屈，堂皇且難以駁斥的理由是抵擋狄人進犯；也就是說，申生已不像是繼位的太子了，而像是分家另立的其他兒子，晉獻公身旁，只留奚齊和卓子。

這十年，晉國諸大夫誰都看出風暴將至了，包括申生自己（「吾其廢乎？」）。外頭，晉國耐心的用計吞下虢和虞繼續擴張；衛亡了國又重建；魯國執政者季友（季孫第一代目）先後逼死他兩個哥哥叔牙（叔孫）和慶父（孟孫）好消解政變內戰，交換條件是兩人後嗣得立，魯國日後三家共治的著名「三桓」正是成於此時，立了大功的季友獲賜汶陽之田，以及費這個日後誰也拆它不掉、宛如魯國百年毒瘤的名城（亦即獲取了大片土地），但這一場內亂仍弒殺了接連兩任魯君；南方楚國開始北上，鄭首當其衝，於是齊桓公糾合北方諸侯南下問罪，凡此。是的，這十年的春秋，同樣是衝突不斷的「正常」春秋樣子。

就在齊桓公召陵之盟這頂點一年，驪姬也完成了她的大計——她誘騙申生祭祀亡母齊姜，置毒於申生依禮進獻的酒肉之中，不知道是何種厲害毒藥，「祭之地，地墳（隆起）；與犬，犬斃；與小臣，小臣亦斃」，誣陷申生謀殺親父，晉獻公於是展開全面性的血腥緝凶行動，性格柔婉不忍申辯的太子申生選擇自殺，被驪姬一併栽為共犯的重耳和夷吾驚險逃命出奔（重耳的衣服被逮捕者斬去一角，生死只在毫釐之際），這場追獵極認真凶狠，看樣子死非常多人。

晉獻公和驪姬的兩人歡樂時光有多久？我算了一下，約十五年，這也是奚齊繼位時不會超過的年歲。獻公顯然知道奚齊太年輕而且正當性嚴重不足，把奚齊托給他的師傅荀息，得到荀息以死擁立的保證，但獻公九月一死，大亂立刻爆發，這是兩個月內接連發生的事，十月，大夫里克一干人先殺奚齊，荀息改立卓子，十一月，里克同樣殺了他，再無人可立的荀息依約同死。依《左傳》，里克等人希望重耳回來接任國君，但夷吾搶先一步，他開出大好條件給秦穆公，由穆公出面說服諸侯（尤其是盟主齊桓），共同支持他返國，是為晉惠公。

驪姬哪裡去了呢？不曉得，就跟那匹戰馬小駟一樣，她退場了。

這兩任晉君，我自己覺得夷吾遠比他父親獻公糟糕。晉獻公的荒唐，起碼還是可思議的、人心最軟弱處的那單一一點荒唐，人到老年，想抓住某個有亮光有溫度的實在東西，進入到某種痴迷狀態，如申生滿心不忍講的：「君非姬氏，居不安，食不飽。」除此之外，作為一個國君，一直以來他算是稱職的，他的失敗毋寧是作為一個父親的失敗，往往，當一個父親比當一個君王要難，這可以問問齊桓公、問李世民和康熙是不是如此；夷吾則根本不似人君，這傢伙的荒唐是全方位的、接近無來由的，內心非常陰黯，只是個人格很卑劣的人，他會為微不足道的自身利益扯謊、翻臉、修改記憶和承諾、犧牲別人踩過別人無所不至，我們一生中總不幸會遇見幾個這樣的人。夷吾繼任國君之後，依《左傳》，第一件事情便是殺掉等於為他清除障礙的里克，只為劃清界線，擺脫人們或以為他篡位的那一點點可能疑慮，事實上，之前夷吾對里克是有承諾的，許他汾陽之田百萬，也可能想一併省下這一大片土地（又是土地！）。《左傳》很有感覺的記下了這段有點噁心的對話，他在殺里克前還派人傳這樣的話：「不是因為你，我無法順利得位，但儘管如此，你畢竟還是殺了兩個國君和一名大夫，這樣，當你君主的人，總是很困難、難以自安的不是嗎？」里克聽懂了，也認命，「欲加之罪，其無辭乎？臣聞命矣。」很乾脆的自己伏劍而死。

次年，周天子派人賜玉，這是正式認可他的國君之位，夷吾「受玉惰」，這個「惰」字最接近的意思是傲慢，可能還帶點喬張做致——他已經不是那個流亡、得卑躬曲膝、還四下送禮承諾好處的晉國失勢公子，他現在是大諸侯、大國君主了。

夷吾的惡行頂點在魯僖公十四年，他當晉君的第五年——前一年，晉國發生饑荒，向秦求糧，其實當時秦穆公已對他很不爽了，但「其君是惡，其民何罪？」不僅出手救援，還非常慷慨，輸糧船隻從秦都雍排到晉都絳幾乎連成一線，當時稱之為「汎舟之役」；來年，饑荒西移，輪到秦向晉求助，晉居然可以拒絕，振振其詞的理由是，既然晉已經得罪秦了，所以不差多這一次，原來，五年前夷吾求入，漫天開價答應贈給秦國河外五城（還是土地），這片土地，「東盡虢略，南及華山，內及解梁城」，大到重要到根本無法兌現，當然是全數反悔，當沒說過。

一樣求助於人，他的哥哥晉文公重耳便不是這樣，兩人真的差很多——重耳允諾楚王的只是，萬一將來不幸晉楚兩軍戰場相遇，晉軍願意退兵九十里以為報。果然，晉文公定霸那一戰，儘管以君對臣（楚軍主帥是令尹子玉），晉軍仍守信的退軍到城濮才開打，這就是今天我們所說「退避三舍」（一舍約三十華里）的由來。流亡晉文公的敢於如此允諾，楚王的雍容大度接受，這都是不容易的，也是很有品質的。

正因為夷吾這樣，秦穆公才忍無可忍揮軍攻晉，慶鄭也才說秦軍根本就是你召進來的。

## 老百姓和士大夫的意見兩極

救了夷吾的不是別人，正是他的同父異母姊姊那位不祥的穆姬（伯姬），秦穆公夫人。她第一時間就向穆公下最後通牒：「晉君早上抓進來，我晚上就自殺，國君大人您看著辦吧。」

其實穆姬個人對夷吾也是極不滿的——依《左傳》，秦穆公當年協助夷吾返國接位，穆姬顯然是很關鍵的人物，還幫他疏通晉獻公的次妃賈君以為內應，穆姬只要求夷吾得召回、善待驪姬之亂被驅逐四散的晉室群公子。但夷吾返國後旋即和賈君私通，只照顧賈君一人，一以貫之的把他對穆姬的承諾扔一旁，這傢伙真讓人無話可說。

秦穆公遂只能把夷吾扣在靈台一地不敢帶進國都，也因此才考慮答應晉國坐下來談，讓晉太子圉替代夷吾為人質，放夷吾回去。

接下來，《左傳》要我們看的是晉國這邊，尤其這番對話，時隔兩千年，這仍是一個國家陷於諸如此類處境下的標準反應，精準得不得了——和談會上，秦穆公問：「晉國國內和不和呢？」晉國代表陰飴甥（呂甥）也據實也技巧的如此回答：「不和，看法趨於兩極。一般老百姓以為國君被擒是奇恥大辱，而且多有親人戰死滿心恨意，因此誓言復仇，就算得求助、事奉狄人也在所不惜；士大夫階層，儘管也一樣不忍國君的遭遇，但深刻知道此事罪在國君本人，是我們理虧，因此努力保持冷靜，等候秦國這邊的決定。」秦穆公又問：「那夷吾的可能結果，晉國那邊怎麼想呢？」陰飴甥說：「一樣分兩種。老百姓悲憤，認為絕不可能了，他們的說法是，既然是我們先傷害了秦得罪了秦，秦國怎麼可能放他回來；士大夫洞悉事理，相信國君必能安然歸來，他們判斷的理由是，背棄秦國已遭到懲罰羈押，知罪服罪得到赦回，這是基本事理，也是霸主恩威之道——」以下，陰飴甥巧妙的把話拉回秦穆公身上，是霸主是寇讎，此刻是關鍵性的二選一。

老百姓的人數和士大夫當然遠遠不成比例，好在此事不採多數決，更好在當時晉國沒有我們今天的大眾傳媒，沒有民意調查，更沒有臉書，尤其像台灣這種水準的大眾傳媒，這樣子使用的民意調查和臉書，人還有機會講專業、講事理，不至於應聲掉進只剩激情只靠腺體的民粹陷阱如同宿命。

我們說過子產，幾十年宛如鄭國守護者的子產，人們曾嚷著要殺他，或稍稍收斂的預言，當時鄭國的幾大家族，子產這一脈會先亡云云。誰會挺最久呢？為什麼？《左傳》有記載，在魯襄公二十九年，那年，支持子產執政的子展老死，更支持子產的他兒子子皮繼任，鄭國發生了饑荒，子皮以亡父子展之命為名，救濟全國每人一鍾粟（六斛四斗），所以「得鄭國之民，故罕氏（即子皮家）常掌國政，以為上卿」；鄰國的宋也在饑荒肆虐範圍，宋的二號人物司城子罕請命於宋君，拿出公糧救災，並使諸大夫家跟進，惟只有子罕家賑災卻不具名，還替那些拿不出來的大夫出糧，於是叔向這麼說，鄭的子皮家、宋的子罕家，得民心的緣故，必定是延續最久的兩個家族，這兩國能活多久，這兩家就能挺立多久——也就是說，子產為鄭國存活幾乎做了所有的事，但對鄭國老百姓而言，極可能還抵不過具體的一鍾粟，這有點讓人沮喪，但非常非常真實。

民主政治是較好的政治制度，至少是我們較相信的制度、我們以為缺點較少的制度，但這不意味著我們可以懶人一樣不思不想的使用它，萬靈藥一樣什麼都使用它，讓民主制成為波赫士所說「濫用投票箱的遊戲」。民主制是有堪用界線的，界線的另一邊是為專業，是事物的正確因果和道理。最困難的正是這一界線的辨識、堅持和節制，太多重要的判斷是不能靠多數決的，民粹便是侵犯、塗銷這一界線，進入到無知和惡俗，這是我們每天看到的。

還好晉國當時聽從了少數人這邊的判斷，沒誓不兩立，沒至死方休，沒玉石俱焚。

秦穆公是個有氣度有判斷力的國君（就個人素質而言，他極可能是春秋最好的國君，另一個是楚莊王），不只是聽老婆的話而已，他想必也看出了晉國的調整變化——沒夷吾的晉國，反而正確的動了起來，也彷彿整個輕快起來如卸下夷吾的罪過重負，迅速做出一系列的因應作為，包括作「爰田」，把公家利益分享眾人，作「州兵」，增加甲兵強化戰力（春秋的稅賦改革多是戰爭拉動，魯國鄭國皆有記錄），最決定性的是，晉國已著手另立國君，由太子圉接任，這也是夷吾的意思（多年來唯一一件正確的作為），由陰飴甥帶話回來，如此，秦國扣在手上的只是一個還得供養他吃喝的人而已，不再是可討價還價的國君了。春秋時代，這樣的處理不只一次（如魯成公十年晉國扣留鄭君也是這樣，「鄭人立君，我執一人焉，何益。」），人們從不舒服的、陷於絕望的現實很快學會這個，讓國君可以損失，或正確講，讓國君是一個位置，而不是一個特定個人。

生命無價，理想上，每個個體生命都得被尊重被保衛，但不該包括國君、總統以及各式不同稱謂的國家領導人，這該視之為他們職位正常風險的一部分（不願意的話可以選擇不幹）。總統制的美國學會了後半截——一旦總統被綁架無法履行職責乃至於成為負數性的存在，最短時間內由副總統宣誓接任（花這麼多錢養副總統這個閑人正為著這種時候），不談判，不接受要脅云云；沒學會的前半截是，美國對總統的人身安全保護已到鋪天蓋地、無所不至的神經地步，台灣學的就是這個（「我們要做到的不是安全，而是萬全。」這是長掛口中如咒語的維安工作要求），為此，安全單位做的便不會只是現場防護，而是提前預防，也就是想盡辦法監控監聽、及早發現掌握任何可能的威脅力量，從個人到團體到敵國，現實的直接結果便是情治部門的規模和權力急劇的膨脹（美國情治機構之鉅大，對一個老牌民主國家而言，是一種恥辱），而這樣膨脹起來的情治系統總是濫權的、異化的，絕大多數時間對付的只是自家老百姓而已，成為某種毒瘤，某種怪物，某個終極性的邪惡力量。

這怎麼解決？其實應該不困難，一個國家肯放手死他幾個國君、總統或領導人就行了，幾次下來，綁架者謀殺者自會確確實實知道，這是沒意義的、可笑的、也是不划算的。現任教宗方濟各剛宣告不乘坐教廷的防彈大轎車，教宗面對的威脅是宗教性的，理論上更瘋狂更難以判別無所不在，但這是一個有信念、而且肯付諸實踐帶來改變的難得一見教宗（他還支持巴勒斯坦人建國、伸手和穆斯林和解、放寬同性戀思維等等，我完全沒想到自己有生之年會見到這樣一個教宗出現，或者說耶和華終於醒過來了、肯做一點事了），方濟各如他自己相信的，把生死交給上帝。

該年（魯僖公十五年），夷吾秋日下車被逮，冬天就放回來了，沒待秦國幾天如提前假釋，回國復位所做的第一件事，當然又是殺掉一直和他唱反調的大夫慶鄭（慶鄭也知道他必死無疑，只是他不想逃）。這一年，晉國又鬧饑荒，秦穆公掙扎了一下，一樣，「吾怨其君而矜其民」，會餓死的是人民而不是國君，還是慷慨輸糧到晉國。夷吾真的是個很好命的人，他繼續當他的晉君又八九年之久，還壽終正寢，他的行惡一生，顯然不是一個好的勵志故事，也是記史者、讀史者總得要忍受的。

而他那個替他在秦服刑的兒子圉就沒這麼好命了，夷吾一死，他的哥哥重耳在秦國支持下歸國，是為晉文公，國君位置還沒坐熱的晉懷公圉被殺於高梁一地——內亂多年的晉國，至此，切換向成為天下盟主的晉國。

## 戰爭還不是個新東西

總計，從驪姬生了奚齊到晉文公得位，整整鬧了三十年，衝突不斷，但我們仔細看，真正發生國與國戰爭的，也只有那幾天而已（三場《左傳》以為不值一提、極可能是鬥志消沉不戰而潰的小敗仗，加最後一場可笑的韓原之敗），而且，真正兩國刀刃相向的時刻可能就那幾小時——我們完全有理由相信，晉國這三十年，殺戮主要是在國內進行，人死於內亂必定遠遠多於秦晉韓原之役，尤其那些有名有姓有記錄可查的人物（申生、杜原款、奚齊、卓子、荀息、里克、平鄭、慶鄭、狐突、子圉、呂甥、郤芮等），全是自己人殺的。也許正因為這樣，春秋時人，開始時很長一段時日，並不以為戰爭特別可怕特別可厭，這只是衝突規格的緩緩、稍稍擴大罷了，並不是另一個該大驚小怪的新東西陌生東西。

時間來看，還要等一百零二年，才有我們說過的天下諸侯弭兵之會發生（嚴格來說，中間夾了個華元，為救宋國最早提出晉楚休兵想法的人）。也就是說，還要經歷、承受整整一百年的大大小小戰爭，才開始有人（那幾個人，不是普遍的集體的）稍微認真的、稍稍正式的想到得阻止戰爭減少戰爭。

衝突源於人和人不得不相遇、相處，空白緩衝之地的減少、消失，意味著彼此躲開這古老的、生物性的主體方式漸漸沒法用了（老子想的就是這一方式，或說想重回此一方式仍有效的那樣一種世界。當然，個體是可能的，至今仍可能，通過個人必要的認識和取舍，成為一種獨特的「智慧」，如老子教導我們的），這其實是一種人的新處境，人得另外想出辦法來應付、處理衝突。也很可思議的，衝突必定先頻繁發生於內部而非外部，然後鄰近部落、鄰國，如我們從《左傳》很簡單就看得出來的，晉和秦、魯和齊、楚和吳兩兩的來，當然還有犬牙交錯總是打成一團的鄭宋陳蔡衛云云。有句勸告人安慰人的老話是「遠親不如近鄰」，但生活中實際發生的總是「遠仇不如惡鄰」，這每個人每天都可以證實，因此才需要一句相反的話語來勸告來安慰不是嗎？

還有一點，從黃帝時號稱萬國這不斷的聚合減數，衝突其實更多發生於聚合之後而非之前，這無可避免的理由是，聚合的不斷擴大，意味著必須納入更多不一樣的、異質的人，人和人的關係不再自然、單純、緊密，光是靠血緣、靠親族關係、靠因此長期共居共處的共同習慣就可素樸結合起來組織起來；在此同時，土地的不斷擴大也帶進來更多異質東西，不一樣長相性質、生養不同作物的土地（平坦或起伏、周整或破碎、豐饒或貧瘠、乾或濕……），意味著人不同的勞作和生活起居習慣、不同的投入和產出、不同的抵禦天候變化能耐、不同的思維欲求及其恐懼云云，要包容起來整合起來並不容易，除了意志和善念，還需要能力和技術。比方像井田這樣最簡易原始的、直線分割的、誰都一眼看得出來公不公平的土地處理分配方式，很快就不再適用了，只能是一種基本原則，《左傳》有這段很精緻的土地辨識處理記錄，是非常重要、常被引用的歷史材料，發生在楚國的康王時期，由司馬蒍掩負責執行（司馬是軍事性職位，這極可能代表著此一作為的出發點是整軍經武，土地／賦稅／軍備原是一體的）：「書土田，度山林，鳩藪澤（沼澤之地），辨京陵（高低起伏之地）、表淳鹵（鹽分之地，事關必要的灌溉沖洗問題），數疆潦（水道，也作為田界），規偃豬（聚水之池），町原防（分割破碎之地），牧隰皋（水岸邊只用於牧畜之地），井衍沃（平坦的優質耕地），量入脩賦；賦車籍馬，賦車兵徒年甲楯之數，既成，以授子木（令尹，楚國最高行政首長），禮也。」是的，辨識的焦點在於土地的各式差異，事關地質學和數學，還有更全面的農牧生產知識，以及更多，還得加上人的判斷（賦稅包括人、車、馬、木頭、皮革、糧食，得找出交換公式）。但也如此，長短加減，公平性再無法切蛋糕切水果一樣人人一目了然，容易不安，容易誤解，也容易找碴，必須仰靠更多的上下彼此信賴，或者，更多權力的斷然行使。

大致上，這就是人類歷史由家到國這一階段的演進，這是一長段人經驗不足、朝向未知、作為不確定、成敗利鈍難逆料的嘗試時間，也就必定是反覆衝突反覆調整的不平靖時間，愚蠢自私的新作為會引發衝突，聰慧正直的新作為一樣會引發衝突（如子產治鄭）。春秋這兩百年大致上就來到這個階段，由家而國，像只是自然放大的一階，人努力這麼想這麼掌握，這是有道理的，但也是不得已的，因為人原有的經驗就這麼多；日後，我們當然知道了，這將是斷裂的一階，由量變到質變的一階，國家不是一個更大、人更多的家庭家族，國家是新東西，處處脫離人直接具體經驗的新東西，修齊治平這一封閉性單行道公式是遠遠不足夠的，新的階段，人還有太多要想的、要學的、要試的、要發明的。

國家成為一種新東西，衝突也相應的質變——戰爭不僅僅是規模更大人數更多的衝突而已，戰爭也是一種新東西。

講到楚康王，我們來看《左傳》另一段有趣極了的記載，是楚康王作為楚國君主的告白，事實上，這極可能正是七年後蔿掩全面整理檢視土地的原因——事情的起因是鄭國子孔來邀請楚軍攻鄭，為的是藉此除去鄭國各家大夫好獨攬大權，標準的內部衝突外部化。楚國當時的令尹子庚沒答應，楚康王得知此事，派了人責問子庚，帶去了這番話：「國人謂不穀（楚王自稱）主社稷而不出師，死不從禮。不穀即位於今五年，師徒不出，人其以為不穀為自逸，而忘先君之業矣，大夫圖之，其若之何？」康王的意思是，身為楚國國君，他是一直感受到壓力的，這五年時間楚國不出兵不打仗，他很擔心老百姓認為他是個偷懶、享樂、不積極履行國君職責的人，還是一個背棄歷代先祖的不肖子孫；也就是說，更主動要攻擊要作戰的居然是老百姓，而不是當政者掌權者，這和我們今天對戰爭的基本理解正好背反。一般而言，除非集體陷入到某種激情瘋狂狀態，否則想發動戰爭的總是「那些人」（舉凡當政者、軍方、軍火商石油商等大企業、以及某些腦筋心理不正常的人云云。台灣過去有一首最誠實的軍歌，就叫〈我們的事業在戰場〉，是的，戰爭也是一種事業，投資報酬率鉅大，或者說，成本極低，成本是別人的身家性命），少數能夠從戰爭攫取利益的人。其實，群眾的激情不會徒然發生，得先有刺激性的事端，這通常是由「那些人」擴大、製造、誘發、鼓動出來的，老百姓還不至於沒事要求出兵攻擊哪個國家，老百姓通常落入陷阱也似的以雪恥、捍衛云云不得不一戰理由來呼喚戰爭，一如至今所有國家的武力皆以「防衛」而不是以攻擊為名。

楚康王會不會是假借老百姓之名呢？這有可能，但也得這個國家真有這種空氣才行。終春秋之世，楚國這個稍晚發展的大國，一直有諸如此類訊息傳出來，像是雄主楚莊王，相傳他繼位後整整三年不作為不行動像個宅男，所以有臣子受不了了隱喻的探問他刺激他（有隻大鳥，整整三年不鳴不飛云云。其實說法滿差滿沒才華的），得到楚莊王不鳴則已一鳴驚人、不飛則已一飛沖天的滿意回答；《左傳》裡還有這個好笑故事，也可以放在亂倫／族外婚制的篇章來談，這發生在更早楚文王時，或更準確講，楚文王才死時（那年，驪姬生下奚齊）。當時楚國令尹子元正是楚文王弟弟，一心想誘惑文王夫人、也是他嫂子息媯，特別緊鄰著宮室設了自己居處，還「振萬焉」，也就是表演一種武舞，大概就像今天誇示肌肉、誇示自己是猛男那樣。息媯悲傷的哭起來：「先君是用這舞來練兵習戎的，如今令尹不向著敵國，卻跑到未亡人身旁來跳，這是幹什麼呢？」子元聽了，有點慚愧的說：「婦人都記得國有仇敵，反倒是我完全忘在腦後了。」於是出兵六百輛車伐鄭（但吃了敗仗後又回來跳舞）。

奇妙的是，這個自言背負著戰爭壓力的楚康王，卻也正是弭兵之會晉楚大和解的楚君，造反取經元一人。這告訴我們什麼？這顯出了某種非常有意思的「時間差」——在楚國，對戰爭一事的想法基本上仍是上下一致的，戰爭是所有人的事，直接和每個人相關，甚至，整個「國家」就是個人人皆兵、高度戰鬥動員的緊密團體（所以陳和蔡這樣的小國，轉到楚國手上，可以像最大型的諸侯國出兵車千乘），人人也都能具體分享戰爭掠奪的財貨，就像著名的維京海盜（除了戰鬥，他們最會的便是分享戰利品，分配公正是海盜的必要之德，這保證著他們的集體戰鬥力，特洛伊戰爭希臘海盜聯軍的一度失利不前，便是因為海盜頭子的阿加曼農分贓不均。今天，北歐諸國仍是稅賦最重、福利制度最慷慨完整、亦即保留著濃厚集體分配意味的國家，這不來自於近代的社會主義思維，而是一種傳統），像希臘諸城邦，也像摩西時代流竄劫掠於沙漠之中的以色列部族那樣。但在北方諸國這些老國家，如晉國韓起當時指出來的，至少在戰爭這件事上，個人處境已開始和國家分離開來，戰爭的利益不再下達，除了某種虛假噁心的所謂國族榮光（美國小說家馮內果說的，所有近代國家的國家慶典幾乎都是慶賀殺人的，慶典規格大小和殺人數字呈正比），一般人民包括戰勝國的人民只是受苦受創和死亡而已。正是這樣的逐漸察覺，這個當時還人人不看好不信任的弭兵之會才得以意外順利的舉辦起來，才不得不都同意參加。

這樣的時間差現象很正常很尋常，每一個時代的當下都是一整疊厚厚的化石層，新的來但舊的仍不去，甚至，某些已非事實已該流逝的東西，仍會以某種習慣某種執念的頑強樣子保留下來，就像楚康王當時的楚國，體制上已該是個「國家」的樣子了（體制、律法、統治管理方式等等，春秋諸國很自然的趨同），一場戰爭打下來，其一般人民的處境和遭遇不會和北地諸國差異太大，但這樣的意識仍會持續存留很長一段時日，需要更多悲慟的故事一次一次的沖刷浸蝕。這樣的化石層也是一種時間的層次記錄、時間的天然博物館，讓我們可以很具體的目睹著變動，目睹著進展和調整，目睹著人的學習和失敗，從有形的事物到人心，很有用的。

## 所謂的衝突狀態

然後，我們來解釋一下所謂的衝突狀態。

這是我個人也許不很恰當的用詞選擇，試著用來表述一種特殊的歷史時刻，一種漩渦也似的時刻——簡單說，衝突的持續發生、積累，會把一整個時代拖入一種不好的狀態，那就是衝突逐漸成為一種常態、一種慣性、一種基本反應。本來，事情的發生，人總是可以擁有多種處置選擇的，而且，絕大多數都比直接衝突起來要合宜而且彼此有利，但在這樣衝突狀態之中，直接開打成為理所當然的第一選擇，甚至唯一選擇，人喪失了可貴的多樣可能，同時智商陡降。

衝突召喚著衝突，這場戰爭為下一場戰爭鋪路並成為正當。《左傳》裡，我們常常讀到這樣只一句話交待的戰爭，通常發生於相鄰國家，諸如：「鄭人侵衛牧，報東門之役也。」「宋人伐鄭，圍長葛，以報入郛之役也。」「狄伐晉，報采桑之役。」「晉侯伐秦，圍刓新城，以報王官之役。」「秦人伐晉，取武城，以報令狐之役。」這最有意思、最富說明力量的在於——我們曉得，大型的戰爭如城濮之戰、邲之戰等，儘管一樣總是導火於擺不平的某國內亂或某兩三小國的衝突，但或因其規模鉅大、或因其影響深遠、或只因戰爭自身特殊內容的緣故（某國君被活捉、某人射了神準一箭、某主帥喝醉了酒云云），我們會認為這是極不尋常的，值得史書一記而且確實有東西可記，是一場該被單獨辨識的戰爭，一個特殊事件。但這種除了「報××之役」其他彷彿不值一提的小戰爭，卻感覺是經常性的乃至於例行性的，不是開始，也不結束，顯示的不是一場戰爭，而是一種延續性的「狀態」，泥淖也似的，兩邊誰也難以先拔出腳來。戰爭好像成了一種義務，但戰爭怎麼可以是一種義務呢？

戰爭召喚、孕生下一次戰爭，此一連鎖反應一旦啟動起來，就愈來愈多不容易打斷，只因為國家會為下一戰作準備，人心也為下一戰作準備（比方累積仇恨和瘋狂），從國家體制、作為到個人都調整成適合戰爭馬上要戰爭的樣子，以至於，我們很難再區分清楚，下一次戰爭究竟是一個必然，還是一種需要？同時，這完全與戰爭勝敗無涉，這在戰爭開打之前已確確實實的發生，也在戰爭之後仍延續，這也許才是戰爭傷害人類最大、最根深柢固的地方。人類歷史上，對此最警覺的人極可能是英國的哲學家羅素，羅素因此激烈到不計一切的反對英國介入第一次世界大戰（原只是歐戰，甚至只是中歐的局部民族衝突，如果不因英法等國的介入而擴大開來的話）；但很有意思的，日後羅素倒不那麼反對英國打二戰，或者說無奈、多言無益，他以為二戰已是無可避免的了，早在一戰開打那一刻，二十年後這一場勢必規模更大、殺戮更凶狠的戰爭已預約好了只等它發生，事實上，戴高樂說得更直接，他以為一、二次大戰根本是同一場戰爭，一場為期三十年的戰爭，只是中間停火二十年而已。羅素認為一戰當時英國應當更妥協，還說即便英國被視為投降、甚至被征服被奴役都比開啟這樣一種戰爭強。他很認真的比較了投降和戰爭這兩種不堪狀態下的英國可能社會景況，以為更糟的是後者，眼前從裡到外這一切人長期才獲取、建造、擁有的美好東西，不只是瞬間吞噬、消失於戰火之中（這還有運氣成分，二戰那樣的砲擊轟炸都還有不少東西躲過），而是人全面的、無一孑餘的主動廢棄，人心進入到某種殘酷、瘋狂、冰凍而且虛無的全然黯黑狀態之中，喪失一切可能，這無關戰爭勝負，人不再有希望，甚至人當下就被攫住沒有自由，比奴隸還不自由——

羅素這麼激烈的一種歷史判斷，我們可以不必同意，就像二十世紀初年的當時英國人也並沒接受一樣，但這是一個很有價值的主張和說理，也真的是非常英勇的；也許一樣勇敢應該一併讚美的還有當時的英國人，居然可以允許這樣的言論完整在那種時候講出來而且人還安然無恙——還需要證據嗎？換另一個國度另一組人群，我們對羅素的可能處境只不寒而慄。這是羅素主張的另一個遍在佐證，那就是戰爭的神聖化，不能質疑不能討論，整個國家整個社會只剩一種看法，這如何可能是真的、是稍微健康的？這樣虛假的神聖，波赫士正確的看出它虛張聲勢底下的怯懦，我仍要再一次引述他這番準確無匹的話，講的是阿根廷，但幾乎就是全世界：「愛國主義，阿根廷的假愛國主義是嚇不起的可憐東西，經不起一首偶然寫成的諷刺詩、蒙特維多的一記射門或鄧普西的一記鉤拳。一個微笑、一次無心的遺忘都會讓我們痛心不已。」是啊，這麼強大、堅定而且又百分之百正確如永恆真理的東西，怎麼會因為誰說了一句話或輸掉一場球賽拳擊賽就登時破毀瓦解呢？

有這麼個無聊笑話，說某人到非洲打獵，不巧碰上一頭獅子，他一槍不中，幸好也堪堪躲過獅子的撲殺。驚魂之餘，他到林子裡加強練習射擊，好提高準度，卻聽見樹叢另一邊有動靜，原來是剛剛那頭獅子也正在練習牠的撲殺動作。

人無尖牙利爪，或更正確說，在類似體型大小的生物中，人是不夠強壯、攻擊力極薄弱的，但麻煩是，人會練習，還會發明使用工具，包括各式各樣殺人工具，以至於，人的衝突獵殺，遂從最難以致命逐漸演變成難能倖免，誰都曉得如今我們已身在這幾乎衝突不起的末端（敢於衝突玉石俱焚的人因此很容易綁架我們取利，如《聖經》所羅門王審判故事那樣敢於把小兒撕裂兩半）；而在此同時，獅子老虎和狼群仍使用牠天賦的尖牙利爪，一次一次重複幾百萬年來改進不大的祖先撲殺動作。有一個也許並非百分百科學的理論，是聰明、寫一手好文章的動物行為學者勞倫茲提出來的，簡單來說是，動物的攻擊力愈強，其對攻擊的本能抑制力也就相對愈強，尤其同類之間，幾乎都止於示威、嚇退、驅趕，以氣味以聲音以一堆儀式行為（比方橫向誇大膨脹自己體型的所謂「寬邊作用」），勞倫茲以為，這是生存演化的必要，否則很容易相殘滅種。話聽到這裡，我們就知道不祥的東西來了對不對？沒有錯，接下來勞倫茲要說的正是，人的生物性攻擊力薄弱，也意味著這幾百萬年（本來）無須也並未演化出足夠的抑制本能，人遂成為地球生命史上同類相殘最嚴重的一種生物。

順便提一下勞倫茲另外一個動物觀察及其解釋，這仍在我們談戰爭的有效範圍之中——這回他看的是魚群，群游的魚會集體跟住領頭的那一條行動，轉彎迴旋直線加速，非常一致漂亮。勞倫茲做了這樣有點殘酷的實驗，他把其中某一條魚割去腦葉再放回，這條「無腦」的魚果如預期的陷入瘋狂，牠亂竄亂游，整齊如一體的魚群瞬間混亂起來，馬上，所有的魚似乎察覺不對勁的全靜止不動，然後，魚群像是找到一個舒適的解決辦法，那就是集體轉而跟著那條瘋掉的無腦魚行動，讓牠成為新的「領袖」，恢復了「秩序」，游起來依然一致漂亮，似乎還脫弓之矢般更加快速、生猛、不可測。

勞倫茲報告此一實驗觀察成果時語氣怪怪的，欲說還休。從魚這樣直接跳到人，這與其說是一個科學事實，倒不如說是一則尖利的歷史隱喻，好笑但令人沮喪無比——算算時間，他想的應該就是不遠處的惡鄰德國吧（勞倫茲是奧國人），希特勒，新秩序，以及跟著希特勒整個歐洲亂竄亂游的大日耳曼魚群。

依勞倫茲，人這才開始得（非得不可）學習抑制自身的攻擊本能（勞倫茲以為攻擊是生物本能，如他的書名《攻擊與人性》），像是一個遲來的演化，也是一個時間明顯不夠、氣喘吁吁追趕的演化，這同時是一場不大公平也不很樂觀的賽跑，追趕什麼呢？當然是追趕已起跑很久、已極快速、而且還一直加速的人類攻擊能力成長（找本當代武器圖鑑讀讀吧）。更麻煩的是，這是拉馬克式而非達爾文式的人類獨特演化，也就是，我們不可能期待它「自然」進行，並成為一種全物種全人類的一致「本性」，每個人的身體裡都有相同的機制，時候一到鬧鐘般響起一樣的命令聲音，不會這樣，這只能個別的帶著意志的通過教訓、記憶、覺醒、學習、思索、判斷、談論、書寫、勸導，以及更多我不知道或者人類也還不會的方式，可能還得包含禱告，才可望——能可望什麼呢？也許就可望減少一些戰爭殺戮，讓人類的戰爭殺戮次數和強度是人還可以承受的。

所以說春秋還遠遠太早了不是嗎？人們以為還衝突得起戰爭得起，或者說，儘管頻率升高了，參與和死傷人數也跟著增加了，但仍在一直以來的理解範圍內、可思議範圍內，還不需要（比較難受的）換另一種方式、另一種思維來針對它解釋它，差不多是這樣。像《左傳》，毋甯是個別的、就事論事的如實記下戰爭一些稍稍不同以往的新鮮事，比方，看到徒兵作戰開始應用（鄭國、晉國等好幾處，且都有不錯成效），這打起來可能比較殘酷些，從原本偏向較量式、勝負判別式的車戰轉向近身短兵肉搏，容易殺紅眼而且不容易收場；或武器的進步，很有意思這進展更快的是所謂較晚期發展的南方包括吳越，可能是長江流域這方面本來就領先一步，也可能跟南方保有較原初的侵略性、動員性體制有關，《左傳》裡有鄭國初次朝楚、楚王高興起來贈送一大塊上等金屬的記載（但旋即後悔，雙方還因此正式簽約，不能移為國防工業使用，只鑄成了三口大鐘）；另外，《左傳》似乎對弓箭這東西多了點注目，不見名刀名劍只有名弓，如魯的金僕姑、楚的大屈等等，這也許只是偶然不該誇大附會（弓箭當然早就發明使用了，射獸射鳥射人），但這種及遠的、擴大戰爭縱深的、改良幅度極大的、讓我們不禁聯想到現代槍枝發展的特殊武器，記史者是否也隱隱的、難以言喻的察覺什麼；還有，《左傳》倒是很有把握說得斬釘截鐵，戰爭幾乎在每個國家都帶來迫切的變革，作三軍作三行作州兵云云的擴軍當然是最直接的，深一層拉動的還有稅制、土地政策和法律，統治者的思維轉向即時性和策略性，無暇計較千秋只能先救一時，惟這樣因此被固著下來的一時性作為，仍會成為某種新的、從而難以抹除的現實，改變了或至少彎折了人對未來的可能思索和想像。

至於有關人的死傷問題，《左傳》記載，在衝突中、在戰爭裡直接戰死的多是有名有姓的個別之人（穎考叔、南宮牛、先軫等），幾乎從不見總體死傷人數的估算（當然多少還是有，如魯桓公六年，鄭太子忽救了差點滅國的齊，大敗北戎，獲「甲首三百」，不多，三百個頭顱）；相對的，日後戰國時代的戰爭則竭力誇張死亡人數，殺三十萬人坑六十萬人云云，已經到完全不管現實的地步，就像二次世界大戰時德國的戰情統計，才開戰兩年左右，「依德國海軍報告的總噸數，盟國這邊所有會浮在水面上的東西已全部被擊沉還不夠」。這相隔只一兩百年卻完全兩極化的記述差異，全然歸因於記史者的書寫偏好可能說不過去，必定也相當程度忠實的透露出兩個不同時代、兩種不同形態和要求的戰爭其實際內容的差異，以及事後檢討記錄的差異。包括最現實的，論功行賞方式的差異——只要求擊敗、逐退、屈服敵軍，那殺人多少便不是重點甚至不是功勳也就不必再去費心計算；但要求盡可能消滅敵國的所謂「有生戰力」（很噁心的用詞，其實就是人命），那不僅得想辦法多殺，事後還得仔細的、斤斤計較的算屍體算腦袋算耳朵（取一邊耳朵以為立功憑證，這是古法，也正是「取」這個字的甲骨文原來造形，一隻手拿著一枚耳朵），甚至謊報灌水，就像小說家馮內果嘲諷的說他寫德勒斯登大轟炸的《第五號屠宰場》一書：「每死一個人，換算我就得到五塊錢版稅。」這種灌水作業很少遭到質疑，更常見是由官方領頭來做，因為有助於士氣，所以連謊言都是神聖的，這也包含於羅素所擔憂戰爭對人的破壞。

城濮之戰，大概就是整個春秋最著名也最決定性的一戰了，也是春秋首次跨國聯軍動員的正式大型會戰，死了誰呢？依《左傳》，第一個是晉方中軍統帥郤穀，他不運的在戰爭開打前夕急病猝死；再來是晉方顛頡（陪晉文公流亡的有數幾名功臣之一），也一樣還沒開戰，因違犯軍法被晉文公不顧情面宰了；再來是楚方主帥令尹子玉，他兵敗無顏，是自殺的，晉文公因此大大鬆了口氣；再來是晉方祈瞞，因為大風中丟失中軍大旗造成軍行迷途，戰後被問罪判處死刑；最後是晉方舟之僑，發生於晉軍凱旋歸國時，這傢伙不知發了什麼神經病搶著領軍渡河，也是軍令問題被殺。五個，沒一個是死於戰陣。城濮之戰唯一留下來的統計數字是晉文公獻楚國俘虜於周王的數字（終春秋之世，楚國一直微妙的被視為「外族」「外敵」），戰車一百輛，兵士一千人，就這樣。

《左傳》裡的戰爭殘酷畫面，最讓人一驚的大概就是晉國打輸的邲之役，又三十五年後，但不是數字，只是一幕生動的現場描述——晉軍一戰而敗，可能為著保存戰力，主帥荀林父下令先渡河者有賞，於是，「中軍下軍爭舟，舟中之指可掬也。」兩大支部隊爭搶為數有限的船隻慌亂逃命，很殘忍的砍斷那些晚一步、人猶浸泡水中、緊緊抓住船緣不放的同袍手指頭，每艘船上的斷指一整捧，當然，這是自己人幹的，逃命加上獎賞。

一場戰爭沒留下總的數字（統計或估算），意思是，必定沒有特別的、驚異的、宛如跳到人眼前的數字發生，否則就算還不明其意，記史者也會先記下來再說，或者，就算沒有任何人任何機制可統計，但凡眼前的景象夠嚇人夠恐怖夠死傷遍野，這樣人忘不掉的夢魘畫面，也必定在日後的反覆回想、述說、傳誦中被（只誇大不減縮的）折算成某一個大數字；戰爭沒有總的傷亡數字，另一意思是這還沒有凝聚成一個特殊獨立的問題，人還未整個的、追究的去看它想它。當然，某種所謂的曠野聲音必定會先響起來，個別的、感性的、零散的，來自於比方某個當時在場的人，某個直接承受傷害的人，或某個較敏感較容易心起憂思的人、某個有提前想事情習慣的人云云，像是，《詩經・國風》便早早有這樣訴諸自身經驗的怨怪之言，在征途中，在風雪裡，是來自最底層、亦即最先察覺戰爭「利益／傷害」分離的素樸聲音。人就活在當時四方交戰之地、而且還負責觀看著記錄著東周王室傾毀的老子，極厭惡戰爭以及人的一切爭鬥算計，但他的思維太大太遠了，一大步跨過去，整個棄絕人類的文明建構，把這看成是一場虛妄一個人的噩夢，戰爭於是不成其為獨立的、可單獨解決的問題，僅僅只是人諸多、太多愚行的其中一項；也不是關鍵，毋甯只是愚行的必然結果、一個不堪病態而已。愛講道理的孔子，基本上也不會自我背反的支持這種動手取代動口、沒說理空間的野蠻原始手段，用北京阿城的說法是，用「文化」（以文明手段來化解來融解，如遠人不服修文德以來之，亦即用更好的社會建構、人可以過更好生活來吸引他們）而不是「武化」；但孔子的另一面又總是，他對實然世界種種又太關注也太理解了，知道人間處處限制，無法對一般人心存不實際、太純淨太快速的幻想，也因此，孔子的主張，即便在他講得最豪勇最武斷時，也總是有保留有遲疑有某種不確定之感，不逼人太甚。孔子對戰爭的態度因此顯得曖昧，也沒完整理論，像是不得已承認戰爭實際上難以完全禁絕，也像是不得已必須保留戰爭為某種最後的懲罰手段，畢竟，人類世界總會碰到沒辦法跟他講道理的時刻，道理有時而窮的時刻，以及迫切到沒時間講道理得先斷然制止再說的時刻——

人的主張，有些是純粹的，不理會現實世界推想出來的（如某經濟學家的名言：「你所說的現實世界，是經濟學理唯一的例外。」），有些則只是相對的、在現實世界當下利害相權換算的一種暫時抉擇，是可以也必須跟著現實世界變動修改的。我們也許可以這麼無害的想像一下，如果孔子是站在一、二次世界大戰後的歐洲大陸上，在這樣剛剛才殺戮了近一億人的歷史哀慟時刻，他會怎麼想、怎麼主張戰爭這東西？我因此猜想，有關戰爭，春秋當時還不是某種終極時刻，人或許感到不安，但還沒真逼到必須二選一的做出判決，某些不公某些悲劇，狠起心一閉眼一咬牙還能放過去，人還可以多看、多想、多等一下。

依《左傳》，春秋當時的現實狀態是，跨國戰爭方興未艾，戰爭還未真正展露它猙惡的面貌，仍保有較多擊退、驅趕、屈服對手的本來樣式，即便是滅國也仍傾向是這樣，滅國用征服加上吞併就可完成，滅國並不等於殺戮或滅絕。相較起來，更多的殺人事件係發生於一國內部的爭權爭土地以及爭意氣爭人家妻子云云無所不爭的傾軋衝突，每個讀《左傳》的人都可以自行統計一下看是不是這樣？《左傳》裡的人物不成比例的這樣死去（詳列出來會是太長一紙名單，如勞倫斯・卜洛克的一本書名：*A Long Line of Dead Men*，一長串的死者），最不公正最殘酷乃至於非致人死地不可的事集中於這裡，人的注意力、人的不安之心也必定跟著集中在這裡。這於是成為當時人們的某一基本圖像及其思維模式，戰爭從屬於、包含於這樣的衝突之中，只是此一衝突的泛溢而出，牽聯延伸至他國；很可思議的，這也引領著人們尋求解釋和解答的基本方向，比方說，更應該找出的是某種穩定的秩序而不是限武裁軍或通過槍炮彈藥管制條例，事實上，一種穩固秩序的建構和其維護不墜，不僥倖來說，除了根本體制的設計發明，人身分、位置及其行為的確認和約束，倒過頭來還需要「暴力」，一種維持秩序者控制在手、獨占性的暴力。

我以為這個思維模式是很清晰的，之前，以及春秋這兩百年時間裡。孔子基本上也這樣想戰爭、消化戰爭的存在。

## 一種正當的戰爭

既然談到了馮內果和他的《第五號屠宰場》，我就非再引述一次他書裡這段文字不可。書中的主人翁畢勒，把一部二次大戰的轟炸影片倒著播放，於是變成這樣，變成一個美麗的奇想——

一批滿載著傷患與屍體的美國飛機，正從英國某一機場倒退著起飛。在法國上空，幾架德國戰鬥機倒退著飛過去迎戰，從對方飛機上吸去了一排子彈和砲彈碎片。接著，這批戰鬥機又對地面上殘破的美國轟炸機採取同一作為，然後倒退著拔高，加入上面的機群。

美軍飛機倒退著飛臨一個正在燃燒中的德國城市。轟炸機打開了炸彈艙門，發出一種能夠吸收炮火的神祕磁力，把吸來的炮火聚集在一種圓筒型的鋼製收容器中，然後再把這些收容器收進了機艙，整齊的排在架子上。德國戰鬥機也裝有一種神祕的設備，那就是一組長長的鋼管，用來吸取敵機上的子彈。不過，美國轟炸機上仍有幾個受傷的人，而飛機本身也破損得不堪修理。

當美國轟炸機回到基地後，他們從架子上取下鋼裝的收容圓筒，再運回美國本土，國內工廠正日夜趕工，拆卸收容器，把其中的危險性成分取出，再變為礦石。

令人感動的是，做這種工作的大多是婦女。繼而，這些礦物被運送到遙遠地區的專家手中，專家們的任務是把這些礦物埋藏地下，以免傷人。

接著，美國飛行員都繳回了他們的制服，變成了中學學生，而希特勒變成了一個嬰兒。每個人都變成嬰兒，而整個人類都在作生物學研究，共同合作，希望生產兩個叫亞當和夏娃的完人。影片裡並沒有這些，只是畢勒這麼想。

任何人都不應該贊成戰爭，或者說，任何稍微有「人性」、還稍稍願意想事情的人都不該支持戰爭。也因此，要為戰爭講出其存在理由，不論是積極性的認定它仍有某種難以取代的「功能」不可完全廢棄，或僅僅是消極的、只為了解釋它何以根絕不了好安撫人心包括自己，都需要特別的理由，某種有嚴格限定、有一堆但書、小心翼翼的、期期艾艾的理由。

最常見也最堂皇難以駁斥的當然就是「防禦」，這古來如此，也是確確實實的，在充滿敵意的生命現場，尤其人開始農耕不再能瀟灑的說走就走之後，防禦的要求更加升高起來。《左傳》裡有一件記史者一直很留意的遍在之事，那就是築城，在平坦無遮無險的土地上，人工的構築防禦高牆，儘管書中並不明言並不交待其形制，但我們曉得，這已不再是原來下豐上窄、斜坡狀，為著抵擋大自然的洪水，而是拉成垂直、讓人難以徒手攀登，阻止的是人形的入侵者（《左傳》第一樁登城記錄是鄭攻許，第一個順利爬上去的人是穎考叔，但他被懷有私怨的自己人公孫閼一記冷箭射下來摔死）。但我們也很容易同時看出來，《左傳》，從記史者到書中的春秋時人，對彼時趨於頻繁的築城是疑慮的、有明顯負面反應的，不僅僅只是耗用人力、違逆農時、造成底層老百姓負擔的成本面理由而已，這可能還因為什麼？

直接說，是築城一事已從單純的防禦開始（必然的）質變，退可守的另一面當然是進可攻，此外，築城可發生於原來的、長居的土地，當然也可進行於、而且愈來愈多進行於搶來的土地，築城遂成為確保贓獲的標準作業，也是進一步擴張的預備動作及其不祥徵兆。春秋築城，最荒謬的是梁這個小國家，「梁伯益其國而不能實也，命曰新里，秦取之。」意思是，梁國也趕流行的跟著大舉築城擴大疆域，卻根本沒足夠人民可入居，就像今天炒地皮、炒樓的不良建商一堆造鎮造市那樣，留下一座座鬼城（「新里」），最終秦國人大步走進來，正正好。

較深一層的警覺可能是，是否不該再放任這種「侵入／防禦」遊戲繼續進行下去了？某種霍布士式的警覺，他《利維坦》（或譯《巨靈》）一書的基本立論那樣。事實上，愈來愈頻繁且強烈的衝突到戰爭，正是此一追逐遊戲的「自然結果」不是嗎？

春秋的戰爭，我們提過，《左傳》記載的一場吳楚血戰只因為兩名女子爭一棵桑樹養蠶。如果要再講一場荒唐的戰爭，我會選魯成公二年晉國幾乎滅了齊的那一戰，戰爭原因是三年前一樁小之又小的事，晉郤克出使齊，郤克跛腳，爬台階時大概姿態怪怪的，齊頃公的母親蕭同叔子看著哈哈大笑，郤克以為奇恥大辱，衝出齊國並當場指天立誓，不報此仇絕不再渡河入齊一步。這真的是君子報仇的一戰，晉國動員了兵車八百輛，比打城濮之戰還多一百，還以盟主身分召集了魯、衛、曹三國軍隊——是的，你攻擊他防禦，夜街酒店小小糾紛就揩人來一陣亂砍亂殺也是這樣。春秋戰爭，仍保有這樣極原始的形貌（也許，不論到哪個時代，戰爭永遠是返祖的、野蠻的），怎麼能放由事情一直這樣下去呢？

《禮記》裡，我們也看到這樣正正式式的主張。《禮記》不是實錄之書，而是對人應然行為的探詢，所以說這麼做是合法的，而且進一步是合禮的，甚至是理想的——父母之仇不共戴天，兄弟之仇「不反兵」。這意思是，人有殺兄殺弟之仇，那就得從此凶器不離身如一個器官，以免哪天街上遇見仇人，還得先回家一趟錯失機會；由此，更嚴重的殺父殺母大仇，就得升高成人生命中最重要、甚至唯一的那件事，你和仇家只容一個人活著，得主動的、翻天掀地的找，人生其他一切暫停，得等手刃仇家之後才恢復流動。人間的仇怨不平，都得DIY自己來，這如何可以？如何能是真的可實踐的？更如何實際上親手殺掉某個有權勢、有武力、有一堆小弟圍擁著、或僅僅是力氣遠比你大的仇家？公義可這樣完成嗎？

無法真的禁絕、還難以完全廢棄的戰爭可能，春秋時人（其實遠遠不只春秋時人）於是把戰爭置放到一個更高的、超越的位置，多少是理想的，也是想像的，讓戰爭最終可以是正當的，這種正當的戰爭，稍後的中國人稱之為「義戰」——想像中，得保有一個堅定的、絕對的但完全超然公正的力量（也就是接近於上帝那樣），它最好是唯一的，如我們所說唯一合法的暴力，它也最好備而不用，亦即一個無堅不摧但又完全自制的力量。對它而言，戰爭其實只是一個習用但並不恰當的說法，其真正內容是一次一次仲裁、審判、懲罰乃至於解放的行動；也就是說，這個力量的使用永遠是被動的、回應性的，跟法院一樣「不告不理」，一定先有某些不好的事情發生，因此，戰爭不是殘酷的痛苦的，至多只是像醫院打針治病那樣，刺痛忍它一下就過去了，理應在任何戰爭中最受苦（或說純然受苦、毫無利益可期待）的底層人們，很奇妙居然可以是歡欣的、渴求的、引頸等待並生出希望。這裡有一幅極著名的如斯美麗畫面流傳著，不少人還相信這是歷史上確確實實發生過的（比方周文王時），從而沒理由不相信它仍會再度發生，那就是，戰爭在東邊打，住西邊的人們是羨慕的甚至哀怨起來，反之亦然，「為什麼不先動手打我們呢？」

如此正當、還可能如此美好的一種戰爭，春秋時人並不以為這全然是空想，而是一個合理的確確實實目標；邏輯上，是直接可推論出來的，剩下，就只是現實的披荊斬棘困難而已——這就是我們稍前說過的那一個世界基本圖像及其思維模式，把跨國戰爭放回國內衝突模式裡。眼前這些不正當的戰爭，不過是衝突的一種泛溢和延伸，是包含於從屬於比戰爭更經常也更殘酷的國內衝突之中；戰爭和衝突只是一階之差，一如天下和封國只是一階之別，基本上，這是「同質」的，同一物，同一邏輯，並不需要換另一種思維。而我們一直以來怎麼解決更嚴重的國內衝突呢？不就是由國家獨占軍隊，或更正確來說，三軍二軍一軍云云等差的、不容踰越的擁有不對等的打擊力量。一個國家沒辦法鎮撫它底下各家族的動亂衝突，那必定是這樣的等差力量遭到破壞遭到篡奪，也就是說，不是方法不對，只是不被遵行。《左傳》裡，我們看到春秋時人對此的高度敏感，幾乎直接把這樣的破壞和篡奪等同於動亂衝突，像鄭莊公封他弟弟共叔段於京城，其規格大小超過全國三分之一的極限，祭仲就馬上警告國家要內戰了；楚靈王把陳、蔡、不羹搞成三座各自擁有千輛兵車實力（等於一個超級大國）的怪物大城，他要誇耀的是楚國的強大無匹，但全部人，從楚國內部到各國大夫，看到的卻是楚靈王完蛋了，亂局已成，而且接掌他君位的必定是他弟弟蔡公棄疾。《左傳》的諸如此類記載遍在到一種地步，幾乎每個國家都有，也都一樣無須再討論，沒絲毫僥倖可能，如此一致的緊張感，顯示出一種堅信不疑的經驗，以及共同的結論和憂懼。

理想中的這種戰爭，與其說是軍事的，不如說是法律的，執行者不像是擅戰的將帥，而是更接近公允的法官。由此，戰爭不再是相對性，贏家說話，而是有著是非對錯善惡可講，得以納回到總體的秩序裡乃至於道德建構之中不相矛盾，戰爭服膺著、進而執行著實現著一個更高的律令，我想，這樣（想望中）的道德意涵很能夠讓那些不得已允許戰爭存在的人（如孔子）得著安慰。依春秋時人的不盡可靠歷史記憶（極可能是帶著某種期盼的記憶），此事由來已久，不自春秋始，甚至已緩緩形成為某一個特殊任命的職位和工作，由周天子鄭重的賦予某個人（通常是親近又有實力的大部族、大諸侯國主君）超越全體諸侯、所謂專征的權責，Licence to kill，是的，就像007情報員龐德的女王特許，戰爭執照。魯僖公四年齊桓公首度糾合天下諸侯問罪楚國這歷史性的一刻，管仲負責回應楚方「你北我南，咱們風馬牛不相及，何以侵門踏戶」的質問，亮出的就是這張老執照：「昔召康公命我先君太公（姜尚，四五百年前），曰：五侯九伯女實征之，以夾輔周室。賜我先君履（鞋子，極清晰的象徵之物，行動自由。也可以是斧鉞弓矢，代替天子砍人射人），東至於海，西至於河，南至於穆陵，北至於無棣。」

相傳，紂王當年極滿意姬昌（即日後周文王）的禮物，封為西伯，也是授與這張戰爭執照；周代初年，周公召公兄弟倆一西一東，還是如此，依管仲說法，負責東半邊的召公還進一步把工作轉包給齊太公姜尚。《左傳》裡，我們也確確實實看到了春秋時所謂周王卿士這一行之有年的特殊職位，受命的不是王室直轄臣屬而是諸侯國主君，應該是負責天下諸侯秩序而非王室轄內行政。春秋時第一任卿士是鄭國的武公莊公父子兩代，來自於護衛周平王東遷的力戰功勳，而鄭莊公時，確實鄭國也是一時實力最強的國家，齊晉楚秦仍在沉睡。只是才站穩腳跟的周王忽然把卿士職位轉給比較靠近的西虢公，弄到周鄭交惡還正式開戰。專征的攻擊權限，應該不包含不守秩序的天子本人吧？

稍後的春秋盟主是個不大一樣的東西，當然得憑實力取得，是現實產物，所以宋襄公、歷任楚君和春秋末的吳王夫差、越王句踐都展現了這樣的企圖。但可能不只如此，我們仍不難看出這裡面有某種親疏遠近的微妙心理，某種慣性式的認知，乃至於某種傳統、某些長段時間大河裡凝結成形的東西，還有，某些儀式，包括其行為和物件。春秋的盟主因此遠比想像的穩定，這是最有意思的地方，單純取決於變動起伏的戰力國力不容易這樣，幾乎可以斷言必定有另外更黏更守恆的力量也作用。實際上，春秋兩百年的盟主，就是一個齊桓公加上代代晉君（奠基於城濮那一戰，或說代表「周天下」擊退入侵的最強大外族，即所謂的「四夷之功」；齊桓公的盟主之位也是一模一樣獲取的，這應該不是巧合，而是一種條件）。這與其說是晉國始終維持住第一強權的不墜地位，倒不如說你得壓倒性差距的、而且還得持續很長一段時間（用以抵銷、遺忘、替代慣性）超越晉國才行，所以，楚莊王邲之戰的只一次大勝是不夠的，欒盈之亂內戰直接在晉國都絳開打、「矢及君屋」、連執政的范宣子都得抽劍短兵肉搏，這也是不夠的（晉的內鬥內亂內戰幾乎沒停過，這是個有太多東西可拚命的大國），當然，只是在某次盟約時先簽字如楚國屈建、如吳王夫差更是全無意義。春秋諸國，誰最聽命行事呢？毫無疑問就是魯，這可能僅僅是偶然（比方周公這一脈的遺傳基因有較柔弱的性格傾向云云），但我們或許也會想到，魯正是最黏著於傳統、最相信天下秩序的國家，極可能還是最滋生這種「正當／理想」戰爭思維的一方土地。

仰靠一個絕對的力量來制止、審判、懲罰其他所有人，那麼，又由誰來負責制止、審判、懲罰這個力量呢？這是霍布士式的，秩序以及秩序帶來的保護高於一切、不公義乃至殘暴的秩序都比沒秩序、人陷於混亂衝突彼此侵害強？還是，這一絕對的力量仍有馴服的可能、乃至於跟人渴望的公義仍有疊合（夠大比例、讓人可滿意的疊合）的可能？——這是個很容易想到的問題，卻也是個極不容易真正回答的問題，別說兩千年前，到今天我們都還不大會。馮內果開過這個沮喪的玩笑，既是事物的基本道理，也是現實的經驗審度：「你知道，發明萬能溶劑（即任何東西皆可溶解）並不難，難的是，發明出來之後你拿什麼來裝它？」稍後，馮內果正經的指出，萬能溶劑並非王水這樣霸道強烈的東西，王水只是恰恰溶得了別人溶不了的黃金而已，世間，真正最接近萬能溶劑的，一點也不戲劇性，就是清水。這裡，我多心的提醒一句，千萬別把馮內果這番話當某種禪語某種哲思，這只是一個人容易忽略、並容易因為失去耐心棄置不顧的常識，它不是揭示一個特殊「智慧」，而是指出一種踏踏實實的每天工作要求及其可能、及其必要。

我們應該可以把春秋盟主視為周王卿士的替代（儘管兩者曾重疊並存，至少齊桓公當時），權責相似，期待相似，不同的是其產生方式或說順序——盟主倒過來，他先於現實裡自己殺出來，再由周王很欣慰或不怎麼情願的召見他承認他並佐以幾件儀式物品的賞賜。這一順序的顛倒，顯示出這段時間的現實無情變化，人拉不住這個世界，人的主動選擇空間愈來愈小，簡單說，卿士不能選擇了，如柏拉圖說的強者就是正義，這更走向不得不的一個現實策略一種妥協而持續遠離著「理想」。明顯立即的麻煩是，這豈不讓那個「由誰來控制這個難以控制的力量」難題更難以安心回答？以及，讓所謂「正當戰爭」這一模糊期盼，因此更遙遠、曖昧、不可信；從一種急切的現實解答，逐漸杳逝成某個純粹的思辨題目。

是會這樣沒錯。所以，日後所謂的「義戰」，其完整的句子其實是這樣子的：「春秋無義戰」。在終於明言說出這樣一種想望中的正當戰爭那一刻，也同時否認了它。是的，一場一場戰爭重新想過，春秋這兩百年，沒有任一場是及格的，沒有任一個糾正、懲罰的力量是足夠乾淨的、能讓人安心的，春秋的盟主以及所有努力想成為盟主的君主，同時也都是賽局中人，都攜帶著自身的利益、欲望和想像而來——這當然得等到稍後的戰國，孟子他們那一代人，站在一個可以作總結的時間位置上。

只是，這不會是個悠閑的、塵埃落定眼前一片清朗的時間位置，事實上，是更加煙塵四起殺聲震天才是，這樣的總結其實也是逼問自己——戰國，用我們這裡的話來說是，整個世界由衝突狀態再進入到一種戰爭狀態，人的死亡轉向戰爭並爆量如失控；而且，如今的戰爭是沒盟主的，國家「取得一種完全的行動自由」，發動一場戰爭再不像春秋當時多少得交待某一理由，也無人（尤其是挨打的國家）質問理由。歷史如此急轉直下卻又是延續的，也因此，對春秋戰爭的此一否定很難是一種單純的、直通通的指責，這裡頭有點尷尬，或者悲哀，至少，環視我們自己當下，春秋那些盟主、那些強國君主還像個人物不是嗎？他們打的仗再怎麼說也比較接近所謂正當戰爭的模樣；春秋無義戰，卻也依稀彷彿存留著義戰的想像。如果有所抱怨，也只能解釋為某種「墮落」，從堯舜禹湯文武到春秋五霸（顯然太粗略的、心急的跳過很多人、事和東西），把這直接聯成一道下探形狀的歷史弧線（所以，孟子毫不猶豫但並沒太充足理由的斷言，齊桓比晉文好，說的不是個人，而是這道時間弧線）；而且，明顯的一次大跌墜便出現在春秋五霸這個環節，好像分開兩邊，堯舜禹湯文武是一種人，五霸又是另一種人，遂有那種破毀由你們這些人開始、「不該留給我們這麼糟一個世界」的哀怨味道。

戰國時對春秋五霸（即這五個成為以及想成為天下盟主的人）的關注、討論、分辨追究令人印象深刻，甚至訝異，尤其是最思索大議題的孟子，但也就到此為止了。往後，中國歷史不再生產盟主這種東西，或者說，不再需要也不承認這種東西如收回希望，齊桓、晉文回歸成單純的歷史個人，失去了此一深層的歷史意涵，像齊桓公，人們說的、記得的是他和管仲的故事，連體嬰也似的，從「齊桓和晉文」變成「齊桓和管仲」，全新的聯線，浮現出來的是已不一樣的人們心中歷史圖像。

彷彿是一次失敗的「實驗」，彷彿證實了此路不通。但，是兩百年或是過去現在未來？這是否也代表了此一力量的置放、正當戰爭的尋求就此絕望了呢？倒不見得。比方人也可這麼想，這並不證明把戰爭由軍事轉為法律的這個根本想法失敗，事實上，還可能更加強固了這個思維也說不定。像戰國當時，如果我們不太深究公平正義（看似激烈的孟子就一直努力把仁義道德解釋得很「寬」，連那種水準的好利好色好戰都可以是仁義的道德的），如果只想先消弭衝突殺戮再說，並且不多考慮其他因素（比方戰爭狀態逼使一個國家暫時的、假相的緊密一致起來，短時間內，好像連治安都可以變好，因為惡棍流氓都搖身成為愛國志士），戰國當時的這些國家，衝突外移，內亂內爭似乎還真的少了，人也像是安定了馴服了，就連國君也不再動輒被殺，也就是說，最起碼在國家這一層級、這個範疇之內似乎是行得通的。那麼，整個天下可不可以是個更大的國家呢？應不應該就讓它成為一個、而且只此一個的更大國家？

「天下惡乎定？」「定於一。」「孰能一之？」「不嗜殺人者能一之。」——這是魏襄王和孟子的一問一答，孟子承認他有點不耐煩有點簡化，卻也顯露了孟子的基本想法，整個天下成為一個才是關鍵，至於站頂點的那一個人是誰並不那麼重要或說無須太苛責個人條件，就像一個國家的君王，我們已如過江之鯽的看到了，不必公義如上帝或乾淨如聖人，這是一個位置。如此，門檻降低，事情令人欣喜的似乎變簡單了，人的希望瞬間也大了起來不是嗎？

日後，七個大國果然打殺成只剩一個，中國首次真的成為一個單位，這一歷史走向當然有它另外的歷史線索，有現實裡難以數清如鬼使神差的原因及其蜿蜿蜒蜒路徑，並非兌現某些人的某一個思維。但這樣的想法和此一歷史結果是相容的，也多少能夠解釋當時人的某些作為某些面貌，像是，最心軟最富同情的人並不相襯程度的反對戰爭譴責戰爭（戰國這種殺戮法該有反應了吧），吶喊的聲音和悲憫的聲音如此不成比例云云。把這一思維再往極致處推，我們很容易就可看出來它的危險，甚至它隱藏的荒謬——對正當戰爭的渴望和尋求，人一急、一不小心就變成這樣，那就讓他們趕快打、徹底的打，盡可能早一天打到只留一個，到那時再叫醒我——

再日後的中國歷史是，戰爭仍繼續發生仍宛如自我演化的前行，總的來說，次數也許稍減，但殺傷力筆直上昇；而且，以戰國時人對春秋戰爭的同樣檢視標準來看，往後也並沒有任一場戰爭是所謂的「義戰」，可能將來會有嗎？這都是歷史常識。

也許，這只是中國歷史之於戰爭的第一堂課而已，其比較正確的結論是，所謂正當戰爭是一個純粹的否定，確認了這兩百年時間裡的每一場戰爭（不管能否避免能否阻止）終究都是不正當的；再下一堂課則是，進一步確認世界上並沒有正當戰爭這種東西存在，最多只有不得已的、實在躲它不開如劫難如夢魘的可厭戰爭，從來不會有那種人可以歡迎它、美夢成真一樣的戰爭。堅持這一否定，我以為是人最珍貴的歷史認知，這不僅就是事實，而且保護我們不跌入各種陷阱，這一個一個陷阱都是人類歷史不止一次證實的。我們曉得，任何肯定語句的、正當化了的戰爭（不僅是「義戰」，還叫「聖戰」），都是虛偽的黯黑的叫人去死的而且呈現出人類可能最殘忍的模樣。根本的來說，這讓我們確確實實的留在現實裡，戰爭不是可以輕佻可以耍玩的東西，幾千年下來，人們想盡用盡了各種辦法都奈何不了它，這裡沒有一種單一性的巧妙方法，更沒有那種一次解決、所謂「一治不復亂」的省力方法（這是中國歷史上最糟糕的幻想之一），只能是人日復一日的辛苦工作，隨時隨地，見招拆招——

也許春秋時人（如孔子）對正當戰爭的模糊曖昧想像是比較恰當的，就應該止於這樣的模糊曖昧，像是一種抵抗，一種質疑，一種對眼前衝突戰爭的揭穿和糾正，還有，也作為人必要的、不陷於絕望的一種安慰。

# 音樂，或者，樂

先來說「音樂的愚蠢」。

於音樂，米蘭・昆德拉絕對是內行人，內行人到一種地步，這其實才是他家學所在，父親如他《簾幕》這本書的第一句話「我父親生前是音樂家」。昆德拉曾仿用樂曲的結構來寫小說，也許是嘗試讓小說的進行回轉到、恢復成人心最自然的起伏流動模樣及其節奏轉折，重新尋求最原初的、如始生那一個點的確確實實詩意（現代小說相當程度犧牲了詩意，遠離了人，也失去了詩才能夠說出來的東西）；一樣這麼做過的還有李維-史陀，他更驚人，直接以樂曲結構作為他神話理論的結構，從思索到呈現，李維-史陀自己講，如果不當個人類學者或還有另一輪人生，他想當交響樂團指揮。

兩人都還曾把樂譜直接印上自己書裡——但這當然不是加掛異物增加作品重量，他們兩位的書本身已經過重了，對尋常人等如你我以及當前這個世界而言。還有，他們不是那種「拿來」、就幾個詞的末端望文生義塗抹搬弄（巴爾扎克所說「那種胡亂賣弄前一天剛學到的東西的作家」），他們深深知道音樂這東西的最特殊性，像是音樂根本不需要世界，音樂和數的深沉、極精密聯繫及其一致性，音樂演繹著自身的結構，音樂自成一個「世界」云云；像說音樂是唯一純時間的藝術，它的形狀就是時間的一種可能形狀；像是，同時再沒有任何東西如音樂，和人的感知全無隔離無需中介，直接就是生命的呼吸起伏流動云云，如昆德拉引述黑格爾說的，音樂「抓住內心世界最隱密的起伏，這些起伏是文字到達不了的」。人的意識和思維，如果是一種更自然、更回到人心的連續展開和進行，可不可以、該不該也是音樂的呢？

當波赫士說他想寫一首沒有意義的詩（其結果是寫給瑪麗亞・兒玉的那首〈月亮〉），他想的應該就是完全回到音樂試試看，如他自己一再講的，詩最早就是歌，就只是始生的聲音，還沒有意義，也還早於人心的哀與樂生成。

台灣的書寫者則是楊照，這些年來的楊照。他則是「逆向的家學」，女兒李其叡是天才少女鋼琴家，父親要追上女兒並參與、聽懂她的人生，遂更認真的重拾音樂——但楊照做法不同，他努力解釋音樂，希望我們大家也一起聽、一起懂，就跟他努力解釋文學經典、歷史、民主政治和馬克思等人類大思維一樣，他是我愈來愈佩服的書寫者。

好。昆德拉講過音樂的這個特殊效應或說力量，極可能就是音樂最強大也最危險的力量。昆德拉指出，我們讀比方一部小說乃至於一篇報導，人的感受和想法總是不可避免的四面八方自由飛出，是還不至於到人言言殊的地步，但仍相當程度的參差、不一致，並可能生出爭端；但是，當我們聽比方莫札特的——這裡，有鑑於昆德拉所舉用的音樂作品太高階、已少人聽了，構不成舉例所需的普遍生活經驗，我們替換不同層級、稍降兩階的音樂作品吧，效應和力量一樣，也許還更直接明白些。

比方，當我們聽著夏川里美的沖繩名曲〈淚光閃閃〉，沖繩三線的飽滿彈性琴音嘣嘣響起，除了喜不喜歡、有感無感之外，我們很難真的生出異於他人的感受，我們好像一起泅入到如河的音樂流水裡，如昆德拉講的，無非就是感覺美、感覺動人、感覺某種不由自主云云。尤其，日本東北大海嘯過後，人們回到滿目瘡痍的廢墟（稍前還是理所當然的家園，住著如今已不知在何處的親人）重唱重聽這首歌好清滌人心、一起找活下去的理由和力量，我們曉得，這首歌遠早於此次大海嘯，歌中的你我原來遠在南邊小島的琉球，但如今，好像是預知著、準準對著這一天、眼前的這些人寫出來的，還包括其歌詞，果不其然淚光閃閃，「我翻著老照相本，囁嚅的跟你說聲謝謝——」「不管是天晴是天雨，浮現著的總是你的笑顏——」「對著第一顆亮起的星星許願，已經是我每天的生活習慣了——」「你在那裡看得到我對吧——」「我相信我們一定會見面的，我以這樣的心情努力活著——」

或者，披頭四主唱保羅·麥卡尼的〈嗨，裘德〉，最近一次用在二〇一二年倫敦奧運的開幕式最後。這更奇妙，歌中的裘德原是藍儂和他前妻辛西亞的孩子，這首歌是作為伯伯的保羅寫來安慰這個當時父母離異的寂寞男孩的，參加倫敦奧運的全球各地這些男孩女孩不至於全都有類似的掙扎成長經歷吧，但我們很多人都目睹了這想來還真神奇的一幕，這大概是整場奧運最和平最甜美也最彼此感覺親切的一刻，空洞而且不免噁心的所謂四海一家居然可以像是真的，大家自然的、感染的跳著舞，還跟著唱，滿滿都是打心底的笑容，忘了或說暫時放下了未來幾天的你死我活拚鬥，而且可能就在這個地方這一場館。選對一首歌（卻又是如此歧異的一首歌），這讓倫敦市不知道省下來多少錢，千金不換；只一個人一首歌，這麼簡單就讓四年前耗費鉅資、再加上動員空前人力的北京張藝謀奧運開幕表演成為一個虛張聲勢的空殼子、一個昂貴的笑話（當然，張藝謀作為一種笑話其來久矣），這樣的效應和力量巨大而且非常真實，其中一部分還可以折算成現金不是嗎？台上的一人保羅，歲月不淹垂垂老矣，已不復是娃娃臉的昔日利物浦少年，倒像是這個古老帝國這一古老儀式的一名祭司、一個巫者。

這樣子的音樂效應和力量，大水淹過來也似的，讓理性沉沒，讓個性消失，讓縫隙彌合，讓應有必有的分歧不復得見，人平等的擠一起成為同一個並生出緊密倚靠的物理性溫情，這如漢娜‧鄂蘭講的可以是整個世界的替代之物，這一刻，人忘了外頭世界包括其黑暗苦厄險阻以及種種不可能，這一刻人甚至不需要世界，這全然是抒情的、一團的——所以昆德拉講，「這就是音樂的愚蠢」。

那些原來各自意有所指的文字歌詞怎麼回事？怎麼辨？這裡我們看到了，音樂（或說音樂圍擁起來的這一個暫時世界）很輕易的就淹漫過它們，溶化並馴服了它們，甚至直接改換成音樂所要的，文字（或說我們一己人心）就有如此彈性不是嗎？像本來毫不相干的〈嗨，裘德〉歌詞裡的這個「她」，可以是特定的那一個走開的母親，也可以是任何令人苦惱的女孩，卻還可以是擬人的、一對一私語的任何想望之物，甚至遠到是家鄉國族的象徵或當場竟是英國女王云云（所以《詩經》裡的女子當然也是后妃，《楚辭》裡還可以是雄性的、一臉鬍鬚的君王）；而這些背負著太過沉重奪金任務而來的年紀輕輕運動員，保羅勸他們「別把一整個世界全扛自己一人肩上」，這不是很對很準又很體貼嗎？主體當然是音樂而不是文字，先在我們身體起作用的也是音樂而不是總慢好幾拍的文字（「樂著太始，而禮居成物」，文字得通過辨識、通過思索和理解，隔了好幾層），事實上，我們可以倒過來看，不論是〈淚光閃閃〉或〈嗨，裘德〉，我們去掉歌只以文字來讀，都只是很平凡的、並不能令人滿意的「詩」（這也是今天我們重讀《詩經》得警覺的和得寬容的。又，日本人直到今天還直接稱歌詞為詩），失去了音樂的包裹保護，文字真相畢露的立即喪失本來就不屬於它的絕大魅惑力量。

基本上，文字仍是拮抗的，拮抗的力道當然取決於文字自己的樣式和內容。一般而言，愈是空靈的、飛雲端上頭的、少實體少細節的文字最容易馴服，相對的，愈精密愈專注愈深入的文字愈頑強不化，愈「不入詩」意即難能成為歌之詞。但也許更富意義的分別不在這裡，而是音樂和文字根本上就是兩種東西，作用的方式及其身體部位也不同（比方如中國人說的「樂由中出，禮自外作」），我們尤其得注意到兩者的「時間差」——文字的馴服往往並不持久，只是它的猝不及防、它的來不及反應便告淹沒於音樂之中；文字需要多一點點時間才能緩緩打開其全部可能、不同於音樂允許的另外可能，得等到音樂停歇下去，或說在這一次到下一次的音樂間隙裡才得以緩緩展開。而且，和音樂的重複、原地駐留不一樣，文字慢但卻是累積的、前行的、次次看它都有所不同的，它自我演繹又自我詰問質疑，生出各種反對自己、糾正自己的複雜可能，因此，文字的力量會一路增強，另外建構出一個恰恰背反於音樂（同質的、裡外如一的）的意義交迭、正反並呈、滿滿是不相和解異物及其疑問的凌亂世界。

音樂的此一效應和力量，即昆德拉所說「音樂的愚蠢」，中國人深刻的知道並早早化為理論，幾乎就是古時中國對音樂思索的核心、唯一結論，稱之為「樂以求同」或諸如此類的話語。於今最早的音樂論述文本是《禮記》中的〈樂記〉篇章（更早的樂經已流失），這仔細看更像是一篇結實的論文，在那樣一般性敘述的年代，顯得很特別。〈樂記〉肯定、驚異並追蹤音樂這一獨特的效應和力量，包括它的直入人心，無間隔無中介，昆德拉所引述，「抓住內心世界最隱密的起伏」，事實上這正是〈樂記〉的開頭：「凡音之起由人心生也。」包括它異於一切的快速和強大，「其感人深，其風移俗易，故先王著其教焉。」包括它因此直通通的曝現效果，人無所隱藏也無物可供遮瞞，如打回原形，像是人心赤裸裸的攤出來給彼此看，因此遂成為治政者想掌握一時一地人們真相的最方便最可信依據，從音樂去了解人，「唯樂不可為偽」，那樣的時刻人是做不了假的；還開始察覺出危險並嘗試控制，「樂勝則流」，流是沉緬、泛濫以及進入一種集體迷醉狀態，這不難一再從音樂現場直接看到，像結束不了的演唱會，停不住的狂歡，流連不肯散場不願乖乖回家睡一覺的人們云云；「過作則暴」，這就更進一步了，音樂的強大夷平力量，創造出某種全然感性、全然抒情的封閉世界，人開始顯露出附魔也似的表情和難以控制的身體，緊跟著來的就是暴力了，某種「需要叫喊、動亂和野蠻行為」的集體暴力，這兩三千年後我們更知之甚詳，因為這種過作而暴的歷史嗜血實例層出不窮經驗豐富，容格精準的指出，這樣迷醉的感性和抒情，正是暴力的上層結構。

嚴格些來說，察知音樂的如此效應和力量是普世的，但一般只封閉在宗教崇拜裡，密而不宣的控制在祭司巫師云云這些人手中，成為某種獨占的知識、配備和操作密技；古代中國（也完全肯定始於、歸屬於宗教祭祀）比較特殊的是早早把它光天化日的攤開來，通過理論化，釋放到一般性的世界裡，得到更廣闊的理解、結合和應用，比方成為某種統治知識和手段，但也無可避免的早早啟動了除魅。

先這樣。

## 鄭國這七個人到底說了什麼？

接下來，老方式老手法，我們試著來「復原」一場春秋的國際性宴會看看——春秋這類宴會大同小異，大致上就那樣進行，我們選這一場，一是因為講話的人多，內容較豐富；另一是舉辦於弭兵之會後，我們前後銜接起來，有熟人有來歷有已知線索也比較容易有感覺。

主客是剛剛簽署了休兵和約的趙武，主人是鄭國國君，鄭國一干部長級人物全獲邀參加，原文是這樣：「鄭伯享趙孟于垂隴，子展、伯有、子西、子產、子大叔、二子石（即印段和公孫段兩人）從，趙孟曰，七子從君以寵武也，請皆賦以卒君貺，武亦以觀七子之志。子展賦草蟲，趙孟曰，善哉民之主也，抑武也，不足以當之；伯有賦鶉之賁賁，趙孟曰，牀笫之言不踰閾，況在野乎，非使人之所得聞也；子西賦黍苗之四章，趙孟曰，寡君在，武何能焉；子產賦隰桑，趙孟曰，武請受其卒章；子大叔賦野有蔓草，趙孟曰，吾子之惠也；印段賦蟋蟀，趙孟曰，善哉保家之主也，吾有望矣；公孫段賦桑扈，趙孟曰，匪交匪敖，福將焉往，若保是言矣，欲辭福祿得乎。卒享。文子告叔向曰，伯有將為戮矣，詩以言志，志誣其上而公怨之，以為賓榮，其能久乎，幸而後亡。叔向曰，然已侈，所謂不及五稔者，夫子之謂矣。文子曰，其餘皆數世之主也，子展其後亡者也，在上不忘降；印氏其次也，樂而不荒，樂以安民，不淫以使之，後之不亦可乎。」

好，趙武請大家賦詩好知道每個人的想法，或正想著什麼（「以觀七子之志」），而七個人到底都說了什麼？這得回到《詩經》，不讀詩無以言，包含說者和聽者，包含了不會說和聽不懂。

子展念的（或吟誦的、唱的）是國風召南的〈草蟲〉，長這樣：喓喓草蟲，趯趯阜螽，未見君子，憂心忡忡，亦既見止，亦既覯止，我心則降——以下兩段大意相同，只是旋律和情思的徘徊緬延。訊息很單純專注，就是見到君子、見到了想望中這個人，人心由悲轉喜。國風中，召南、周南是最開朗的篇章，陽光照臨也似的，有小小的悲傷憂煩，都只是清涼的蔭影。趙武謙遜的說他不敢當詩中的那個人，只讚賞子展的渴求君子、渴求賢人的心思，一定是個很稱職的執政者。

伯有是鄘的〈鶉之奔奔〉：鶉之奔奔，鵲之彊彊，人之無良，我以為兄；鵲之彊彊，鶉之奔奔，人之無良，我以為君——鄘是衛國的詩歌，才經歷了荒淫、內亂和亡國的國家，現場大家記憶猶新。這首詩，不管原來是譏刺誰，總會讓人馬上想到衛宣公以降那堆荒淫敗德之事（我們在談情欲亂倫時引述過），尤其是宣姜和公子頑的強迫私通，由此聯結回鄭國自家也進行中的荒淫之事。所以趙武說他不敢聽下去，不願窺探鄭國寢宮內的種種不堪。

子西是〈黍苗〉五章中的四章，全詩是：芃芃黍苗，陰雨膏之，悠悠南行，召伯勞之；我任我輦，我車我牛，我行既集，蓋云歸哉；我徒我御，我師我旅，我行既集，蓋云歸處；肅肅謝功，召伯營之，烈烈征師，召伯成之；原隰既平，泉流既清，召伯有成，王心則寧。——這首鏗鏘作響的詩則出自於小雅，小雅是周人自己的詩歌，和國風不大一樣，小雅少有生活第一現場的東西，詩集中於稍高處，大體上都向著執政者，不是讚美就是譏刺，但這也可以就是同一件事，你把好人好事標舉起來，自自然然就構成對惡人惡事的抨擊；你只是專注描述出應然的人和事物美好模樣，那些「實然」裡的行惡之人往往就被比對出來的感覺被刺傷，認定你必是處心積慮在修理他。特別是，這樣的讚譽，係以回憶的、懷想的時間樣式說出來時。你總會不斷得罪人的，只要一天你還想做點對的事講點對的話，我自己多年來的真實經驗便一直是如此，你誠心正意的解釋我當然不是說你、我根本不屑講你、根本不願你的名字出現在我文字裡書裡（張大春早我多年做此宣告）都沒用也無意義。所以孔子作《春秋》，如我們講的只是寫出這一件一件歷史往事的正確應然模樣，就夠讓《春秋》成為中國歷史上最嚴厲最全面的譏刺之書；所以這首寫得極好、是《詩經》中傑作之一的〈黍苗〉，既懷念了召公，也不知不覺（或非常有意）的罵了很多人。子西只取其五分之四，大約是避開了末章四句，因為上達天子於禮法讓人不安；以周代被固化為最高潔人格者的召公比趙武，趙武又謙遜的把這榮耀上推給當然更當不起的晉君，這當然只是純粹的禮貌。

子產是〈隰桑〉，這也出自小雅，全詩是：隰桑有阿，其葉有難，既見君子，其樂如何；隰桑有阿，其葉有沃，既見君子，云何不樂；隰桑有阿，其葉有幽，既見君子，德音孔膠。心乎愛矣，遐不謂矣，中心藏之，何日忘之。——趙武只接受末章四句，躲開讚美，接受了那樣彼此記掛、共同向著同一種目標如作同一種夢的友誼。

子大叔是〈野有蔓草〉，全詩是：野有蔓草，零露漙兮，有美一人，清揚婉兮，邂逅相遇，適我願兮；野有蔓草，零露瀼瀼，有美一人，婉如清揚，邂逅相遇，與子皆臧。——這取自鄭風，是鄭國自己的東西，趙武如接過禮物恭謹的感謝了他。

印段是〈蟋蟀〉，全詩是：蟋蟀在堂，歲律其莫，今我不樂，日月其除，無已大康，職思其居，好樂無荒，良士瞿瞿。——以下兩段一樣是反覆的、加強的同義吟詠。這出自唐風，也就是趙武晉國自身的詩歌，講的是蟋蟀已入室的秋日時分，人有感於時間的快速流失，儘管該做的事都做了，也來到歲末可以休息了，但人卻不敢、也不該放鬆，人心中還有太多的事，日月代序，時間不等人的。這顯然比較嚴肅，現場也必定空氣一緊，趙武巧妙的把詩奉還印段，以為印段是這樣想事情、這樣生命態度的人，是憂深思遠、可以在亂世保家的人。

最後，公孫段是〈桑扈〉，全詩是：交交桑扈，有鶯其羽，君子樂胥，受天之祜；交交桑扈，有鶯其領，君子樂胥，萬邦之屏，之屏之翰，百辟為憲，不戢不難，受福不那；兕觥其觩，旨酒思柔，彼交匪敖，萬福來求。——這也是小雅之詩，基本上，詩說的是富貴福祿和人自身行為的正確關係，或者說其正確順序：富貴福祿是會自己來的，是它求你而不是你求它，是人做對事的必然報償，理應如此。這當然也是用來直指趙武的，貴為盟主之國的第一號人物、站當今天下最高處的人，既富且貴不僅正當，還是其證明；但趙武仍同樣巧妙的讓開，讓此詩還原成普遍原理的模樣，適用於所有人。這是整場宴會進行裡趙武的一貫態度，領受情意，但把自己下壓到和所有人平等的位置，回到樂的原意來，我們都站在同一個歷史時刻、同一生命處境，若有更高遠的東西出現，那都是我們所有人相共的、一起抬頭瞻望的、是我們都想成為的。趙武真的是個品質很好的人，超出了守禮，用英文來說是decency。

唯一詭異的便是狗仔八卦的伯有，這顯然是個可惜生得太早的人，若活在今天台灣，大概是現場所有人最容易找到電視台、周刊雜誌社和報社工作的人。趙武不能再準的指出，伯有這是用自家後宮穢事，不惜踩過現場鄭君和所有人，來作為一種獻媚討好的手段，「以為賓榮」。這其實不是某一人，而是一類人，我們誰身邊應該都有，他們會忽然（不恰當時機、不足夠的交情）把某些最不堪的祕密告訴你，通過必要的誇大、編造以及暗示更多，最常使用的正是他親密的家人和親友，這往往製造出某種錯覺，以為這是個坦白無隱勇於說出真話或至少撕毀假象的人（台灣當前不是有太多人把那個因此飽掠一大筆錢走人的八卦掌門人視為英雄或值得一交的知友嗎？為他辯護為他喝采，價值混淆就可以到這種地步），或更私密更一對一的，既然他不惜把自己關係如此親密之人的最深藏祕密告訴你，不是一下子把你倆關係更晉升一階，成為某種非比尋常、再沒有什麼不能共享的生死刎頸之交嗎？

兩千多年前的清醒趙武沒上當，他指出伯有必不得善終；聰明的局外人叔向更不會上當，他甚至說出時限，不出五年（真正的答案是三年，伯有被殺於羊肆）——這非常有趣，因為叔向的時間判斷說的是「所謂不及五稔者」，顯然是引用當時的某一慣用語、某個當時人們已成定論的說法，接近於當時人們相信的、接受的一個時間計算公式；某個因，必定在一定時間內會顯現出某個果，五年是一再驗證過的極限時間，是常數（《左傳》中，這種不必交待理由的「不出五年時間」不只一處，秦后子鍼流亡，判斷秦國政局有所變化的時間正是「五稔」；又、虢滅於晉，之前卜偃預言虢的亡國時間也是，「不可以五稔」）。這是當時人們很重要的一種思維、判斷方式，把過往人們的種種生命經驗編織起來，成為俗諺、故事或詩歌，如本雅明說的，離開特定個人進入集體，也如昆德拉帶點質疑說的（其實是引述休謨），時間的前後順序同時也就是一種因果關係，好記而且很好用，最終像是一個一個公理甚至公式，如數學演算那樣，當下發生了某事，你只要找出相關相類的俗諺、故事或詩歌套用上去，就馬上能得出其遙遙結果，世界因此變得很簡單很穩定，可一眼看穿可一一掌握。依這場宴會中的鄭國七子，《詩經》也是這麼積極使用的，與其說是文學詩集，不如看成是一部生命定理大全、定理的百科全書，記得愈多（像我們高中歲月背數學公式），就愈知道怎麼計算世界，所以不讀詩無以言的更進一層意思是，你因此根本看不懂眼前世界發生的種種，不只聾和啞，還是個瞎子。

## 音樂和文字的交壤之地

注意到了嗎？詩三百，也許當時還不只這三百篇，三百據說是稍後孔子刪除整理的結果，為什麼鄭國七子引述的只有國風和小雅？不是還有大雅和頌這樣更堂皇、更合適這種帶儀式意味、應酬意味國宴氣氛的詩嗎？

這極可能不是偶然的。

詩三百風雅頌，大致是個同心圓模樣，也像是時間裡生成的詩歌漣漪，像誰扔進了一顆石子，最內一層是頌，再來是大雅，然後小雅，最外層則是已顯得有點凌亂隨意的國風，到這裡，漣漪逐漸復歸平靖，重新融回、恢復成寬廣如鏡的水面——但大雅和小雅其實是有著相當區隔的，儘管當初的編輯作業只簡單以「周人自己的詩歌」之類的理由歸併一起，服膺那種「人我內外」的最古老分類法。從更多也更富意義的理解方式來讀來看，小雅毋甯更處處接近國風，差異只是地理空間的不同，還有就是時間進展的微妙移動變化。小雅像是生成於一個「已開發」「已熟悉」的特殊地域，是周天子「直轄」的，不必再像仍有異物奇事的遠方國風那樣、帶著驚奇之心必須回頭一一描述生命現場；也可以說，這個位處中心的地域，感受著權力的較清楚鉅大存在，權力在這裡是某種生活基本事實，有很直接的牽動力量，人的憂喜、人的身家性命財產、人的幸福和不幸更多取決於這一權力的進退變化起伏，就像從周宣王換成了周幽王，人的生命處境、人整個生命圖像及其可能當下丕變，詩也丕變。小雅之詩，合理的把目光移向這裡，幾乎是緊張的盯著這裡，再不復那種素樸的田園詩光景，人看來也不像是單純的、如花自開水自流的庶民歌者，用春秋現場聆聽過小雅之歌的季札其第一手講法是，小雅有一種哀怨，親人才有的哀怨：「美哉，思而不貳（叛離），怨而不言，其周德之衰乎，猶有先王之遺民焉。」

這一詩的漣漪，很清晰也是權力的漣漪，頌中心一點的幾乎只存在周天子一人（孤獨的虔敬的面向著天上），大雅擠著共治的廟堂之士，小雅則是源遠流長的、從早早周還是個部族時就有的所謂子民，國風才是放眼天下的萬民兆民；這大致上也是個從天上到人間的漣漪，從祭祀崇拜到王國統治再到生命現場的耕織勞作、情愛婚姻乃至於花草樹木鳥獸蟲魚；因此，這也就是悠悠歲月的一個時間漣漪，不是說《詩經》的詩歌排序是按照每一首詩的各自生成時日由古而今（或由今而古），這是歷史的概念性階段時間，《詩經》的搜集者、編輯者（編輯者的工作便是找出某種他以為最適的、最富意義的秩序），從一首一首詩的具體呈現隱隱察覺出這一大時間圖像、時間秩序；我想知道眼前世界究竟是何模樣，但詩的參差時間生成揭示了此一工作的縱深，眼前世界是巨大的化石層，是一路來到的、形成的，其然包含著其所以然、而且得進入到其所以然才得到較周全的說明。古之大事惟祀與戎，祀還先於戎一如宗教祭司總是先於部落戰鬥英雄一步，然後才有著王國敲敲打打的營造。祭司（摩西、約書亞等）→士師（基甸、掃羅等）→國王（大衛、所羅門等），這是《聖經・舊約》的大時間序亦即猶太人歷史開端的時間序，也正是《詩經》的頌雅風排序。《詩經》因此不是一部橫著拼貼起來的單純詩集，它還重現一種歷史，一個「我／世界」的來歷，搜集者、編輯者心中有事，依循著古老的歌之路，攜帶著某個深沉的詢問，並得到這樣微妙的結果。

我們要多說的是，這也是一個從音樂到文字的時間漣漪，便是在這一層意義上，我們才注意到小雅和大雅間的較大分離，小雅在此一意義上更靠向國風，讓「鄭國七子何以只引述國風和小雅、不及大雅和頌」這一或許太大驚小怪的疑問得到一個可能解釋——頌幾乎是純粹音樂的，文字基本上無法獨立存在，日後我們閱讀只剩文字的頌，無法把它們當完整的作品，只是一些碎片，或說一種信物，它們巨大、光輝但空洞的存留，真正誘人的是供我們去想像那樣一個時代，那樣一種時間，以及究竟是何等光柱形狀、天梯形狀的上達音樂，以及被這樣音樂充滿、撐開來的人的身體、人的心云云，像兩千年前吳國季札，他在聆聽頌樂時的確是最激動的一刻，反倒最有感覺，也講了最長的感想，恰恰背反於我們純文字的讀《詩經》，這當然是音樂的而不是文字的力量：「至矣哉，直而不倨，曲而不屈，邇而不逼，遠而不攜，遷而不淫，復而不厭，哀而不愁，樂而不荒，用而不匱，廣而不宣，施而不費，取而不貪，處而不底，行而不流，五聲和，八風平，節有度，守有序，盛德之所同也。」大雅可以直接讀，其實很接近讀《尚書》，也許正是規格內容差一點、沒能選入到《尚書》的東西，它們歌詠的是一個個獨特的、幾乎不會再重現的歷史和人物，或應該正確的倒過來說，它們以一種全然獨特化的方式（獨特的事件、獨特的天神也似之人、獨特的歷史現場云云）回想這些歷史時刻，赫拉克里特之河的，遂讓這些事、這些人、這一個一個歷史特殊到無可比擬也不再重現不再回返讓人惆悵；大雅也很容易讓我們想到史詩這東西，其中相傳是中興之主周宣王奮起的那一組五詩（〈崧高〉〈烝民〉〈韓奕〉〈江漢〉〈常武〉）幾乎就是了，若有人把它們故事的聯綴起來，補一些必要情節以及具體細節，便可以是另一部《埃涅阿斯記》或至少《羅蘭之歌》這樣的完好吟遊史詩，諸如《周宣王記》、《宣王之歌》之類的。周宣王那樣在晦暗如夜的歷史時間宛若一道光的射出，還有他最終的就差一步，最終仍拉不回下墜周王朝的徒勞，不是該有的都有了、都準備好了嗎？

頌和大雅，基本上是把人帶離自身的現場，帶到遠方，帶到某個迷醉之地、某個共同榮光或日已西夕榮光逝矣的非比尋常時刻，人進入到某種集體的、相似的心思狀態情感狀態、即便不再伴隨著音樂，仍保持著音樂的「趨同」效應；而它們太大太空的文字，事實上也進不去任一處細瑣的生命現場，對準不了針尖也似的當下特殊時間一點，以及人當下不堂皇不偉大但確確實實很折磨人的具體某事，人難以取用為自身需要的對話和建言。這得要人降低下來站同一水平大地、文字縮小而且具體起來（具體就有了拮抗音樂的淹覆沖刷力量，岩石般在音樂大河中頑強的露出頭來被看見）的小雅和國風才做得到。而生命現場，如李維-史陀指出來的，蕪雜零亂各行其是但其實非常穩定，即便異地異時有著調整，仍日出日落春耕夏耘秋收冬藏的有著極相似的、重複的基本處境及其要求，人也往往發明出極一致的、可相互參照並持續修改進展的琳琅生活物件和種種有效生存策略，周南召南邶鄘衛鄭，你不至於恰好是第一個或唯一一個有眼下這一麻煩的人（等不來某個人、雨下不來或下太多、家人親人中某一個如此不肖令人頭痛、某個如此誘人但危險的東西忽然出現在眼前云云），只需要一點點同情同理之心，也許再加一點點想像力，人哪裡也不必去，更不必更換成另一種人生，這些詩會在正確時候找上你，而且不只是「一個答案」的光禿禿形式，而是一段重疊的、彷彿很知心的把你當下際遇重講一遍的敘述，人找到相似處境，以及有相同麻煩的其他人，至少知道自己仍是「正常」的，可以放心的、鼓勇的在原地繼續生活下去，如本雅明說的，生命往往只是要不被打斷的繼續而已，並不真的要一個答案。

《左傳》中，人們大致依此原則引述風雅頌的大小不等、虛實不等文字。頌和大雅使用於大場面，講無可駁斥的大道理，更多是收攏歧見、中止談話下結論，好營造某種大團結之類的氛圍，人保持著一種身分；國風和小雅則使用於較私密較緊湊、傾向於一對一的談話時，在談話之中，而且通常真的有具體問題得講清楚得解決，人比較接近原來的、完整的自己。春秋的宴會場合，尤其是《左傳》以為較值得一記的這樣國際性大宴，按理說，理應是最屬於頌和大雅的行禮如儀時刻，依《左傳》，稍早的大宴會也的確如此，席上賦詩你好我好的多是頌和大雅，我們很難指出來一個確切的割分時間，這當然是滲透的、緩緩而來的，當小雅和國風逐漸替換了頌和大雅，乃至於趙武和鄭國七子這一場居然已達7比0的地步，倒過頭來，我們於是感覺事情有變了，至少，某些人已不再把這一場合、這種相遇看成純儀式性的、純應酬性的，流水般依rundown走完，從同到異，從收束到展開，某種離心力開始顯現，後期的春秋宴會，人的存在感具體起來，不再只是某國代表的一個空盪盪名字，氣氛也有點詭異起來，當時人們已一再從其中察覺出些許不安的、危險的東西，宴會開始有事發生，無法用趨同的音樂聲音完全壓住它們融解它們。

「大夫無外交」，或「大夫無私交」，但為什麼？這一森嚴的禁令並沒道德依據也不合於人生現實，其實只是某一體制秩序的特殊要求而已，就像某些職業工作得簽保密條款，就像今天我們慣看卻永遠看不慣的，某一政府單位乃至於民間大公司爆發不堪之事（貪瀆、逃漏稅、性醜聞云云），這一體制力量第一時間問的，永遠是誰把祕密洩露出去而不是事情的是非對錯本身；是的，這一看似堂皇的禁令更多時候是維護壞事壞人的，儘管並非全無必要。春秋中後期，各國大夫的相遇和交談頻繁起來也真實起來，更多有意義的現實判斷及其反省因此發生，這其實來自於一個簡單的事實——事實是，這些人，在國別的殊異、敵對身分如你是晉人我是鄭人之外，其實共有著一個毋甯更實質的身分，我們這麼想吧，所謂晉國大夫，晉國這兩個字基本上是決定的也是已完成的，不需要也無從多做什麼，更接近一個單純的稱謂，沒有「更晉國」這回事，也沒有「學習當個晉國人」這回事，這都是相當噁心的國族語言而已；比起來，大夫這兩字才是實質的部分，才是每天有事可做還非做不可的身分，這才是工作，是專業所在，有一堆要學要討論要想辦法弄清楚的東西，李維-史陀稱之為「人在世界的位置」，意謂著人由此經常的、持續的、綿密的發展他和其他人、事、物的關係，形成一個具體的生命網絡，也形成他對世界的基本看法、一種「生命／世界」圖像。也就是說，在彼時敵視的、對峙的國際形勢底下，這些人有著相當一致的生命處境，也有同樣的專業工作講求，甚至，其困難其風險其危機的樣式都是相似的、可相互比較的（侍候一個國君、參與一次談判、帶領一支軍隊云云）。我們知道，真正有意義的、可一直講不完的談話總是在專業裡發生，也必然發生（大畫家法蘭西斯・培根晚年感慨再沒有人可談話了，也正是慨歎藝術專業的消失），這幾乎可以說是人性。春秋諸國大夫，當跨國的相遇次數一路增加，相遇的時間延長，例行任務三兩下完成（愈嫻熟就愈快），音樂停歇，人恢復成自己，真正的話語就出來了。我們引述過齊國晏嬰和晉國叔向那一次深沉的、各自慨歎自己國家已是末世時日的夜間談話，也講過季札周遊北國一一忠告諸國這些大夫，這些話語都是在大夫這一共同身分裡進行的，不及更上頭的國家，甚至說，都背離著各自國家，還帶點叛國意味，洩露國家機密或至少構成毀謗不是嗎？諸如此類的深淺不等談話在《左傳》尤其中後段是遍在的。

在我自己的專業領域裡，這樣的話語進行是再熟悉不過的，一看就懂，幾乎會笑出來——編輯就是這樣，完完全全這樣。編輯隸屬於特定出版社，但編輯同時有一個古老悠遠的來歷，承接著書的歷史、知識的歷史，成為另一道平行於當下雇傭關係的文字工作者身分自覺和另一種忠誠。出版社林立，會彼此搶書搶作者搶媒體配合搶發行管道搶書店陳列位置，也一直被不懷好意誇大的說成某種戰爭（我的老友詹宏志在出任出版社老闆時的不朽名言：「我們和××出版社終須一戰！」這當然是音樂性的洗腦話語），但這底下，編輯同時跨過公司、相當清晰的形成一個個「群組」，並隱隱構成一個「整體」、一種人。他們經常性的聚會，坐咖啡館裡說個沒完，正經的八卦的（如《左傳》），彼此安慰並介紹工作跳槽，形成相當頻繁的業界內橫向流動（亦如《左傳》），講當下彷彿做不完的事也一起憂煩茫茫未來（很不幸的，也像極了《左傳》），永遠不缺話題，至不濟最後還各自有老闆可罵（仍像《左傳》只是更肆無忌憚）。在這裡，沒有人真的為自家公司辯護，天知地知你知我知，那太怎樣了不是嗎？

值得再進一步留意的是大夫這一身分的特殊內容和意義，這裡，我們姑且泛稱之為「貴族」，好聯繫到更多人類的共同歷史經驗——我們曉得，貴族和君王在權力的層級體系裡只一階之隔，住樓上樓下的，甚至就曾是親人家人乃至於童年玩伴；這也是說，貴族是熟稔權力的，深知權力真相及其操持方式，於權力的詭計部分，他原是一起騙人而不是被騙的，就像那種魔術師、靈媒的助手。因此，在權力的各式支配裡，他獨獨對克利斯瑪式的奇魅幻惑力量是完全免疫的，只因為他看多了君王、英雄、領袖、聖哲下班後的種種具體模樣，乃至於五歲時、十二歲時的未成形模樣，要將這樣一個人視為神聖實在有困難；也因此，人類這部分的除魅工作，總是啟始於貴族而非一般平民，這到我們當代仍是如此，是一個歷史通則。

貴族，除了一種人生而不平等的公平正義問題之外，還有很多跟著而來難以克服的常見毛病，比方最容易腐敗乃至於柔弱虛無云云，就只有一點，那就是不上當——特別是在某種奮起的歷史時刻，人以為需要多一點激情和執念，得有那種不再思索、一路到底的戰友，好凝聚為一個整體，他卻總是清醒的，像是無法停止想事情，像是心思遊離專注不了的人，常常還像個局外人，這種「不必要」、不配合的清醒往往很氣人很掃興，也許是個更大的毛病吧。

《左傳》裡這些良劣不等的各國大夫或多或少都這樣，表現得較清楚的是晏嬰和叔向，子產其實也是；另外就是季札，他關心吳國，但只肯用自己的方式配合吳國。

十九世紀的舊俄風起雲湧年代，代表性的人是屠格涅夫，這個貴族出身的書寫者正是當時一排偉大小說家中最不過癮也顯得最黯淡的一個，「缺乏激情」，「柔軟得跟一團蠟一樣」。屠格涅夫筆下，沒有迷人的魅惑性幻覺性東西，沒有書寫者強加於現實的種種詩意東西，甚至沒有足夠的「遠方」，提前銜接著日後自然主義的書寫。我們說他直直的寫出當時的俄國現實可能不太對，因為彼時俄國是瀰漫著各式激情迷霧的，夢境和現實不分，屠格涅夫的書寫毋甯是「穿透」和「還原」，一種解密式的書寫（帶著深深的不安和歉意），兩端除魅，包括沙皇和東正教的種種統治詭計，也包括革命者的種種大抒情詩詭計。

但我真正想的是托克維爾，法蘭西貴族。他其實是在一個更難看清楚的歷史時刻，歐陸這邊是爆炸開來的法國大革命，新大陸那邊則是宛如應許之國、神之國從人們眼前忽然昇起來的美利堅合眾國，整個世界如野馬脫韁而去，人們也把世界看成全新的，和傳統切斷開來，不必也無法用過往歷史經驗來觀看來解釋檢證（這也同時是獲取行動和言論無限自由的一種詭計），但托克維爾不上當。是的，民主制和美利堅也許是全新的，但作為其不易核心的權力絕不是，權力古老而且穩定可預期，包括它的偏好，包括它一定會做的和一定不會做的，這不因為擁有者的轉移以及更換一種授予方式就成為完全不同的東西；此外，人也就是這些人，一樣古老穩定可預期，只要你對人一直有足夠的好奇和關懷。這些他太熟悉了，可以簡單分離出變與不變的東西，所謂的全新事物，更多只是一種變化，甚至只是「形變」而已，都有其來歷、有一路軌跡可建立線索的，由此，他輕易看懂這個讓人興奮不已卻又以為不可解的世界（「輕易」是我們對他的讚歎之詞），並有條不紊的講解給我們所有人聽。托克維爾選過也出任了大革命期間的國會議員，但做不成什麼，這也不是他真正價值所在，他是觀看者而非行動者，比較正確的位置是局外，此一不可思議的成果是一部書，數以百萬計的文字：《美國的民主》，*Democracy in America*，原意是「民主在美國」，民主才是主詞，也就是更大視野更長遠歷史的，把美國的建成作為人類民主思維至此的一次具體實現，一個珍稀樣本，可以仔仔細細的分析檢視其成敗得失、它做到的和意想不到的。

在《美國的民主》書中，談到美國聯邦大總統制的設置，托克維爾莞爾的說：「有點奇怪，他們才剛成功擺脫一個國王（英王喬治五世），卻又急著選出一個國王來統治自己。」——這不是真的奇怪，這就是「人民」的思維，在法國這邊也是這樣，人們好不容易把一個國王送上斷頭台，也一樣慌張的找下一個國王，或想把每一個可能的人都變成國王，就連拿破崙三世這樣的市儈之徒都行。更加清楚的，處決國王的場面，都依然古老神聖儀式的，音樂之聲上達天際。

大革命，通常就是一首歌對抗另一首歌，這一音樂效應壓過另一音樂效應，一直到我們今天剛剛都還是這樣。文字的思索辨識追究只能在之前或之後，其間是毫無機會的，只能返祖的乖乖成為歌詞，像頌和大雅那樣——革命本身就一首大抒情詩，而且每回革命還都真的寫成、唱出、留下一首一首歌來不是嗎？

因此，除魅不開始於所謂人民的覺醒，而是還要更早些，發生於貴族的分離，就像發生於這一場一場春秋的大宴會一樣。除魅比人們想的要歷時悠長，所以更慢、更一點一滴、也更不易完成。

## 樂經也一定還在這裡

如此的宴會賦詩，也許還會讓我們想另一件事——

純粹只是好玩。知道羅素那個著名的集合悖論嗎？簡單說，是否存在一個包含了所有集合的集合——答案是，我們可以想出一個包含了全部集合的大集合，但在此同時，我們一定就又製造出一個新集合來，逃逸於大集合之外，那就是這個大集合本身；如果我們進一步納入它，又會再生出另一個新集合來，如此如此這般這般，很像面對神話故事的某種魔龍一樣，砍一個頭又生出一個頭，沒完沒了。

六經，詩書禮樂易春秋，我們習慣的分割並列它們，但《左傳》（可視之為《春秋》的擴大版本），我們看到了，書中人物動不動引述詩書禮易，彷彿這部經書大集合般又同時吸納了、包含著其他經書。當然，引述的還有不在《詩經》裡的詩歌（稱之逸詩），沒收入《尚書》的文獻（稱之逸書），不屬易經系或更古老於《易經》的各式觀兆問卜之言，更多有關制度、法令、禮儀、人情事故風俗習慣的昔時經驗之語，以及，六經之外、六經不信任的諸多神話傳說和俗諺云云——這給了我們一個還算頗有意思、也生動得多的時間圖像。這裡，問題不在於《左傳》是否晚出於其他經書，《左傳》顯然是晚出的沒錯，但書中人物可不是，有超過一半的人早生於孔子所以必然也早於六經的成書，除非我們把這些引述全視為虛構不實（但這是不可能、不可思議的），都只是《左傳》書寫者日後的編造，把經書之言嵌入，像小說家安排他書中人物說話那樣，否則，較正確的整體圖像是，所有的經書，在它們各自成為一本書之前，都像一條又一條源遠流長的大小河流並整體構成交錯縱橫的水系，智慧網絡的水系，人們長時間的生活於、浸泡於其中並隨時伸手取它一瓢飲用。這裡，《春秋》不同於、不全然平行於其他五經之處，正在於《春秋》是歷史，《左傳》的歷史現場復原工作讓《春秋》這一特殊性具體的、清清楚楚的顯露出來，它時間切片般（一個厚達兩百四十二年的切片，厚切牛排）橫向記錄了某一個時代的完整真相，自然也記述了這一實存的大智慧水系。《春秋》大集合般包含著其他經書，只是一種必然、一個簡單的事實。

那麼樂經呢？《左傳》中，一樣處處是關於音樂乃至於祭祀崇拜云云的討論和引述，當然也一定包含了樂經，只是樂經的流失，讓我們無法像其他經書般一一對應回去，知道這兩句是〈詩經‧召南‧甘棠〉或〈尚書‧堯典〉而已。也就是說完全一樣，在樂經成為一本書卻又不幸流失之前，它一直生動的存在現實之中，在人們的記憶裡、話語裡，是人們思維乃至於現實工作確確實實的一部分。這樣實際的來看，樂經的所謂湮滅並非一種徹底的、無一句一字逸出的吞噬於全然的黯黑之中，像是連一顆光子都無法逃走的歷史黑洞，沒這麼戲劇性也沒這麼悲慘或說淒美。真正消失的，只是這一本書，而不會是這些思維。思維有來歷有時間過程有數量不等的人們投身其中，它留下來的豈止是所謂「一英哩長的尾巴」而已。思維的真正滅絕方式不是如此，基本上只有兩種，一是作為載體的人世界末日的悉數滅絕無一孑遺，這不至於或說還沒發生，另一就是人們的遺忘，它退出人的記憶，退出人的生活事實，即便書其實還在，也是已進入死亡的窟室裡，靜默的躺臥在死亡之中，如愛默森講的那樣。

誇大一點來說，我們流失的豈只是樂經而已，我們天天都在流失這本書那本書，而且加速之中。

安博托・艾可是書痴，也是書的珍本收藏家和書的獵人，他《玫瑰的名字》這齣華麗的中世紀修道院謀殺劇，便來自於一本書的尋求、爭奪、護衛和禁錮，這本書是亞里斯多德《詩學》的完整抄本，包含了相傳已佚失的第二卷，也就是喜劇討論的篇章。凶手的盲眼老僧佐治在亞麻紙書頁上髹上劇毒（「有一千隻蠍子的力量」，當然也是隱喻，某些人總相信某些書是有毒的），但破案偵探的英籍威廉修士沒上當，第七天，也就是最後一天，這兩人對峙於大圖書館迷宮的非洲之末密室裡，威廉修士仍無法真正閱讀這一古希臘抄本（否則就中毒身亡了），他只念了第一頁，並大致翻看一下，這其實是最有意思的地方，人能夠知道、還正確說出一本他從未讀過的書的內容——威廉修士相當準確而且完整的講出了亞里斯多德的喜劇討論內容，來自於他之前對亞里斯多德的充分理解，也來自於他對這一思維題目的廣泛理解，並佐以他對其他相關書籍的閱讀和記憶。一本書從不單獨存在，它同時生於、存在於並完成於其他更多的書中。

所以，在被問到「我們能否想像在將來發現一部未知的傑作？」這一問題時，艾可的回應大致正是這樣。如果這真的是一本如此重要的書（如樂經），應該就不會完全不留痕跡、不至於我們對它一無所知；也應該不會全然的背離於、不相干於它生成的當時世界，宛如天外飛來那樣。書不是這樣生成的，書和它所在世界的關係千絲萬縷切不斷，即便飛起來，也飛在當時的天空中，尤其是早期這種總是輾轉於代代眾人之手、完成於漫漫時間的書——所以艾可說：「一部傑作要成為『傑作』，必須為人所知，吸收各種因它而起的解釋，而這些解釋最終將成為它的一部分。不為人知的傑作沒有足夠多的讀者、閱讀和解釋。說到底，我們可以這麼說，是《猶太法典》造就了《聖經》。」

還有一段較刺激的：「艾略特在評論《哈姆雷特》的文中講得很清楚，《哈姆雷特》不是傑作，而是一部混亂的悲劇，無法協調各種不同的頭緒。正因為如此，它變成一個謎，讓所有人不斷探索。《哈姆雷特》不是因為其文學品質而成為傑作；它是因為經得起世人的詮釋而成為傑作。為了流傳後世，有時候只需大放狂言。」

《左傳》讓我們看見了一些「樂經成書之前」人們關於樂的種種實際理解、說法和作為（這裡暫不稱為音樂，因為音樂是和崇拜祭祀降神及其延伸使用綁一起的）；〈禮記・樂記〉則是「樂經流失之後」最完整存留的一份總的論述文字。之前和之後，我們這裡仿孔子的話語開個正經玩笑，「樂經在其中矣。」不是嗎？樂經還能跑哪裡去呢？

從《左傳》的廣泛零散記錄到〈樂記〉的收攏論述，這之前和之後一致到、一貫相承到一種地步，沒有不相容的異物，甚至還沒有溢出來、切出去的不同想法和主張，好像當時的中國人以為

（或自以為）已經把樂這東西完全想清楚了、下成最終結論了，而且大家都同意已成共識。事實上，這之前和之後還可以各自延伸到更遠，也就是說，就論述的層面來看，《左傳》之前所有可靠不可靠的文獻裡，也沒有超出於、扞格於〈樂記〉的東西；之後，司馬遷的〈史記・樂書〉繼續抄錄，只微調為西漢當時的文字而已，改動哪幾個字算得出來。之前源遠，之後更是流長。

因此，我們這麼說應該一點也不大膽，平靜而且平實——如果說今天樂經忽然在沉睡兩千多年後冒出來，比方挖到一大疊竹簡或又找到孔子另一處住宅云云。這當然是驚天大事，但嘉惠的只是某一部分專業研究學者，有一些有趣的比對工作考據工作馬上可做，並一一寫成學術論文；另外就是蘇富比拍賣，這些竹簡勢必是天價東西，只是流出不流出而已。結論文風不動，當時中國人的音樂想法、音樂圖像不會改變，甚至還不會增添什麼，沒事的。

〈樂記〉會不會就是樂經？或樂經的新版本如〈史記・樂書〉是再一個版本那樣？不少人很合理的如此猜想——禮與樂，在人的思維探究裡逐漸合流，更在道德體系、社會規範和政治制度的設計安排裡必然的合流，成為如光與黯也似必須一起想、才完整可解的一體東西，至少在中國人這邊早早如此，《左傳》顯示的也是這樣。因此，在禮經進一步「生長」並自體分裂為如今看到的《禮記》《周禮》《儀禮》三書模樣，並實質提昇為人當下世界秩序的整體建構時（春秋的混亂失序迫切的呼喚這一工作），樂成為（或被想成為）是其不可分割的一部分，樂經被收入、以及融進到新的禮書之中，就像樂官春官天官併入到王朝官僚系統裡不再獨立不再平行（比方如〈禮記・曲禮下〉：「天子建天官，先六大，曰大宰大宗大史大祝大士大卜，典司六典；天子之五官，曰司徒司馬司空司士司寇，典司五眾。」這揭示了一個階段性環節，當時兩者平行，甚至天官還稍稍尊貴的居前，但也合而為一了，包含在同一個治政作為裡）。

是否真的樂經就是〈樂記〉云云，這裡我們沒能力駁斥或證實，老實說，也沒進一步察究的興趣，這是個專家的題目。我們關懷的是其變化消長，藉此要指出的只是，相對於禮的不斷辨識分割伸展、趨於繁瑣並形成不斷堆高的層級，樂始終是容易說完的東西，也是夷平也似、裡外上下同質、抗拒著層級分割的東西，它幾乎就是平等的、無政府的，就像劉邦回鄉唱〈大風歌〉那樣一種圖像，那一刻沒有天子庶民尊卑長幼，只可惜很短暫無法一直這麼下去（這其實就是音樂的根本麻煩，跟夢境跟幻覺一樣，它總是無法持續太久）。或者我們較正確的來說，音樂，能夠用文字來描述來說明並固定的本來就很有限，它有自身獨特的生長演進之路，並不描摹不跟隨這個世界，也很快就脫離開這個世界；音樂先於世界的形成，源於更早也更渾然的自然，並自成世界，你得放它自由，像人心一樣自在的、若即若離的流動。基本上，音樂是聲音、曲調和節奏但當然不止如此，它和文字接壤之地不大，大致上就是詩，也許更隱約更微弱的還進入到文學，那些我們感覺詩意的作品（比方王爾德的散文和童話故事、賈西亞・馬奎茲的小說、德・昆西的論述文字云云）。所以波赫士講詩要求人大聲念出來，是聲音乃至於腔調、表情和身體，文學是人身體血肉可以直接感知或說「觸到」的東西，閱讀是一種確確實實的經驗過程或直接說經歷云云；或納布可夫，文學不僅用腦和用心讀，還應該用脊椎來讀。這兩個同樣一八九九年出生的大書寫者，都是也寫詩的小說家，或也寫小說的詩人，這裡，他們指的不是文字，而是進入到文字裡的音樂，以及音樂才有的那種「本來」的親密關係（有趣的是，這些話若改以古中國的文言寫下，好像直接可融入到〈樂記〉本文裡毫無困難、毫無異狀）。

六經中，《詩經》正是生於這一音樂和文字交壞之地的作品，從它自身頌雅風由歌而詩的過渡流動變化，也從人們用以寄寓心志的引述選擇變化，我們可以頗清楚看到一個從音樂到文字的消長過程，這其實也是人類歷史由同而異、由一而多的必然破壞並開展過程。

## 其實也是反音樂的

〈樂記〉是一篇很好看的文章，話說得大派堂皇，語調則是奔放的、淋漓的，彷彿已窮盡一切。最舒適的可能是，它的文字開朗、愉悅、遼闊而且充滿光線，這麼困難而且茲事體大的說理論證，它如快馬馳過直抵終點，沒遲疑顛躓，沒有陷腳的泥淖，讓人一直想起《給下一輪太平盛世的備忘錄》演講裡卡爾維諾對速度的讚歎。

比方我們隨便找一段來讀：「是故清明象天，廣大象地，終始象四時，周還象風雨，五色成文而不亂，八風從律而不姦，百度得數而有常，小大相成，終始相生，倡和清濁，迭相為經，故樂行而倫清，耳目聰明，血氣和平，移風易俗，天下皆寧。」——天堂，或更難的，人類現實世界的至善之境，這麼快幾個大步就到了不是嗎？

這其實是當時典型的、幾乎俯拾可得的論證說理語言，幾乎已是一種格式（或曲式？），後世也一直沿用，彷彿成為一種神聖語言，用來說出那些無人可反對（或不容反對）的真理。但我們平心靜氣來讀，這裡面的「因為／所以」邏輯聯繫其實多有可質疑的，也多是最應該一一停下來仔細想的，事情並不也從不這麼簡明，只是閱讀時，尤其我們若像當時人們那樣出聲朗讀時（試著出聲閱讀讓我們得以回轉幾千年時間裡人們的領受方式、得以重現伴隨著聲音的完整語言力量），我們很容易進入到它形成的特殊世界裡，由它拉動著快跑，這與其說是道理的說服，不如講是音樂的催眠。這可能也解釋了一個弔詭的經驗現象，那就是我們總是比較容易被話語而不是文字說服，儘管話語相對來說總是疏漏的、跳躍的，尤其事後整理成靜默的文字更往往千瘡百孔到接近胡言亂語。所以不少負責任的文字書寫者（如卡爾維諾、如朱天文）害怕用話語表述，擔心話語的粗疏，更擔心粗疏卻又絲毫無損的那個不當魅惑力量。

也許，所有的真理性話語一直都是這樣，音樂般單向的流瀉而下，不容打斷也不留給人懷疑的間隙，當下，我們是全面靜默的聽者和受者（如一場兩三小時的音樂會，我們只能坐著不動不語，或只能聽命隨之而歌而舞，並且在回答「這樣好不好？」時只可以大聲說好。生活中，我們幾乎沒任何其他時刻保持這樣，如此虔敬、專一、無私無我、卑微……。對了，還有星期天早上進教堂也是這樣）；其語言的形狀如懸河如光柱，總之是某種從天上下來的東西模樣，其原身極可能就是古老的神諭（其繼承、其模仿……），而神諭，從來都是「樂」的，屬天官的職掌，也正是《詩經》「隱藏」的源頭，《詩經》啟始於頌，而頌正是對神話語的領受、複誦、迴聲及答謝。

我們也都知道了，歐洲的古老大教堂，是神的聖殿，也同時是最好的音樂廳；和現代建築師不同，當時負責建造教堂的工匠非熟知聲音、非處理聲音不可。

〈樂記〉彷彿窮盡一切，果然也很快把樂推到極致之處，揭示了其盡頭的應然模樣。事實上，這大剌剌的就寫在本文開頭不遠處而非末尾，因此不大像是思索論證的最終發現，而是一個已知久矣的真理，還是一個已實踐久矣的基本事實。這段文字果然也神諭般貫穿日後的中國歷史，幾千年來不斷可在後世的書中、文章中見到：「是故樂之隆非極音也，食饗之禮非致味也。清廟之瑟，朱弦而疏越，壹倡而三歎，有遺音者矣；大饗之禮，尚玄酒而俎腥魚，大羹不和，有遺味者矣。」——大致意思是，真正最高、最崇隆的樂和禮，不是追求聲音和食物的繁花般極限，反倒是最簡、最素樸的，如回返天地之初回返這一切的時間之初。因之，奏樂的琴，琴弦用的是古拙的、繃不緊的朱絲，共鳴箱的孔洞也開得大而通洩，琴聲不清亮不及遠，只能發出低而濁的聲音，而且再沒其他樂器了，就只是寥寥三個人的清唱和聲而已。祭獻的食物也是這樣，只用清水（玄酒，酒的元身）和生魚，肉湯不調味，意思也是回到人們釀酒和烹煮食物之初。就這樣，一切乾乾淨淨，祭獻的毋甯是綿延的、一路走來接近無限長無限多的時間，以及如此悠長時間裡人不改的、代代堆疊的虔敬，留著餘音留著餘味。事實上，祭獻的場所也配合這樣，所謂「掃地為壇」，不夯土築壇，把地上掃乾淨就是最高的祭壇，彷彿說極致的樂和禮是無法窮盡的，也正因為無法窮盡才讓人知道這一切多高多遠多無限大，人僅能奮力抵達這裡，人孤獨的束手站在天地之前，再不能多前進一步了，只有我們身體裡的某一部分、某物，如輕煙如氣息如裊裊不可聞見的聲音，可微妙的、難以言喻的上達。

這是非常漂亮非常聰明的一段話，也是很難反對駁斥的最終揭示，如同畫出一幅樂的青塚圖，我們會驚喜於它來得這麼早，兩千多年前——但問題也是，這麼早就把認知推到極限，把話說到這樣，這好嗎？

〈樂記〉寫得像一道光也似的，但我們總是會留意到它的陰影處——樂以求同，音樂巨大的融解凝聚力量，幾乎可以利用來做任何事；進一步的，〈樂記〉還試圖更細膩的分辨、掌握這個力量，像是聲音和人心起伏變化的對應關係，「是故其哀心感者其聲噍以殺，其樂心感者其聲嘽以緩，其喜心感者其聲發以散，其怒心感者其聲粗以厲，其敬心感者其聲直以廉，其愛心感者其聲和以柔。六者非性也，感於物於後動。」「是故治世之音安以樂，其政和；亂世之音怨以怒，其政乖；亡國之音哀以思，其民困。聲音之道，與政通矣。」正因為人心是感於物而變化，倒過頭來，音樂的適當控制，便可望達成引導人心的預定效果，要它平和、要它哀淒、或要它憤怒興起云云，所以宮商角徵羽（或現代的說，C大調A小調云云）的不同曲式流動會有不同的引領效果；各式材質不同的樂器，鍾（鐘聲）石（磬聲）絲（琴瑟聲）竹（竽笙簫管聲）鼓鼙（鼓聲）各自激起人特定的情感、想像（吏治、勞作、防禦、戰鬥云云）乃至於直接的生理反應。如同我們今天也講的，深山寺廟的鐘聲讓人心思平靜遼遠，鼓聲則彷佛是人的心跳，它的節奏決定了你血液的奔流速度；如同近年來大家忽然變得很愛唱的那首歌，只是從音樂廳移往街頭，《悲慘世界》裡的〈最後戰役〉：「你聽見人們唱著的嗎？唱著那人民的憤怒之歌？……當你的心跳，和戰鼓的敲擊逐漸合而為一，那正是生命重生的全新明天到來的時刻。」

凡此。這裡的結論是：「君子之聽音，非聽其鏗鎗而已也，彼亦有所合之也。」——高段的人，不只聽音樂本身，更留意的其實是這個音樂效應、音樂和外部世界如數學函數般的相互呼應。

音樂能把人快速帶往天堂，也必然就能快速把人擲入地獄；或不這麼誇張，音樂能引領人往善，也就能引領人趨惡。你怎麼可能只要這邊不要那邊呢？——這是個強大、一放難收的奇妙力量，幾乎是暴力（或細膩些如容格說的，「暴力的上層結構」），所以人得小心翼翼的、最好從源頭處就控制好它才行。但這樣，光與黯，這是移風易俗的教化，必定也是某種人心的操控之術，你怎麼可能只要這邊不要那邊呢？

〈樂記〉在感知音樂如此巨大有益力量的欣喜同時，於是也隱藏著深深的憂慮。仔細看，憂慮的程度和當時的現況、和人的已知經驗有點不成比例，幾乎是推論的、杞憂神經質的。

我們說，從祀而政、從宗教祭司到世俗國王，即由樂而禮，這可能是人類歷史的一個演進通則（只是有不少個別的歷史停於宗教祭司階段），其間總是有著相當殘酷乃至於延續相當長時間如拉鋸的權力衝突傾軋。猶太人的《聖經》相當清晰的記錄下如此歷史事實，這就是進入迦南地後到建國前、從祭司掌權過渡到國王統治之間這段歷史的〈士師記〉。事實上，在日後已成事實的猶太人王國階段（很快又裂解為北以色列國和南猶太國兩個），祭司猶不死心的一再伺機反撲並真的發動政變（如先知以利沙），我們在更後來的中世紀歐陸、乃至於我們眼前的阿富汗伊朗也一再看到。這可以說是樂和禮的爭戰，祭司賴以對抗的便是他已操持幾千上萬年，樂趨同的、純粹的此一強大力量，往往也是最殘酷的，一種神聖到無法分割拆解、不存在約束的一整團暴力。但在早期中國，這樣的狂暴歷史並不彰顯，大概不至於沒發生過（那是幾近不可思議的），而是並未清楚凝結成歷史記憶或說一種歷史夢魘，也就不成其為人日後的思維依據及其警戒，堯舜禹湯乃至於更飄渺時間裡的三皇五帝，中國這段前文字歷史的追述（或想像）仍是以日後君王統治的思維及其樣態建構起來的，甚至我們可以說，直接把當時的祭司易為後代的君王。直接的歷史經驗警示，大概就只是稍前殷商的敗毀這一場，於此，周人蓋棺定論的官方檢討報告（收於《尚書》）便是，殷人尚鬼，沉緬於崇拜祭祀，還有殷人嗜酒，酒用大水池來裝，用於延長歡宴以及幻境降神云云，標準的「樂勝則流」「過作則暴」，也因此，商代尤其是晚商的時間意象，總是長夜的、幽黯的、迷醉的。〈樂記〉處理音樂問題，卻特別談到酒，這應該不是偶然，在樂的廣泛意義上、在樂的效應和力量這樣思維的層面上，酒和音樂有極清楚緊密的聯繫，甚至幾乎可視之為同一物，實際上也常一起使用並寄以同一目的（以香氣或以樂音，都是往上飄的東西，並都帶來明迷幻境云云），也就有著一致的、模樣相同的副作用及其風險。〈樂記〉這段話是：「夫豢豕為酒，非以為禍也，而獄訟益繁（如酒駕撞人、毆打急診室醫生護士、為看不順眼或區區八百元酒帳糾眾殺人云云），則酒之流生禍也。是故先王因為酒禮，壹獻之禮，賓主百拜，終日飲酒而不得醉焉，此先王之所以備酒禍也。」——也同樣得用禮來節制來打斷來阻止，只是手法頗精巧而且有趣極了，不禁酒，而是把飲酒的動作設計得繁瑣不堪，每一次舉杯，先得行一堆禮講一堆廢話，煩死你。加上當時蒸餾酒尚未出現，酒精濃度有限應該不高於20%（所以紂王才需要準備一池子酒），稍有酒量的人一天連著喝廿四小時都醉不了，只會很累。比起來，兩千年後美國清教徒思維的著名禁酒令，就很笨而且很粗糙不是嗎？

〈樂記〉對樂的如此高度警覺，基本上不因為歷史經驗的生動恫嚇，而是來自於思維的完整推論——把樂的趨同效應及其力量想到底、放大到極限，在其末端處，我們就無法僥倖的看到了它狂暴、誰再也制止不了的模樣。兩千年後今天，我們有更多的實際歷史經驗可以描述得更具體，人合而為群如附魔，只剩一種本能，差異消失，不存在反省和質疑，甚至連稍稍猶豫、稍稍停下來都不可得，這是一頭盲目前行的巨獸也似的東西。

得趁它還弱小、才開始時就阻止它打斷它才行。〈樂記〉正面的、光明的、還語氣昂揚興奮的談論音樂，但〈樂記〉卻也是反音樂的——這也很可能並非偶然，〈樂記〉降低下來成為只是《禮記》的一個篇章，約占1／25的篇幅，並放到禮的管束範疇裡面，和一直以來禮樂平行並舉的印象不同，也失去了一定程度的獨立性。這個難以規範的力量，無論如何仍非得予以規範不可。

的確有硬生生的味道。無可避免的，一併被犧牲掉、被大舉取消的便是音樂自身的歷史進展可能、音樂自己的不斷發現和發明。當然，音樂的發生現場是遍在的、隨時隨地的，一如歌和語言都是自然的，是人有感於物有感於事的當下「抒發」，歌只是稍進一步凝聚處理、總數量少一些的語言而已（言之、長言之、詠之歌之、手舞之足蹈之）。廣大民間的這方面活力還不至於減損什麼（「禮不下於庶人」云云）。我們說的是音樂的再「昇級」，音樂自身的尋求和完成，音樂作為一個獨立完足的世界，音樂成為一種不懈的專業學問，乃至於音樂還是人有意識有目標的創作形式、一種生命志業的可能云云，就像歐洲這幾世紀繁花盛開般的這一場。這道音樂的專業之路，一直到今天仍是很昂貴的，也是艱深耗時得用人一生專注對付的，甚至得早早開始（比方人三歲五歲時），這是音樂最脆弱的一面，也是它不得已勢利的一面，它得被「供養」，依附於君王、教廷、貴族、新興富豪如這段已知歷史事實，即便今天音樂家取得了獨立身分，一樣仍得處處仰靠國家、基金會云云的支援贊助。〈樂記〉的思維（不是指這篇文字，而是得以凝結成這篇文字的長時間思維），也許影響民間有限，但深深植根於上層，一直是往後兩千年王朝對音樂的基本態度，也許不再這麼緊張這麼抗拒，但就音樂專業的昂貴養成而言，其實只要不支持就夠了，就足以讓這道音樂之路難以走遠成為某些人的夢境，如日後三國曹魏時嵇康的夢境。

《左傳》裡不乏某國君、某大夫好樂的記載，但除了吳國季札，吸引他們的可能是新的音樂。

〈樂記〉裡也收錄了這一個生動的故事，是稍後戰國的明君魏文侯，他有個疑問，可能也是往後兩千年中國人不時心生的疑問：「吾端冕而聽古樂，則惟恐臥；聽鄭衛之音，則不知倦。敢問古樂之如彼何也？新樂之如此何也？」廿歲出頭年輕時候的朱天心，在日本聽祭神能樂的往事，恰恰好可以幫我們翻譯這段話——她正襟危坐的聽能樂，卻很丟臉的睡著了，對好意招待她的日本友人，這當然是很失禮的，但沒辦法，身體有它自己的主張。

魏文侯的老師子夏當然好好的教訓他一頓，這番話說得頗長，較值得注意的是，子夏分出「樂」和「音」的不同和優劣，我們今天所說的音樂只是「音」，是低層次而且往往只讓人沉溺的東西（「溺音」，所謂以音樂為一生志業、「人一生主要做著的那件事」，都包含在「溺音」這一詞及其概念之中），不能上達治政，不能規正人心，也不能拿來祭神（「是以祭祀弗用也」）云云。這呼應了〈樂記〉裡也許流傳更廣更久的另一說法：「樂者非謂黃鐘大呂弦歌干揚也，樂之末節也，故童子舞之。……樂師辨乎聲詩，故北面而弦。……是以德成而上，藝成而下。」所謂音樂專業，是「樂」的不重要末節，就只是小兒和樂師之事，當然也是不必太講究、追究的部分。早期人類歷史，國之大事惟祀與戎，一般專業方興未艾，專業人士位階不高這是不爭的普遍事實，但這裡，並不是平和的說出當下事實而已，它賦予這一事實一個理論解釋，提出一個對音樂專業部分無比輕蔑無比渺視的強力結論。理論有較大的時間抵禦力量，也就對未來有著進一步的指示和約束力量。

音樂的終點處、音樂的極致完成，只是一具聲音低而濁的古琴，以及素樸而且清疏的人聲詠歎應合，這作為一個概念、以及一種想像畫面非常漂亮，但人實際在現場可能就不是如此，等半天才能聽得一聲一句（我在京都最大祭典的祇園祭和時代祭都親身經歷過類似的沉悶場面）。尤其如果你尋求的是音樂本身而不是某境界、某種智慧的話——這其實是太快抵達的終點，直接跳過去的終點，一幅青塚圖，美人總是化為白骨，繁華終歸凋盡云云。如此，還沒真的開始就已結束，封閉了可能，讓時間成為某種最荒謬的東西，一個忍受的、可直接略過而且愈快愈好的不甚有意義東西；如此匆促而且虛空不實的時間寸草不生，或說不值得一生，人多做什麼都是可笑的（如奧國小說家伯恩哈特的名言：「想到死亡，一切都變成是可笑的。」），凡此。當然，新的音樂仍難以全然根絕的冒出來，如人心的時時處處感於物感於事，也包括某些人對音樂更深一層的想像和探索，於此，子夏說了這一番典型的批判話語，這顯然不是他一個人的看法而已，幾乎就是彼時漸漸化為鐵板一塊的普遍結論（如所謂的鄭聲、亡國之音云云），只是子夏說得比較詳細而已：「鄭音好濫淫志，宋音燕女溺志，衛音趨數煩志，齊音敖辟喬志，此四者皆淫於色而害於德。」

這番話，難以清洗掉其已入木三分的惡聲惡氣成分正確翻譯出來，我們也無從聽到當時鄭、宋、衛、齊這四國四地不同進展的新樂曲，但從子夏的話中我們仍多少看得出來，這也許是更細膩柔婉的樂曲（鄭音），也許是更狂野自由的樂曲（齊音），也許更貼近人心表述著更私密更難以言喻的情感（宋音），也許更繁複更多變化的向著音樂專業的探索和嘗試而去（衛音）。這裡，還得留意的是，子夏的反對，並不因為這些新樂曲的粗鄙不文，如那種菁英式的「陽春白雪／下里巴人」雅俗之辨，可能恰恰好相反，他阻止的是更多可能乃至於更高階的音樂進展。這種外於音樂的、回歸政治面社會面、強調音樂功能乃至於深刻道德意涵的想法，很有趣，毋甯更接近日後的左翼基本主張。

但當然和左翼的現實作為不同，左翼嚮往、援引這一音樂性力量、那種同悲同喜的一體感，產出更多的詩和歌，就連理論也在行動中一一化為詩歌（《資本論》這樣的書都奇妙的成為詩歌）；事實上，革命本身便是一首輝煌的大樂曲、一首大抒情詩，包含其全部的美好和暴力。中國的歷史走向卻是防堵和消解，相當關鍵的一個原因也許是權力擁有者和權力挑戰者的差異，如〈樂記〉所顯示的，人們早早發現，這一音樂的效應和力量基本上是平等的，趨同化解了層級差別，掌權一方並沒有優勢；更進一步說，由於這是一個夷平的、淹漫過當下秩序的力量，終極的來看，對掌權者這一邊反而更不利。

日後，中國的歷史是相對「寧靜」的歷史，中國改朝換代的所謂革命，並非我們今天所說這一意義的革命，這其實只是王朝的現實更迭，更多時候更像是戰爭（內戰），音樂性的糾舉效果和狂野暴力最多只發生於短暫的開頭時日並一閃而逝。甚至，新王朝的建構也不真的需要某種特殊「天命」、需要通過樂的凝聚一體尤其是宗教性的權力灌頂授予來獲取，中國新王朝統治正當性的緊張基本上已由這一現實的、經驗的歷史規律主張解除：神聖的是那個唯一的位置而不是哪個特定的人，天命幽微不可知如月亮的背面，但誰順利坐上去，就恍然大悟證明誰果然是；因果倒轉過來，這有喀爾文教派那一特殊辯神論的「預定說」味道，往往連「外族」的新王朝都包含在內（「虜兒也當天數」）。這也解釋了另一常見的弔詭權力現象，我們在日後歷朝歷代的史書處處讀到，君王（皇帝）是絕對的、唯一的，也是得小心說話不好觸犯的，包括各式扭曲的諱言；但同時，幾乎在任一個君王之前，不論他是專斷的或開明的，臣下總能當面侃侃而談改朝換代的此一歷史事實及其必然規律，包含過去也包括未來，並沒有觸霉頭的人性顧慮問題，這意味著君王同時又是相對的，眼前的王朝你知我知不會就是最後一個王朝（第一個也是最後一個有此幻想的君王是秦始皇，以一個正整數無限數列為君王編碼，他甚至想長生不死，永遠止於一），就像你我兩人不會是這個世界最後活著的兩個人。君王和臣子兩造皆同意，這是高於個人情緒情感以及意願意志的一個無可拒絕真相，一則鐵律。

不只音樂的專業進展遭到阻攔，從更廣泛「樂」的意義及其涵蓋範圍來看，往後兩千年的中國王朝歷史，同時也是一個樂持續衰退、變得愈來愈無關緊要的歷史——樂官的規模和位階不斷萎縮下滑，樂官的職掌逐漸成為只是一些單純的儀式，一種權力美學，乃至於只是現實治政成分不高的下班後歡宴享樂之事，在朝堂之外的特殊地點特殊時間進行。改正朔易服色云云是相沿例行之事，至於像封禪泰山這樣的大行動則不必了而且早早被視之為不宜和浮誇、視之為惡，依據的總是現實的花費（意即投入和產出的不划算），還有就是引發老百姓的騷動不安（但樂的效應不是本來就為著引發某種特殊的騷動嗎？）。依〈史記・封禪書〉，第一句話就是：「自古受命帝王曷嘗不封禪。」這是自古新君王、新統治者登基第一時間就得做的，一種權力的確認及其真正完成，就像中世紀以降歐陸的各國君王得回到上帝和其祭司面前接受加冕那樣，最後一個做此主張並鄭重要求這一悠遠歷史行動的人是司馬遷，時間為西漢初期，也就是早在中國穩定王朝出現的曙光時刻。司馬遷是否察覺出什麼？包括察覺有哪些東西正在流逝？

相當程度攔阻了音樂，也相當程度減去了暴力，兩千年裡，少掉了不少死亡，尤其少掉了很多人附魔般的迷醉、殘酷、嗜血、猙獰表情。一樣的，你怎麼可能去除掉這一邊不跟著也去除掉另一邊呢？

難以想像中國會出現華格納那樣的音樂，包括音樂本身的繁富，也包括那一種炙熱激情。

春秋兩百多年最有名的樂師是誰？應該就是晉國的師曠。有點讓人意外並不在樂最完備的魯國（《左傳》魯史，可一個魯國樂師名字都沒留下來），這也許也透露著當時樂的類似事實真相，對於樂的更完備掌握也就包含著對新樂的抗拒，新樂得發生、乃至於只是樂的技藝新進展得發生在控制稍稍鬆弛點的地方，需要的不只是既有音樂成果技藝的擁有，還需要多一點點自由才行；當然，也可能就只因為師曠這個很特別的人而已，個體有超越性，在不具足不預期的現實條件裡仍可能令人驚喜的蹦出來飛起來，永遠讓我們在感覺已不可能的現實裡保有希望。只是師曠的歷史形象，我們委實很難和那種浸泡於音樂之中一生的人聯起來，固然樂師如〈樂記〉所說藝成而下地位不高是長期的歷史事實，音樂的專業技藝成就不容易用文字記述存留是另一個事實（如日後白居易的〈琵琶行〉那樣已是竭盡所能了），但師曠未免也特別了些，他始終冷靜、理性、耐心，心思澄澈而且話說得好，以卡爾維諾的分類來說，他是水晶也似晶瑩的人，而不是一團火也似激情的人。我們看到的（《左傳》，以及其他的典籍記述）是一個明智的忠告者，以及一個總是意態安詳目光杳遠的哲人，他的生命成就最高那一點仍是音樂吧？很可惜我們無法知道他更多，尤其是有關這樣一個人「他一生最主要做著的那件事」。

# 船身上的刻痕

我的老師小說家朱西甯，跟所有以小說為一生志業的小說家完全一樣，有終其人生還是沒能寫成的作品。志業工作總是被設定得比生命本身要長一些，或者說，志業工作總是很難顧慮到生命時日的終歸有限，不是真不知道，而是比較接近「忘了」，在其中日復一日，人好像常常誤以為自己不會死似的，如孔子說的「不知老之將至云爾」。也因此，志業工作並沒有所謂的退休，只有力竭和死亡，戛然而止，也來不及收尾無法圓滿——事實上恰恰好相反，老師是五十歲不到就趕著從軍中退下來，急於退休當然是為著寫小說。老師講過我也記得，他退休第一天早上下著點雨，典型台北的那種煩人的雨，他翻個身裹好被子多賴幾分鐘床，很得意很開心的證實不必再上班，從此，老師每天的書寫從清晨開始，一天分兩段寫六到八個鐘頭直到最後。

當然不只這兩部而已。一般知道沒能寫完的是最後的大長篇《華太平家傳》，以自己的家族為藍本，以及家族中唯一一個歷史鬼使神差跑到台灣這一南方小島的自己（老師從沒考慮回大陸老家居住，和昆德拉講得不大一樣，儘管人生命時間太短，但有時還是來得及讓台北市成為一個「家鄉」）。但我知道還有一部系列小說也沒寫成，由十個短篇構成一部完整的書，書名頗駭人，就叫《十殿閻羅》。

《華太平家傳》被死亡打斷，百萬字但只來得及完成第一卷部分，到庚子教難八國聯軍左右；

也就是說，往後足足還有一百年，更難寫而且是非善惡成敗更如泥淖如迷宮如只是吵架話題的這一百年。我還算常想，那一部完整的《華太平家傳》因此究竟是什麼意思呢？這樣究竟算不算曾經「存在」過？是否可以像是某個曾經被窺見了卻不知所終的珍罕東西？這樣和「從來沒有」究竟有什麼不同？至少，對我個人而言，這部其實並沒有的完整《華太平家傳》已有著某種退不回去的「真實」模樣了，我（當然我是幸運的）知道一些素材部分的家族具體往事，也識得不少最後一代的家族成員包括倖存於台灣和大陸兩邊的，我也算知道老師對當下、對民國這一場的大致想法（其不平、其悲傷、其確認和茫然、其失望和猶相信的希望……），甚至，我自己可能還在小說的末章部分闖入者般也加入其中不是嗎？問題尚不在於我自自然然的跟隨著看見、知道並一起經歷了不少事，更在於我已知道了這些尋常碎片曾有可能聯繫成、組合成某個巨大的東西，原來如此的多出來某種非比尋常的意思、光采和「用途」，我也確確實實增多了新的視角、新的趣味和想像來回看它們。這也變得像另一種我很熟悉的書和閱讀狀態，有相當數量的書，我只讀了部分篇章但因為某種原因停了下來，還有一些書，我其實並未真的讀過只是通過各式其他方式知道它（其他書的引述、人們不斷的談論等等。這一百多年的馬克思討論，其實是在不多人讀完《資本論》的狀況下進行的不是嗎）。當然，我了解一本沒真正寫成的書和僅僅只是人們沒讀的書是處處不一樣的，其間更少了一個從素材到成果的最重要思索創造過程；我指的只是兩者相觸及、相接壤的這一部分，對我、對某個人確確實實起著相似作用的這極特殊部分。

也許我真的想說出來的只是——在每一個志業被戛然打斷的人身後，總還會有著、徘徊著幾個像我之於朱老師的人存在（不一定就是家人或學生，我也把比方漢娜・鄂蘭之於渥特・本雅明看成這樣），我會說，書寫沒完成以及終歸沒有寫，這和從未有過仍是大有不同的，說「未竟之志」顯得太大太空，比那要實在些、有實體重量感些，仍然會有某些異樣的、寸心的東西遺物般傳遞下來。

老師病得很疲倦、感覺已不想再抵抗時，朱天心曾努力想拉回他，使用的是還沒長大的女兒謝海盟（《華太平家傳》的唯一資料整理副手和每日玩伴），以及還沒寫完的《華太平家傳》，老師只笑著搖頭，心思已經很輕鬆了——《禮記》裡，孔子之死的記述極可能是最好的一段，我也相信事情前後真的是這樣發生的，第一個察知的人是子貢看來也再對不過。這裡我盡量，希望白話重述一次不會減損太多原來的意思和光采。那一天，孔子極不尋常的早早在門外散著步，樣子出奇的輕鬆，負著手，拖著手杖，還唱著歌：「泰山其頹乎？梁木其壞乎？哲人其萎乎？」隨即回到屋裡，正對著門坐定，好像在等誰來。子貢（應該人就在附近）一字一句都聽見了，感覺不對，馬上快步跟著進門，孔子大約是笑著的：「你怎麼來得這麼慢呢？」以下，孔子講了殯葬時夏商周三代不同的遺體安放位置，夏代是東階也就是主人的位置，意思是逝者仍是家人；周代是西階也就是賓客位置，意思是逝者已離開了；商代則是兩根主柱的正中間，曖昧的疑似的，彷彿不能確知逝者如今算是主人還是賓客，或者說逝者此時此刻由主而賓正緩緩離我們而去（這裡，我們可以清楚看到生者和逝者關係在時間中的改變或說流動，也成為一個旅程）。孔子講，他的先人來自宋國異鄉，說來是更早殷商的遺民（但他這一生好像並沒動過返宋定居的念頭，周遊列國時也沒起異樣心思），他夢見了自己端坐於兩根主柱中間，所以毫無疑問這就是死亡意象，明王不興，人人任意而行，我的想法我的主張大概不會有人要聽了，我已經是很快會死去的人了。孔子的死，今天我們會說這樣算是幸福的，他旋即病倒下來，沒說是否昏迷（應該是，再沒話語流出來），七天後，就這麼死了。

朱天文朱天心都寫小說，但不會接下來寫《華太平家傳》，書寫終歸是一個人的、是深處最孤獨的行當，書寫的繼承很難是這麼直接的方式。

沒有寫的《十殿閻羅》又是什麼？這顯然是一個很激烈的小說構想，大概起於某一個氣起來的義憤時刻，老師不常生氣，而且幾乎從不為自己的事生氣（我才剛聽憂心當下不已的錢永祥講，如今台灣很少再看見義憤了；我們大家跟著補充，只剩為自己的動輒憤怒，一種消費者權益式的憤怒，還有，搶占表演舞台的角色設定性憤怒，人前的憤怒，臉書上的憤怒，只能加不能減的憤怒……）。我稍微知道的是，老師好像打算把十名惡人分層送入地府受審——這真的不大像他的書寫，毋甯是我才會寫的東西不是嗎？

事實結果正是這樣，惡人都到齊了（我們沒敢問有誰，是十個人還是十種人），各殿閻王的資料包括其巴洛克式琳琅刑具和用法也能查到的都查了，就只差沒有寫而已——困擾老師的一直是「資格」的自省問題。確實，這樣的小說書寫是扮演上帝，而且，地府十殿的折磨如但丁《神曲》儘管有罪行輕重之別，但其實都是不赦的，刑期跟永恆一樣長，也因此，「知道今天將和昨天、明天一模一樣」，所有的折磨乘以永恆都成為無限大，所以波赫士才說，地獄懲罰的真正恐怖不是痛苦，而是一成不變的無限。

年輕時日，我會把老師的遲疑想成只是書寫而外、書寫之上某種道德規範的謹守，乃至於宗教禁令（老師是個好基督徒，基督徒以為只有上帝才能論斷人），也因此，當時難免快意的想，偷一下僭越一下又有什麼關係呢？正義公平不是遠較重大的東西嗎？這只是寫小說，是一個有趣的小說設定又不真的把誰送入地獄，重點是罪行（某一不堪事實）的揭示不是嗎？現在，我隨著年歲和所經歷的事漸漸知道了，這的確是書寫內的問題，是書寫自身很實際的、一再經驗到的麻煩，只是以一個規範乃至於禁令的誇張樣子來標示，在小說進入到內容處理尤其是真正下筆階段，必然又會回復成真實的、專業性的本來困境模樣。我們最簡略的說，是的，正因為重點是罪行、是事實的某種完整揭示，但事實總是巨大的，而且隨著小說（即詢問）的展開如變形蟲模樣的愈發巨大無匹。一個紊亂、無序、隨機還流變不居的巨大事實，和寥寥有數的文字之間，有著永遠難以解除的緊張關係，這還有一點悖論的味道，一個誠實負責想窮究到底的書寫者會說，這最終是無望徹底克服的如納布可夫所說「我們離事實永遠不夠近」（所以「刻舟求劍」這個愚人故事才這麼動人，這麼真實而且深刻的沮喪），要得出一兩句讓自己能放心的暫時性明確結論都很不容易了，更何況成為可支持一個永生不赦刑罰的如山鐵證。所以，小說追討的罪行不會同於法庭審訊的罪行，從內在的意義到外部的形態都不一樣；小說的「判決」也不同，再肯定再憤怒都留有某種深刻的不確定乃至於悲憫自省的成分，小說書寫者清楚的意識到，在個體的錯誤和悲劇性的事實結果之間總是間隔著不可取消的巨大堅實世界，難以也不願快步走過的、符合司法認知的聯繫起來，小說書寫者幾乎花費掉所有時間徘徊在這裡。但這並不意味著小說不能揭示並出言譴責人的錯誤、犯罪和愚行（事實上，這是小說一直做著的事，做得遠比司法體制要多、鉅細靡遺而且激烈；司法通常寬容或不耐煩的捨棄「細」，又怯懦或自知實力不夠的放過「鉅」，司法總是把自己限制於不鉅不細這一截中），只是拿不上人間法庭而已；恰恰好應該倒過來看：正因為不（必）符合司法的認知及其程序，小說才能追索、揭示並譴責所有司法定不了的罪和永遠逍遙於法外的罪人。小說書寫，正是處理法律乃至於科學（基於一種明確的要求）處理不來的東西，不確定的東西，切割出來、扔回給社會自理的東西。

當小說重返某種法庭形式，這所有的困難、所有的限制也無可避免的全回來了。

當然，現實世界裡是有簡單的、因果直接牢固比方說現行犯逮捕的所謂罪證確鑿罪行，但這很少是好的小說題目（司法會比小說做得好而且專業），或者說，於此小說實際上會怎麼做、還能做什麼？杜斯妥也夫斯基的《罪與罰》，這毫無疑點而且一開始就全知道了，就是大學生拉斯柯尼科夫砍殺了放高利貸的老太婆阿廖娜・伊凡諾夫娜，凶器就是斧頭，完畢，但小說真正的詢問這才開始，小說把已弄清楚的刑案重新扔回世界，或說小說把緊扣著的因和果鬆開來，叫回那個橫亙於中間的巨大世界，小說冒著各種風險（迷路的風險、相對主義的風險乃至於陷於虛無的風險云云）想知道更多，小說一如昆德拉斷言說的「告訴我們事情永遠比你想的要複雜」——

事實上，小說家「不當扮演上帝」的此一指責來得相當早，早在十九世紀大敘事小說年代的末期就此起彼落響起這類的聲音，惟更多是小說家內心的聲音而不是外來的指控，因此更深刻也更實際，稍後直接讓小說的書寫轉了個歷史大彎——還不是因為小說家如同上帝審判了誰，僅僅只是小說書寫以某種彷彿知道一切的、而且彷彿這一切都是「客觀事實」的姿態和語調來講述某一個人、某一歷史事件而已。也就是說，使用動輒幾十上百萬字、調動了幾十上百人的眼睛、嘴巴、腦子和靈魂來講述「一個事實」仍是不足夠的，仍是選擇的（質的疑問）和局部的（量的不足）。

在實際構思《十殿閻羅》那些年，我猜，老師會再真確不過感受到這番話的無比真實，還無比普遍幾乎適用於所有人——波赫士講，他仔仔細細想過自己這一生所作所為，非常確定一件事：他所做過的好事絕當不起天堂這個太巨大獎賞，而他所犯下的錯誤卻也還不至於讓他下地獄這麼嚴酷的懲罰。

## 清清楚楚的記下時間

來簡單再回想一下「刻舟求劍」是個什麼故事。這是講，某人渡河時不慎讓寶劍遺落河中，他馬上在掉劍處的船身刻上個記號好記住地點，可是河水一直流著啊，船絕望的向前移動，這個記號遂不再是珍視之物何在的記憶，而是成為一個愚者的印記——

赫拉克里特啊，我們就是你所說的河流

我們就是時間，就是那不可更改的流逝

孔子改寫魯史《春秋》，這部兩千多年前某一個已灰飛煙滅小國的國史，首先讓我們驚異不已的是它對時間的高度警覺，如此清楚意識著時間也是對連續時間的打斷，人凝視當下某事，但人也同時試圖從不停駐的時間之流裡脫身，站到某個遠處，好為這個當下定位，得到某個有著全景視野的觀看位置，並試圖獲取某個意義。我們實際上來看這些竹簡木簡上的刻痕，這是《春秋》開始的那一年：「元年春王正月」「三月公及邾儀父盟于蔑」「夏五月鄭伯克段于鄢」「秋七月天王使宰咺來歸惠公仲子之賵」「九月及宋人盟于宿」「冬十有二月祭伯來。公子益師卒」——這是魯隱公元年這一整年的事，可能（最多）只用了六枚竹簡，以為值得記下來的只有六件，其中五件是魯國自身的，鄭莊公打下鄢城逐走親弟弟共叔段的鄭國內戰則是國際大新聞。還有，該年十二月算是「多事」的月分，占了兩件，一是有外賓來訪，二是有公族喪事。我們開玩笑說，當時魯國史官的工作還真輕鬆，我們也可以清楚看出來，記事的簡約方式的確差不多也就是船身上的一道刻痕而已。也因此，時間的標示顯得特別醒目，是時間皮繩般把這一枚一枚個別的竹簡給串接成冊；同時，記事的刻痕一一仔細註記著時間點，這也像是，人聰明了一點知道船在移動，因此也努力想確認掉劍時船正走到哪裡、那一刻周遭的景物和整個天光雲影如何云云，他日打撈時或可一併還原，提高尋獲的機率。

還有，我們可能也會驚異於當時的月分名稱，如果我們同時也意識著外面世界的話（只埋頭於自身國族，很多東西會想不到看不到，往往反而連自身的真正特殊處都不曉得，只毫無內容的、神經病發作也似的喃喃不停自己是特殊的唯一的不是嗎？）——當時人們正月二月三月云云的已全面使用乾淨、不著色的數字，這其實很特別，即使到兩千年後的今天仍然特別，像已全球化的英文月分名稱就不是如此（其實原是拉丁文，沿用著羅馬曆，羅馬當時才把一年十個月改成十二個月），這裡面，駁雜的零亂的、宛若歷史化石層的有數字、有人名（凱薩和屋大維）、有人的經常性活動以人的紀念性節慶標示云云，還躲著好幾個神，包括戰神馬斯、女神瑪雅和天后朱諾，還有兩面神傑尼斯，頗巧妙或巧合的作為一月的名稱 January，也就是把他置放於一年結束和開始的光黯交壞之處，作為時間的門神。傑尼斯的兩張臉，一蒼老一年輕，一個看著門內一個看著門外……。當然，這十二個稱謂如今已數字化、純記號化了，原先的實體內容被抽空掉，這是記號使用的一個通則如羅蘭・巴特指出的。

中國全面的、單一而且統一的以數記月（日則用干支，另一種數字），我們不知道真正始於何時，只知道早得幾近不可思議，比較其他文明其他國度（我不確知是否有例外），這應該不是原始的，人們的月分分割設置及其命名，在進入純天文的更精密觀察演算之前，會有很長一段現地現物現事的各自摸索時光，聯繫著、配合著在地人們日常活動的安排和節奏，原是實用性的，實用不要求形式的統一和邏輯的一貫，而是偏功能性的標示出某個月最醒目、最該提醒自己的事物，或者是某種當令的作物，或者是天候的變化比方酷暑或雨季的到來等等。這裡，我們可以看一下日本的傳統月分名稱，注意它無秩序、但備忘錄也似的命名，並猜想其中的實物實事以及人一整年中的活動進行和心思起伏變化：「睦月、如月、彌生、卯月、皐月、水無月、文月、葉月、長月、神無月、霜月、師走」。

我們可合理的想，最容易找到也必須最在意各種時間循環的是農耕者，人長期杵在同一塊土地上，日月星辰、氣溫、雨水、土壤狀態和氣息、各種作物的不同生長周期和其限制、以及鳥獸蟲魚本能性的定期變化云云。他必須順應、遵循這些大於他的自然規律，並成為記憶和知識；然而，這些規律不只他不能控制，更沉重的是，這些規律還不是一成不變的，會延遲也會不發生，比方天氣該冷不冷、雨水該來不來，這都造成他的損害乃至於飢餓活不下去，而且實際的痛苦經驗告訴他，一年之中總有那一兩個月、一兩個特別時候是很緊張的，他必須有所準備，更需要祈求祭拜，討好這個並不穩定的規律以及其上某個喜怒不時的神明。也因此，月分名稱不只近取乎身，也快速的上達神前。

這種實物實體的月分命名比較美麗，我們感覺它如此美麗是因為它的準確無比和豐碩，直接和某一塊土地、某一種生活方式的人密合的聯繫著，彼此映照相互說明，十二個月的名稱攤開來像一幅具體的歲時圖。但問題也正在於此，換一方土地、換另一組生活方式的人呢？這裡的多準確一分往往是那裡的多不準確一分，甚至是從來沒有的、不可解的，像櫻花同時滿天綻放的懾人心魂景觀，在不同緯度便參差發生於不同月分；像納瓦荷人的「雷神沉睡之季」指的是美國西南幾乎不下一滴雨的冬天，這和台灣東北季風帶來的煩人不停冷雨就完全兩回事；一個耕種於台灣低熱嘉南平原的農人，若由他來為節令、月分命名，想必不會出現「大雪」和「霜月」。你曉得，無聊至極的日本人曾把到日本賽跑的肯亞小孩帶去溜冰場，第一個鼓勇去摸冰的可憐小孩當場嚇哭，他感覺自己被「燙傷」了，是的，冰塊還冒著煙不是嗎？他的反應就跟《百年孤寂》裡小時候的奧瑞里亞諾上校一模一樣；還有，一個關心大海洋流季節月分變化的海盜，一個已遠離土地勞作的宗教祭司或政治領袖，其時節月分的意義也絕對不同於一個農人，他們想的可能是某宗教諭令比方齋戒（齋月），或某一神蹟比方北美祖尼人眾祖靈一年一度回部落的日子（夏拉寇之月），或紀念一場偉大的、殺人無數的戰役以及大屠夫也似的將帥如羅馬人以凱薩和屋大維為七月八月之名。

總而言之，以數記月，使用數字應該是終極性的命名，數字除了流水順序再不包含任何內容了，或說反而可以裝填任何內容，也就適用於所有人，沒人必須反對——我們也許永遠無法妥善的解釋這何以在中國來得這麼早，但我們也會想到很多事，比方中國這偌大土地融和整理得甚早，很快就得容納著各式各樣生活方式、生命經驗的心思各異人們，這不是件容易的事；比方中國一樣太早的宗教除魅以及相對的宗教淡漠和理性抬頭，思維走向偏於明智通達而非深奧執迷。幾年前黃仁宇說中國大歷史指出來中國「不善於數字管理」，但至少在秦代之前這不是真的，雲夢秦簡的出土幫我們證實了這毋甯是個太執迷於數字以至於事事顯得太嚴酷不留給人餘地的奇特王朝（其上是個以數字命名的皇帝），並成為一個被認為失敗的重大歷史經驗和教訓（亦即把數字管理和一個快速敗亡的暴政大致聯繫起來）。以數記月也許是另一個佐證，在早期人們普遍還不必以如此精密時間刻度下工作的狀態下。日後中國的「不善於數字管理」，毋甯不願、不可的成分超過不能，還給人空間，是某種鬆解，也隱含著某種意味的蒼老和某種程度的虛無。

也許，中國的農人並不吝惜於交出月分名稱，事實上，他們還有更加精確的一張，那就是廿四節氣，12×2兩倍的精準，從最遙遠的星辰運行到最貼身的每日勞動。我們一樣攤開來看看吧，如同打開一份卷軸，一整年時間形貌的動人卷軸——「小寒、大寒、立春、雨水、驚蟄、春分、清明、穀雨、立夏、小滿、芒種、夏至、小暑、大暑、立秋、處暑、白露、秋分、寒露、霜降、立冬、小雪、大雪、冬至」。是吧，多麼認真仔細生活的人們，這裡，每一個名字都是人對所在世界時時的覺知，也都各自攜帶著一個命令，告訴人接下來十五天該做什麼以及怎麼做，如此日復一日年復一年，進一步把這些繫於時間的每日活動具體說出來，那就是那首由年中星辰開始西流寫起的〈七月〉，《詩經》裡最棒的詩之一。

廿四節氣對台灣的農人是不準的，但也許仍有另一種準確，人由此感受一種時間的不斷流逝和復返，沁入也似的可以用皮膚直接感知，人在其中重複發生、進行的行為，同樣的不斷毀損和復生，不得已成為某種梏桎、某種愚行，或者就是人性——朱天心打算以這張廿四節氣表來寫她的新小說《南國歲時記》，第一篇已寫成的就叫〈大雪〉，不落在盆地不降在平野，而是嘩嘩飛舞於人心裡的漫天大雪。

## 一句話

我們說，原來魯國史官的《春秋》記史工作可能是很輕鬆的，不必多想，如是我聞的有事發生才大筆寫它幾個字，而且，依魯隱公元年的記錄，那一整年只工作六次而已；但決定改寫《春秋》的孔子可不如此，這會是個極費力極龐大的工程——他必須整個從頭前前後後的想過，可能還得重新尋訪並且串接判別，一一弄清楚時間幅度長兩百年的每件記事，這超過任何一個單一個人的記憶可能，但不這樣你如何相信自己能「正確」的改寫它、而且帶著最終判決的心情改寫它？

於是，這也是一樁從形態上來看都極詭異的工作——極鉅量的投入，極微量的產出。人已經想了這麼多，實際上卻只更動了幾個字甚至只減不加的刪除，那些「閑置」的已發生鉅量思維擺放在哪裡好呢？如此的極度不均衡，這裡我們要說的不是可不可惜的問題，而是更深沉或說竟是更直接的，思維和書寫這兩端因此必然發生的扞格，量的太大落差牽動了質的必然分離。

《春秋》記史的文字格式，係以一句話、一枚竹簡大小的空間來承荷某一整件總是牽扯甚廣的大事，這意味著，人只能斷言的、定音的宣告它，或者淡漠的、不多想的、當職業工作的來記它；而人的思維一旦發生了就難以完全退回去，一旦確確實實知道了事情的複雜性，要重回那樣用一句話講完全部的格式會變得非常狼狽，幾乎難以出口，像有人緊緊抓著你的筆一樣。巴斯卡說，當你對一件事深思熟慮，就說不出令人滿意的答案了。

這裡，我們來看魯宣公二年的一則記事：「秋九月乙丑晉趙盾弒其君夷皋」。也就是日後中國人熟知的「在晉董狐筆」這個故事。《春秋》的記錄，看來是直接從晉史董狐那裡剪下來的，而日後孔子看來也沒改動，這意思是，晉國這場內亂，殺掉晉靈公的凶手正是執政的趙盾。

但實際上發生了什麼事呢？——《左傳》大致復原了整個經過，實際上殺人未遂的反而是死者晉靈公，還三番兩次；凶手趙盾只是個被害者，連自衛殺人都沒有，他逃掉了，而且事發當時人已流亡。

依《左傳》，晉靈公是個惡質的國君，耗用民力來裝修宮室；從宮室台上用彈弓射人，看人閃躲逃散的狼狽樣子取樂；又因熊掌這道菜沒燒熟而砍了廚子，還讓宮裡婦人載著屍體遊街。趙盾接連著諫爭，不堪其擾的晉靈公決心除掉他。先派去鉏麑暗殺，但一大清早，趙盾已穿好朝服準備進宮，正坐著閉目養神，如此認真勤力讓殺手鉏麑非常感動，遂選擇自殺而死；九月，晉靈公設宴，埋伏了甲士，但被趙盾的車右提彌明察覺，先一步逃出宮門，晉靈公的甲士和獒犬一路追殺，提彌明且戰且走，他搏殺了獒犬，最終卻也力盡戰死，臨危救了趙盾脫險的是一名倒戈相助的甲士靈輒，原來此人三年前潦倒差點餓死在翳桑一地，是趙盾救活了他，還送一堆食物讓他攜回奉養母親，所謂「翳桑之餓人也」。乙丑當天，趙穿發兵攻殺靈公於桃園，正待越過國境線的趙盾聞訊趕回來處理亂局，改立了晉成公，這是個好多了的國君，晉國算因禍得福，happy ending。但事後董狐記史，大筆寫的卻是「趙盾弒其君」，還當場公布出來，趙盾當然自辯，但董狐講，你是國家正卿，事發當時你人尚未出境（禮法，越境則君臣之義斷絕，可以不討賊，君臣關係是有限的、可解除的），回來又不追究弒君賊人，不算你殺的算誰？這樣的判決當然不是司法的，而是歷史的。趙盾也接受了，只悲傷的引述了「我之懷矣，自詒伊慼」這兩句詩，意思是，我對晉國故土的眷念不舍，拖慢了腳步，才得承受這一罪名，真的像這詩說的，情感往往給人招來不幸招來煩憂沒錯。

也像《聖經》裡的羅德之妻，他們一家人逃離被天火擊打的索多瑪蛾摩拉罪惡之城，但那仍是家鄉不是嗎？只有羅德的妻子不舍的回頭，遂化為一根鹽柱——小說家馮內果以為這是《聖經》最動人的一幕，人就應該這樣，羅德之妻是這一家僅剩的義人之中又最好的一個。

一樣不留情寫下「秋九月乙丑晉趙盾弒其君夷皋」的孔子其實怎麼看這整件事？——《左傳》聰慧的留下了這幾句如此有意思的話語，這可能才是孔子真正的想法：「惜也，越境乃免。」孔子肯定董狐，應該不是指他敢於殺身成仁的勇氣，而是讚賞他作為一個史官的堂堂理解、判斷和據此直書；也讚美了趙盾這個「凶手」，深知在這場亂局中的一次次必要作為及其價值，如此的歷史定讞罪名毋甯只是不幸，人被抓住了，人落入到一個始料未及又無可奈何的兩難（以上）困境裡。所以說，可惜了，早曉得快快一腳踩出國境之外，這一切不都沒事了嗎？

沒有人認為真的需要「討賊」，包括董狐和孔子，有意義的問題不在這裡。日後，文天祥言志的〈正氣歌〉把「在晉董狐筆」和「在齊太史簡」這兩個乍看相似的《左傳》故事並列，其實是曲解（公平的說，曲解不始於文天祥，這由來已久）。齊國太史兄弟因為直書崔杼弒齊君而相繼赴死，但董狐面對的是趙盾你知我知沒這樣的危險；董狐的這個記史故事是個複雜許多的歷史難題，真正的危險不在人身安全而是記史本身，我們只有一句話大小的說話空間，我們要高舉哪一個價值？要凸顯哪一處錯誤或不幸？要選擇、強調並留給後人什麼？這是非常非常難的，而更難的可能是，即使我們認為已做出了最適選擇（如孔子肯定了董狐的斷然記史選擇，稱他為「良史」），這仍是排他的，讓其餘太多也值得一提一記的東西埋沒下去。歷史的偏頗，不只來自史官，也存在於「歷史」這一書寫工作本身。

比方這麼看試試，《左傳》的記述，這裡一共死了四個人和一隻狗，分別是糟蹋了美食食材的廚師、寧願自殺不做不義之事的鉏麑、機警又忠心耿耿卻不幸戰死的提彌明、以及其實才是殺人凶手可說報應不爽的晉靈公（前三人都可以算他殺的，司法上成立，包括一級和二級謀殺），史書只把焦點集中於靈公之死，從事件本身的重要性取舍這算是合理的，但人同時有他更完整的情感，有他看一件事讀一則歷史的自自然然感受，這是難以扼止的，至少，一次兩次三次，人會開始狐疑開始不平開始另外想，歷史一定得這樣寫嗎？只能這樣寫嗎？為什麼不留我以為更有價值或更動人的東西呢？——人會緩緩開始尋求其他方式的歷史書寫可能，也會求助於歷史之外的其他書寫可能。事實正是如此，比方文學比方小說，好的小說家，依我的理解，會更想寫鉏麑或提彌明，尤其是鉏麑，感覺像是黑澤明拍過的某部電影。

## 一個字

一句話承荷著一整段歷史，還有，一個字說明一整個人的一整個人生，這就是謚法。

說下去之前，也許我們可以試著模擬一下——找一個字，函數般對應你自己以及每一個認得的人，用這個字來囊括此人的一切，包含他的全部人格心性，包含他的全部作為和人生。很難是吧，而且愈熟識就愈困難，到自己身上，這簡直是不可能，除非只是某種自嘲自解，比方我們常常選這個生動又時時為真的字：笨。

謚法，無法確知始於何時，最可信的說法是周代，我們讀《左傳》，可確定至少在春秋這兩百年執行得相當認真，各國都當一件大事來做（比對起來，稍前重要如周公召公都不見謚號，應該是沒有而非失傳，或說僅限於天子使用。如此，謚法的下達諸侯乃至於大夫，是否也是始於某種「僭越」、反映著一個權力崩解下放的過程呢？）。也因此，在它過度崇高鄭重的目標和它過度簡約的做法之間遂有著極大的落差，難以想像不是嗎？——謚法，固定只使用寥寥有數那幾個字，比方惠隱文昭靈厲悼哀等等，好像當時人們已找出或從哪裡傳下來一張「人表」，元素周期表那樣，一紙窮盡宇宙所有可能存在的原子（包含著人類尚未發現的原子），人一死，很方便第一時間就必定找得到其中一個正確無誤的字貼上去，蓋棺也就同時論定，就像確認了是哪種原子，也就知道了它的質子、中子和電子數，以及它的質量和一些基本化學性質云云一樣。有趣的是，謚法所使用的字，其數目還遠少於原子數，也不存在某種結構某種秩序像一張完整大網那樣，想捕捉的卻是遠遠遠遠比原子複雜的「人」，這樣的信心不知從何而來。

實際來看《左傳》裡的兩個謚法故事，一是楚共王，一是秦穆公——這其實是兩個謚法的有趣「失敗」例子，從失敗處，往往最見真相。

楚共王有個了不起的爸爸楚莊王，這是他不同於歷代楚君的最特殊處境，他顯然也是個對自己一生作為很不滿意的國君，他病危之際召集楚國諸大夫交待了一番遺言，事隔多年了仍耿耿於懷他任內兵敗鄢陵這一戰，大概總是想到父親莊王邲之役的大捷，這高懸頭上，讓他自覺羞恥、自覺不肖，所以他交待臣下，死後謚號，就是「靈」和「厲」這兩字任選一個，這裡，《左傳》生動的記載，楚國諸大夫沒人出聲無人應命，是楚共王整整下令了五次，這些大夫才無奈點頭。這當然全是惡謚，楚共王顯然也是很認真想過了，靈字一般的認知是「亂而不損」，這算頗符合鄢陵挫敗後的楚國景況；厲字更重更糟是「戮殺不辜」，讓無罪的人、沒犯錯的死去，楚共王大概是進一步想著鄢陵戰死的那些人吧。

楚共王的自責沒有成功，他最終謚為「共」（恭），力排眾議堅持違命的是令尹子囊，子囊以為「赫赫楚國，而君臨之，撫有蠻夷，奄征南海，以屬諸夏，而知其過，可不謂共乎？請謚為共。」——子囊這不是諂媚，而是比較公允的回歸較完整的事實真相，所以《左傳》記下這段違命經過來讚美他。楚共王在位卅一年，並不只幹了兵敗鄢陵這事而已。

終春秋之世，沒任何楚王謚號為厲，至於靈字則一波三折——稍前的楚成王，廢太子商臣不成，反倒被他這個「蜂目而豺聲」的凶惡兒子逼得自縊，本來謚為靈，但已死的成王不肯瞑目，這才改為「成」，也就是說，他的一生忽然從「亂而不損」變成「安民立政」，當然不是他的人生瞬間起了鉅變，就只是討價還價成功而已（以瞑不瞑目的如此奇怪抗辯方式）；巧的是，楚成王也正是城濮之戰、上一場大敗的楚王。這個兩次都沒用掉的靈字，我們已經知道了，最終留給了那位寶貝公子圍。

再來是秦穆公，故事我們稍前講過了，他英明一生，卻因為以奄息、仲行、鍼虎三人殉葬，相傳真正的謚號是「繆」字，秦繆公。這可以爭議，《春秋》經文沒記錄穆公之死（「不告不書」），《左傳》寫下了這段經過但沒提惡謚之事，只是很惋惜這樣的收場，到生命落幕後才出錯，並由此得出秦國由燦爛崛起復歸殞沒、「君子是以知秦之不復東征也」這個現實結論而已。我們說，如果秦穆公的真正謚號是謬，那《左傳》溫柔的「以穆代謬」就有趣了，這意思是，《左傳》拒絕只用這一個黑點來看秦穆公一生，現實人生裡，人也許會因為只一個錯誤就萬劫不復，但歷史的記述不該這樣，歷史書寫應該糾正這種現實遊戲的偏頗不公及其殘酷不仁；而且，《左傳》既然已可以把秦穆公的人生一件事一件事更仔細更完整來說，當然不必像個繭也似的再縮回去一個字裡，這原只是文字的不得已限制而不是文字的明智設定。事實是，這位秦國早期的一代明君，也比較像秦穆公而非秦謬公不是嗎？

《左傳》這樣的解開束縛、重回敘述並不只謚法一事而已，像是公侯伯子男的諸侯分封位階，我們看，孔子《春秋》經文裡仍是宋公齊侯鄭伯楚子許男云云的原初爵級（似乎也不承認諸侯君主之謚號），可能是沿用著魯史的官方記述，但《左傳》已不再拘泥這個了，把目光移往現場成為一個一個「當下」（《左傳》改變了書寫的「時態」；《春秋》用的是完成式，《左傳》則傾向於進行式），鄭莊公齊桓公不說，就連小國如許滕也是許靈公滕成公的遍地是公，大致上是你們國家怎麼自稱自謚我就怎麼沿用，也因此，《左傳》裡遂不只一個王如天有二日，一個是周天子，另一個是歷代楚王（很巧，《左傳》裡第一個現身的楚子恰恰好就是開始自封為王的楚武王），最終還又再多出兩個，吳王和越王，2＋2，並由此進入到遍地是王的戰國——這樣的書寫「僭越」，若有所傷害，也只限於政治層面，此外，就是某一部分後世讀書人的執念和感情；這無關也無損於歷史書寫本身，相反的，這讓歷史記述多出了（也承認了）不同人的視角和思維如巴赫金所說的雜語性，也就更靠近事實（「我們離事實永遠不夠近」），包括當時的現實的處處、種種真相，也包括人心的處處、種種真相。偌大世界，怎麼能不藉助更多人眼、更多種人心來看它呢？《左傳》這麼寫，我們完全看不出有任何畏怯遲疑，可也不見用力，並不是那種帶著特殊姿態特殊語調的「對抗性書寫」，這麼自然，比較合理的想法是，敘述者只想順利講事實，心無恚礙，心不旁鶩，不一次攻打兩個目標；還有，從公到王，到他所在的時代，已貶值到誰都可以任意取用如陽光空氣水，所以稍後滅掉一堆王如后羿射日的秦始皇才費心創造出「皇帝」這一全新的、獨有的神聖稱謂。

這種一個字說完一個人的古老謚法，其實在文字書寫展開之後就該淘汰了，像某種中間型、過渡型的產品，但後代仍不死心的進行，也許擴大一倍成為兩個字的詞，乃至於一串詞組——但仍遠遠追不上已綿密敘述的文字，遂進一步封閉於政治意義裡，某種教忠教孝，甚至只是輓聯之類的喪葬物件。它的歷史說明效果所剩不多，讀史的人也不會想從中多知道此人什麼，我們每個人的閱讀經驗皆如此，最多只當一個備忘的刻痕，繫留住一個最初級的大印象，依稀記得這算是好人或壞人、性格傾向凶殘或懦怯，總是欺負人或遭人欺凌、人生一場是很得意還是悲慘不已云云（現實「大遊戲」，往往把人逼向兩頭逼成極端，比方溫文成為懦怯，剛強成為凶殘，如《孫子兵法》所說，「廉潔可辱也」「愛民可煩也」；成王敗寇，很難做個中間的、正常的人，這是大遊戲如此令人厭惡的地方之一）。

我們還可以再試著做件事，攤開整部《左傳》，橫向的把比方說謚號為「桓」的人全找出來比較看看，齊桓公周桓王魯桓公陳桓公蔡桓侯……，高矮胖瘦賢智愚庸，也「有罪各自承擔」的有著各自生命走向，幾乎沒交集，毋甯只像是「名字」而不負責解說他的作為和人生。這樣，我們或許就很貼近於《左傳》作者的基本心思狀態了，其實也是回返到我們的生命經驗本身——我們每多熟悉某人一分，多具體講出他一件事，他的稱謂（如陳總經理）、他的名字（如陳聰明）便多流失一分意思，最終只剩下聲音。儘管最原初這一稱謂、這個名字可能是深思熟慮的，曾經被賦以相當意義、被寄予滿懷希望。

春秋之謚，今天回頭看看，也許真正讓我們驚奇不已的反倒是它曾經相當成功，或說「有效」，人們如此認真相信並代代慎重執行，在那樣一個文字書寫才要開始、人仍靠身體記下所有事情的年代，人們如何想方設法和流水般的記憶搏鬥，藉助著只容一字一句的高度限制文字，試著留下一道道人工刻痕（殊不知文字的啟用將把記憶帶離人自身，如柏拉圖的洞見）——謚法的設計和執行，其實背反了不少難以克服的人性傾向，也處處高估了人的認識判別能耐，包括其不正確的時間位置、時間總是遲滯於真相顯露的此一根本問題（所以後代爭議過、也調整過該不該死後即謚，如同死亡有某種賞味期）；但這卻也意味著，人必須設法讓自己更公正、更專注以及更理性清醒無情，包括對才死去的親人（通常就是父親或兄弟）或仇家（也往往就是父親或兄弟），包括對自己。也許有些難以克服的不是真不能克服，只要人能為自己找出一個高一點的目標，好的東西也不必永遠不壞，只要日後還會發生、還會讓人相信並鄭重相待即可。

謚法，春秋時人是「玩真的」，這讓人印象深刻；謚號不只黏著、截止於亡者一身，還被生者所繼承，高高掛起，在人生現實裡延續並枝葉般展開來——《左傳》魯隱公八年，魯國討論無駭之死的謚號，眾仲指出來：「為謚因以為族」，意思是亡者的後人分族立家，此一謚號將作為他們新的族名，就像我們說的魯國三桓，也稱之為桓族，我們於是知道最原初是魯桓公的另外三個兒子（嫡子同繼位是為魯莊公），正是看到那一道「桓」字的船身刻痕。

## 最可懼的是時間

但丁寫《神曲》，一樣面對著我的老師寫《十殿閻羅》、以及孔子作《春秋》的難以逃遁難題——得提前做出判決，把當代才剛死去甚至還沒死的人分別送往天堂、淨界和地獄。這當然引來人們的爭議以及撻伐，其中罵最凶狠的有尼采，說但丁是「在墳墓間作詩的鬣狗」（我們知道的確存在著這樣的書寫惡習），最溫和而且深刻的是波赫士，他以「說鬣狗作詩這是一個矛盾」輕輕化開了尼采的攻擊，極其聰明的指出來：作為一個書寫者，但丁得扮演上帝（或不得不猜測上帝不可探知的決定）把人送進天堂、淨界和地獄；然而但丁卻又是他書中的一個人物，並時時對這樣的安排感覺震驚、不解和質疑。尤其，書中的但丁在地獄裡見到了弗朗切斯卡和保羅這對當代的戀人，兩人因為通姦被處決並違背上帝的律法打入地獄。彼時，男的已完全無法講話如一層陰影，由生命力較強韌的弗朗切斯卡回答但丁的詢問。「愛情把我們引向死亡。」波赫士說，書中的但丁對他們的處決和罰入地獄毫無興趣，他想知道的是「更深刻的東西」：他倆怎麼知道已經相愛、以及如何相愛起來，他們甜蜜的時刻又是如何到來的。便是在這裡，波赫士正確的說（我以為他是完全正確的），但丁是羨慕他們的，即使身在地獄，他們仍緊緊靠在一起，「永恆的在一起，共用著地獄。」而但丁戀慕的貝雅特麗齊身在天堂，卻永遠離他而去，《神曲》這一趟旅程最後，是貝雅特麗齊單獨走向最高天，兩人永遠不會再相見了，波赫士講，貝雅特麗齊最後的微笑，那是全書最悲傷的詩行。

天堂原來也能是悲傷的，地獄有著他永遠無法獲得的幸福，「天堂／地獄」這樣的終極判決原來也不是終極的，還是有某些東西逸出這一判決和懲罰之外泛著晶瑩微光。如此，這個不得不做成的書寫判決遂有著遺漏，也出現了種種縱深：人幸與不幸的縱深，應然和實然交錯的縱深，價值紛呈諸神衝突的縱深，上帝森嚴律法和人無可扼止情感的縱深，以及，作為一個《神曲》作者的但丁（受著較多天主教義和書寫規則的約束）和作為一個完整、多面向的人的但丁，這兩端處處拉扯的縱深——這樣又是書寫者又是書中人物，不僅僅是一個書寫詭計的巧妙安排而已，這也是但丁的基本事實和他更完整想法。「其中的悲劇成分與其說是屬於作品，不如說是屬於作者；與其說是屬於主角的但丁，不如說是作為撰寫者和創作者的但丁。」

「但丁不會以（他者的）痛苦為樂。他知道有不可原諒的罪孽，大罪孽。他選擇了犯有各種罪孽的人，但是他們的其他方面都是令人欽佩或者值得讚賞的。弗朗切斯卡和保羅只是淫蕩，沒有別的罪孽，但是一個罪孽就足以判決他們。」

孔子作《春秋》，直線如矢的筆則筆削則削（削字不是批判，而是用刀刮去，修改或隱藏），本來只是受著較多約束的書寫者而已，但因為後來有了《左傳》，孔子也如但丁成了書中人物，有機會回復成一整個人的完整存在，讓多於《春秋》書寫者的另一個孔子顯露出來——一樣寫下了「趙盾弒其君」這歷史定讞判決，卻又對這個判決表示惋惜以及可以繼續討論。

事實上，《左傳》不只寫進了孔子，還寫進了《春秋》這部書——魯成公十四年，叔孫僑如（魯國種馬）奉使齊國迎回成公夫人姜氏，《左傳》有點突兀的在此處「塞」入一段對《春秋》的虔敬讚語，像找到縫隙，像把一片葉子藏在一棵樹裡，也像波赫士講但丁寫《神曲》一開始也許只是想寫死去的貝雅特麗齊和對她的思念，創造出和她再見一面的可能。「故君子曰，春秋之稱微而顯，志而晦，婉而成章，盡而不汙，非聖人誰能脩之。」

又明白又隱晦，又直言又婉轉，又要追究到底不放過任一個錯誤又要考量大局計算影響封印好每一個錯誤，這樣永遠在找最適一點、細如針尖細如粉末的書寫，我們換個詞吧，非一等一的書寫者誰能脩之——的確需要高超的書寫技藝和絕佳的文字感知掌握能力，需要過往歷史和當下世界的豐碩記憶、廣闊理解和尖利洞見，還需要心志強韌、不斷做出一定頗折磨人的無法真正安心選擇云云。我們假設這仍是做得到的，但成功寫出來之後必然也跟來這個新難題：誰來讀它？「非聖人誰能讀之」？這樣的書寫一樣對讀者有極嚴苛的要求。當然，閱讀者是可以差一點，不必準備充分到書寫者的同等程度，但還是不能相距太遠不是嗎？

也因此，在孔子生前，也就是未有《公羊傳》、《穀梁傳》和《左傳》，還沒有得到進一步的研究、討論和解釋之前，能真正看懂《春秋》的人一定很少很少。

當時的詳細情形我們並不知道，但較合理的來想，孔子作《春秋》，在此同時魯國官方版的《春秋》必定仍進行，這才是正式的國史記錄，取代尚未發生，還留在民間；而且，當時沒出版業，連印刷術都沒發明。也就是說，當時實際上讀到孔子版《春秋》的人必定更少，我們甚至不該排除這一可能，那就是孔子根本從沒拿出來，從沒有第二個人讀過（除了授課時化整為零跟學生講），世界若有所知覺，也只是傳聞，諸如孔老師好像又在做某件事，而對於這個總是令人驚奇的人，如今又想什麼、作他什麼春秋大夢反而半點也不奇怪；我相信當時魯國君臣上下對年老的孔子有一種奇特的寬容，一種也無奈也感覺無害的寬容，給予他如昆德拉所說孤獨的、置之不理的所謂「晚上的自由」（以老年的貝多芬為例，因此最淋漓最了不起時刻的貝多芬）。我們再實際看他的書寫進行，孔子版的《春秋》並沒完成（或說不會完成），這原是一個工作而不是一本書（工作終止之後才自然的成為書），只是被一頭異獸攜來的死亡預兆給打斷，這和他的人身死亡緊鄰著只一步之遙，其間根本沒有時間——生前，乃至於孔子死後相當一段時日，《春秋》不會是一部驚動魯國驚動世界的書。這其實是另一個歷史通則，日後震動世界的東西都是從灰撲撲的、不起眼的角落開始，只因為它需要一點點不被喧囂世界侵入、干擾、吸納的自在時間，讓它有機會長出自己要的樣子並稍稍站定腳跟，如馬槽裡的耶穌，如圖書館裡的卡爾・馬克思。

「罪我者其惟春秋乎？」書寫中，孔子似乎逐漸察覺更多什麼，在他作為後半人生志業的一系列整理工作中，修史這事如此的非比尋常，甚至始料未及，包含其不斷展開的視野，也包含陷身於如此沉重陌生、讓他幾乎是膽怯起來的孤獨處境。這裡，其隱藏的核心是時間——當下的視野，永恆的判決，這兩者有著巨大的矛盾，會隨著時間的流逝不斷撕裂開來。真正會讓我獲罪難逃的，是未來而不是現在；我若犯錯，真正能看出來、也感覺受到傷害的是後世之人。《春秋》的修改糾正作業，不針對特定個人（不是《趙盾傳》或《論魯隱公的悲劇》云云），甚至已不限於單一國家（依《公羊傳》，孔子連他國的記事部分都改），而是彼時的一整個世界、人極目所及而且伸得到手的世界，起碼孔子自己傾向如此。《春秋》呈現的最終圖像，我們可以這麼說，是一個（孔子以為）這樣「才都正確」的世界，人都回到對的位置，做對的事，並且對於所有人無可抗拒的災變和命運襲擊，都做出對的回應和選擇；把一個正確的世界版本，疊放在歪七扭八的現實世界之上留給後人，他們會需要這個。這樣算不算個烏托邦呢？就人性，就人的理知、作為和心志韌度云云的限制來說可能是烏托邦，只因為人從來不會普遍的（空間上）、一直的（時間裡）做對事情，除此而外，這是全然現實的，沒偷渡任何不存在現實當下的東西，沒援引任何不可思議的力量和救贖，甚至，就一件一件事單獨來看，幾乎都是簡單的、一般人就能做得對的，比方說提早幾天前來弔喪就正確了，忍兩個月等農閑再動員築城就正確了，不收受謀殺者篡位者的賄賂轉而揭發他聲討他就正確了等等。人多一點審慎，多一點堅持，甚至只需要多想一下，這應該不是苛求不算奢望；而正因為看似如此簡單卻實際上不能夠（未來呢？），這裡面便藏放著某個很深刻的世界真相，人的真相。

思索的向度已明顯越過了當下治政，指向某個時間深處、歷史遠方。

後來長達兩千年時間，可能一直要到民國初年乃至於紅色革命為止，沒有誰真的怪罪改寫《春秋》的孔子，倒是，「孔子作春秋而亂臣賊子懼」，《春秋》被高高標舉起來，孔子的憂慮沒有成真，這他該欣慰還是多少有著遺憾呢？不被怪罪有兩種可能，一是人們不認為他有錯，另一是人們沒真正接下他這個疑問，他的此一特殊察知連同他的不安、不確定和後世擦身而過。

也再沒有一本用應然更替掉實然的歷史之書了。

「亂臣賊子懼」，這個說法巧妙的隱藏起一個日後的真正主體人物，那就是君王、皇帝、天子（當然也可以把他輾轉歸於「賊子」名下，更激烈的人這麼做過，孟子也早就這麼做，「聞誅一夫紂矣，未聞弒君也。」）——往後兩千年中國歷史，也可以看成是一個權力逐漸向中心凝聚的過程，到明朝達到駭人的頂峰，果然也無惡不作。人要拉住、抗衡、諫正這樣愈來愈巨大的君王，便得想盡辦法援引另外的一切可能力量舉凡理性的、道德的、歷史的云云。中國的諫官（是一種行動而不只是一種官職）和君王像是一長段相互糾纏相互追逐的演化，也是一長串光輝但不免慘烈不堪的動人歷史。這些如履薄冰如搏虎狼的諫爭者，他們偶爾也會回溯更早的提起比干和伯夷叔齊（其實後兩者這對兄弟毋甯更接近拒絕投降者），但一般而言，起點總是《春秋》，諫官業者的主保聖人正是孔子，汲井也似的在這裡獲取源源不絕的力量和必要勇氣，好依序走向諫爭者這一道歷史死亡長列。當然這不全然是誤解，儘管有些微賴皮，畢竟，在權力日趨集中的新現實裡，君王的確逐漸成為「正確世界」的關鍵，正確的第一因，是首先得擺放正確的核心一塊，君正孰能不正，如此如此，這般這般。

但這還是不免誇大了孔子的「英勇」，或者說低估了他真正的英勇——《左傳》給了我們很具體的事證。這和其他地方的孔子比方《論語》裡或《禮記》裡是一致的、相互印證相互解說的。我們只看這一件，此人是齊國的鮑牽，他有一個直言無隱出了名的曾祖父鮑叔牙（但不擁有曾祖父的實力和信用），鮑牽揭發了齊靈公母親聲孟子和慶克的宮闈穢事（聲孟子亦私通於魯國來奔的叔孫僑如），被聲孟子誣陷謀反而判了刖刑（有點奇怪的刑罰選擇，看起來比較像是黑道幫派式的「教訓」）。孔子的評論頗無情，還帶著嘲笑意味，說鮑牽還不如向日葵聰明，向日葵還懂得保護好自己的腳（向日葵巨大的花朵和其敏銳的向光性，如同時時讓自己根部處於蔭裡，避免陽光直射，這是孔子的特殊生物學見解）。

真正喜歡玩這種「仁義／死亡」要錢還是要命二選一遊戲的是孟子，他津津有味的講成是熊掌和魚這兩種美食食材的抉擇，是歷史上很著名的比喻。如果我們也逼問孔子答案，他可能也會遲疑的同意是有比生命更重要的東西沒錯，但是……。極不一樣的是，孟子的強調，好像人生是一次又一次的如此連續抉擇過程，圖像非常激烈；孔子不會認為這是人生命的經常性處境，漫漫人生遇見個一次兩次已夠沉重夠倒霉了，也許某種極特殊的不幸時刻會如此像是日月星辰和人正好在某個交會點上，碰上了，那就歸諸命運歸諸天地神明迎上前去吧，但其實，絕大多數的諸如此類困境是有過程的，可預先察知可預先處理，不必讓情況惡化到終極選擇的地步（孔子不只一次提醒人該如何處於亂世處於危國）。生命的確處處是抉擇，綿密到幾乎無時無地，綿密到甚至已不感覺自己在作抉擇，但不是生與死、to be or not to be（很慚愧或很幸運，我自己已超出五十年的人生還沒真的被迫選熊掌或選魚），也通常不是乾淨到幾乎可丟銅板的二選一，其中最麻煩的是價值和價值的不斷衝突（而且通常不只兩個），這讓人痛苦，也讓人事後一再回想懊悔成為折磨，但不立即致命。深刻的來說，也遠比孟子的生與死抉擇要困難，因為需要的不只是瞬間的勇氣，還需要知識，需要不停歇的思索、決定和懷疑；或者說需要很多種又很多次的勇氣，懷疑會上達價值信念本身，包括你本來以為可以毫不猶豫為它而死那一信念價值，你得敢於讓它受挫讓它失敗讓它宛如迷途不返。

葛林的《一個燒毀的麻風病例》小說中，在剛果麻風村每天診治六十個病人忙得抬不起頭來的柯林醫生（「你的神要是看看祂這個世界，一定會覺得有點失望。」），嘲笑了被梵蒂岡教廷追尊為聖者的某神父，因為他救助麻風病人感染而死，柯林醫生說這其實是不必要的，因為麻風病是極弱傳染性的，只需要一點點基本醫學知識，注意幾個簡單的預防步驟就可避免；還有，柯林醫生講：「你還記得修女們在叢林裡辦的那所麻風病院吧？當發現D. D. S.是有效藥物時，那兒的病人一下子減至六個。你可知其中一位修女怎麼對我說嗎？『真可怕，大夫，再不久我們就要沒有半個麻風病人了。』她真是個麻風愛好者？」——人的確會不知不覺成為麻風愛好者，如果你誇大單一一個信念，並把它牢牢綁於單一一人一事一物。

有關諫言君王，孔子一向不贊成直言，他以為「諷諫」即可（也由此可以窺知他的君臣權力圖像）。諷諫可以多次進行，不只糾正這個錯誤，還有機會糾正下一個、下下個錯誤；而且，諷諫以多重路徑進行攻擊，得（被迫）講究較多的知識內容、技術和創造性才華，通常還有幽默（這是個極重要但總是被低估的東西），有更大機會讓自身成為「一個作品」代代啟示、欣賞、沿用——真實的世界是，人我皆會不斷出錯，生命不是一次賭注而是經常性的困境及其憂煩（孔子說的終身之憂而非一朝之患）；真實的世界更是，人的價值信念不只一個或說無法合為一個，需要守衛的美好東西不只一個，但偏偏死亡只能一次，你為仁慈而死，就沒辦法為正義、誠實、善良、高貴、後悔云云而死；為君王而死，就沒辦法為家族、情人、朋友以及不識之人而死。個別的推到極致來說，也許我仍可同意（已少人同意了，這無妨）生命遠不及某些東西貴重，但由於數量差異的不得已緣故，還是得非常非常慎重使用它才行，「千金之子，坐不垂堂」，這麼說，希望不會成為某種不堪的藉口，那些殘忍的人以及懦怯的人（而且這往往是同一個人的兩面，需要舉例嗎？）。孔子極可能也是察覺到這樣的風險，有關諫言之事，他沒把話說死成為一種標準作業，保持著當下的彈性和迴身餘地，這一直是孔子的想事情方式，像他談生死、談人死後是否有知覺云云都是這樣，我要說人死後有知覺，恐怕那些太孝順的人會一輩子走不出父母死亡的悲傷，永遠活在亡魂的世界裡；要說人死後沒知覺，又擔心那些無情的子孫把遺體隨便一扔……

## 《春秋》・最不適合孔子的工作

詩書禮樂易春秋（原本不是六本書，比較接近六項工作，並合為一整個生命作為），這個埋頭著述和教學的孔子是後半的孔子，折返點大致上是他見趙簡子卻臨河不渡的最後一趟出走。這是不同年紀、不一樣生命時間圖像的孔子，已從現實當下稍稍退後一步遂有著更大時間視野的孔子，所謂「託古改制」不是個太對的說法，應該說是試著從縱向時間裡的變化去重新掌握世界去理解人，對過去更仔細的搜尋，卻也有著更深的未來向度及其期待。臨河不渡，那些跟著他的年齡不到學生可能很驚愕，都走到這裡來了不是嗎？春秋乃至於日後的中國歷史很可能在這裡難以察覺的轉了個向，讓有些事情發生也讓有些事情再無可能了，這算是孔子周遊列國的最終鼓勇前行，但某些東西已不知不覺變了。阻止孔子的與其說是先他一步投入趙家、已卡好位置的熟識惡人陽虎（當然，想到還是得和陽虎這樣的人事事角力一番，與汝俱小，這的確讓人疲憊，讓人不免感覺委屈，想自己到底在幹什麼啊），不如就說是眼前這一道美麗無情得令人畏怯的大河吧——洋洋乎美哉，逝者如斯，不舍晝夜。

這當然說的是時間，也說的是自己，以及所有不可更改的流逝。在這樣的時間尺度裡，萬事萬物連同人自身的存在和作為，無可避免的，都呈現不同以往的大小比例，不盡相似的意思，並暴現出來各自的限制、盡頭及其不等徒勞，有一種懸浮起來的感覺，人得重新找一個可以站住腳的地方。

孔子看來是頗坦然回去魯國定居下來，但他仍是自己說的「東西南北人」，只是出走由空間易為時間罷了。魯國對這個總是心有遠志的人似乎也沒異常反應，一般總是會酸一下、不時嘲諷兩句不是嗎？

孔子是相信人該在後世留名的，生命本身也是一道船身刻痕，這是他得以證實自己曾經加進這個世界、有做到了某些事、世界確確實實因為我變得有所不同的不一樣講法；有時，他則用上天加諸他的某一神祕使命來講，當他感覺自己需要振作一番時。這一思維，愈到晚年或說愈臨近終點就愈清晰長掛口中（畏於匡那次，是差點死於非命的另一種提前終點）。這也是一個信念，用來對抗無限長的時間、終歸把所有一切都帶走都拭去的時間——這的確讓人苦惱不堪，人得有「遠方」如昆德拉講的，才不會什麼也看不見看不懂的陷落於當下（當下一閃即逝，「我們無法想像一個純粹的當下」），這一直是人諸多愚行和災難的根由；可又不能太遠如赫爾岑講的有意義的目標必須稍微近一點，好讓人和事物不會消失、不會一一化為微塵。

孔子作《春秋》，在魯史上塗改，我們不知道他有沒有動過徹底重新寫過的念頭。這裡我們得說，這麼說是很平實的，毫無驚人語的意思——《春秋》這樣沿用下來的書寫體例，一枚竹簡記一則大事，而他的更正，又無可迴避的讓一枚竹簡就是一個歷史判決，難有模糊商量的必要空間，這其實是最不適合孔子的，極可能比當時任何人都彆扭（要不要想像一下比方由孟子來做會是何種光景何種結果），他是個想太多的人，極可能就是整個春秋想最多、思維最複雜的一個人；然而，也許最有趣的正是這樣的不合適吧，讓這個作為不那麼理所當然，不會渾然的融進去當時當地，它有一部分溢出了、穿過了這個時代。這裡，出現了裂縫，冒出來撞擊的火花，還有一堆已在人心中腦中生成卻寫不進既定數量竹簡的東西，得另外找到出路、找安置地方、用另一種方式說出來。

孔子作《春秋》的奇特畏怯，必定來自於諸如此類的深沉書寫察覺，不會是書寫工作而外的理由。我們這麼說也是根據對他一生作為的基本理解，特別是他在一些關鍵時刻的選擇，像是他幾次大剌剌的出走和返回魯國（把國家當旅館啊？），像是他因季孫而得位，上任後卻處心積慮想拆掉季孫家最後保命的大城費云云——愈是在這種時刻，他真的愈不在意權勢和流俗眼光，人們最容易不安的事他反倒不感覺不安，這與其說是不怕冒犯，不如講是不以為意或顧不得。孔子原是個極世故的人，但在專注於太重大或太明白無誤是非的時刻，會出現這樣令人提心吊膽的「天真」，這種不近人情。但這是好的，這對抗著也抑制著他自身的世故，洗掉了世故中必有的一部分虛無成分。

用我們如今的話來說是，孔子的思維傾向是偏歷時性而非共時性的，更接近於歷史而不是哲學。在看似全然紊亂無序的春秋世界奮力找尋秩序，他相信某種通則如英籍史家霍布斯邦小心翼翼說的「研究歷史，難道不終究為著尋找出某些通則嗎？」但通則是複數的，而且同時存在同時起作用；而通則也是個個有限的，並不免彼此遮擋、限制、延遲、抵銷如眾聲喧譁，人得耐心一一分離出來辨識出來，我們也許會因當下某種需要只選擇強調其一二，但不能不同時意識到其風險，被誇大被固化形成排他和不知不覺遺忘的風險。這些，從《論語》裡看得最清楚——《論語》裡一樣處處是某事某人的是非論斷，但孔子努力要學生知道的反而是，在就事論事就人論人的當下嚴正是非對錯分辨，和某種普遍性、終極性的定論（某種真理）之間，其距離有多遙遠，中間橫亙著一整個可懼的世界，以及讓一切不斷變動並流逝的更加可懼時間。事實上，孔子（我以為是認真的，但也是有意的、策略的）常對相同的問題給予不同的回答，今天明天不同，子路問冉有問不同；還有，「未知也」這一保留之詞算是孔子常用，用於人也用於事，用於對生命和死亡的探詢；還有，孔子不惜破壞甚至推翻自己說過的話，也許是在他察覺學生太相信時，以至於某些記憶力良好的可憐迷路學生會抗議：「可是老師你不是才剛講過——」

是的，最可懼最不確定的是時間，一直移動著的時間，當下對的不見得未來還是對的。逝者如斯，我不可能跟著我的《春秋》版本連同所有的論斷穿越到後世，在幾百年後幾千年後必要的修正我此時此刻用心記下的這些刻痕。他們會記得要修正嗎？會因此怪我嗎？

## 最好的人、最好的東西不在這裡

這次，我重做了一次廿幾歲時做過的事：遮去《左傳》，只讀《春秋》經文——年輕時，有點蠢，帶著回返原典、卻嫌脂粉汙顏色的想當然耳之心，結果像遭到報復般一片茫然，還有一種上當之感，難以置信這就是偉大的《春秋》；現在，有點明知故犯，主要是再次證實，惟仍然，如果說這就是如此有意思（儘管不免悲傷殘酷）那兩百年的歷史完整記述，顯然無法令人滿意，整個畫面是乾澀的、粗疏的、荒涼的。我想像孔子自己從頭讀過的樣子，一個書寫者，總會有這麼做的時刻吧？

稍進一步比較《春秋》和《論語》其實是有意思的——《論語》可以看成是孔門的教學實錄，

一部小歷史。成書時間必在孔子身後，也仍受到並沒那麼快鬆開的書寫限制，以至於個別條列的讓孔子的流動話語不免也「格言化」「真理化」；但是，就只這麼一點點的鬆動和展開，我們已看到了它的生動、複雜和豐饒了，人物不再只是一個名字、一個職稱、一枚剪影，每個人飽滿而且呼之欲出，子路子貢顏回冉求宰我乃至於性格也許更不突出的子夏子游子張曾參樊遲等都不會弄錯弄混。小說家阿城曾說《論語》是「一部留存了孔子最豐富生命行狀的書」，也就是說，這才是孔子較完整的模樣，他怎麼想事情，怎麼和學生、和時人相處，怎麼回答和討論，怎麼一次又一次在當下強調選擇，並怎麼在時間的移動船上持續看人看世界云云。

《春秋》要能也像《論語》這樣寫該有多好？這可能是我們的第一感；但《春秋》也許最終仍（試著）這麼寫了，那就是加上《左傳》，一部更完整、更接近孔子的《春秋》應該包含著一本《左傳》這樣的書。說到底，《左傳》和《論語》、和《禮記》等究竟有什麼不同？不都是孔子的學生以及學生的學生在大師離去後的整理記錄，也許差別只在於我們偶然的給了《左傳》一個較具體存在的作者，讓這本書離開了孔子，獨立了，像是「另一個人的作品」而已不是嗎？——孔子作《春秋》，我們所說他那些寫不進單枚竹簡的更多想法置放於哪裡？依《論語》，他一定會跟他的學生講（如趙盾的弒君故事），這是孔子的實況，也是當時的基本事實。當時，所謂的「智慧載體」仍是人自身，是人的記憶和話語，如沒有文字的納瓦荷人講的「人記得所有事」，文字原只是標示用的記號如最早陶罐上未成文字的記號，只是叫喚回某一塊完整記憶的一道船身刻痕而已；但文字以它強韌的抵禦時間流逝和死亡阻斷的特殊能力，終究將取代人的記憶和語言，這個緩緩完成的無可抗拒歷史進程，春秋稍後正是一個極醒目的、可用爆炸開來形容的啟始時刻，而開始的那一個點，日後我們合理的相信來自孔門，正是孔子前二三代學生，已察覺到時間的無情剝蝕力量，並實際上經歷了人的遺忘和死亡，努力想記住大師生前說過的話語，不讓自己成為最後一個知道的人。而在記下這些話語同時，他們也不知不覺的在大師思考的基礎上繼續進行思考，在禮（制度）和春秋（歷史）這兩門最富現實成分因此也最流變不居的課程裡尤其如此。

一枚竹簡寫不完，那就去砍、去種更多竹子吧。

《左傳》把《春秋》的一道道刻痕解開來，「還原」為一個有時間過程、有具體細節、有人的故事，也就是回到了敘述——雷蒙・艾宏是最介入現實的學者，他講的沒錯（在他法蘭西學院的論治史課堂上），敘述不是歷史的初級形式，敘述仍是歷史的偏好、仍是歷史書寫的主體形式。人們曾經有所誤解，尤其在科學成為主義的年代，歷史書寫一度認真模仿科學的思維及其形式，讓歷史成為只是「準確度稍差的科學」；但重回敘述，其實是試著對準確性更深、更細也更完整的掌握，不漏失那些科學切出去、丟下來、難以簡單概念化數據化的東西。歷史不得不顯得模糊、不確定，但模糊和不確定正是人類世界的基本真相，構成這個世界的是行動的人而不是運動的原子；這也是卡爾維諾指出來的，一種精緻的模糊其實是更準確，正是人和事物最細微晃動的樣子。於此，大衛・休謨給了我們極深刻的哲學基礎，他回到時間，以時間的前後順序來取代因果，這樣的貶抑因果其實是容納更完整更微妙的因果，只因為，每一件事物、每一個現象，「都是過去數不清原因的結果，又都是未來數不清結果的原因。」

回到敘述（也許已包含了一些議論、一些通則、一些如艾宏講的「認識模式」，也就是夾議夾敘，不丟失既有的發現和整理，如《左傳》這樣），也是讓這段歷史保持著開放，這回應了、也緩解了孔子的擔憂——後世的人可一再重回事件本身，每個人都能重新選擇、重新有感而發作出論斷。

最終，孔子的《春秋》版本，還有一種很難受的荒涼，或正確的說，誇大著歷史書寫很難避免的荒涼，那就是其人的數量、種類和素質——《春秋》依循原魯史記錄，而魯史作為一本國家日記，主體人物是魯公和各大小諸侯，其他人要擠入這窄迫的竹簡裡，不來自於他的生命表現，僅僅在於他和國君的相關「位置」。基本上只有兩組人：一是奉國君之命的人，出使、出戰或出門嫁娶迎送；另一比較糟糕，不是被國君殺掉的人就是殺國君的人。

孔子自己的歷史圖像、當下世界圖像不至於真長這個樣子，他會不會也有點懊惱呢？——沒老子，沒他自己，沒有晏嬰叔向蘧伯玉史魚等一干他看重的、甚至見過面說過話很有感覺的人，當然更不會有那幾個路途中偶遇、用最大問題砸他（該說是修理他還是逆言勸阻他）的匿名隱世者。季札來訪，因為有吳王的允命，算是國賓，這才留下了一道到此一遊的淺淺刻痕。

《左傳》好多了（但也僅止於好多了而已），我們日後在意的春秋人物，泰半是《左傳》叫回來的。很好玩，《左傳》還記下了一個因潔癖的強迫症或躁鬱症致死的人，應該是中國歷史的第一個病例，此人是小國國君的邾莊公卞（也是個公，還謚為「莊」，勝敵克亂？），原文生動極了：「邾子在門台，臨廷，閽者絣水沃廷，邾子望見之，怒閽曰：『夷射姑旋焉。』命執之，弗得，滋怒，自投於床，廢於鑪炭，爛，遂卒。先葬以車五乘，殉五人。莊公卞急而好潔，故及是。」——「旋」是小便，替庭園澆水的僕者夷射姑顯然在水裡加了有機肥料，這個躁鬱發作的小國君因此不小心燙傷感染而死。旋字在台語至今仍一直這麼用，是個特定性的動詞，但因其弧形甩動的視覺聯想，從小我們一直以為是個很粗鄙不好出口的說法，沒想到它出身高貴，上達《左傳》這樣的經典。

但仍然是，有只是小了便的看門人夷射姑，沒有智慧如大海汪洋的老子；還前者有名有姓，老子則仍然不確定，據說孔子曾說他像龍，的確龍一樣介於實存的生命和我們無盡的想像之間。

一直以來，我們對於歷史書寫的深深不安，明顯集中於惡的書寫不足，惡的掩埋粉飾這一側，也就是壞人壞事揭發得不夠徹底，真實的人類過去世界還遠比史書看到的要糟糕；我們推己及人的擔心書寫者頂不住巨大的現實權勢富貴種種，人在恐懼和欲望之前膝蓋發軟下來，這是真的，我們也親眼在今天一再看到甚至還是我們一個一個昔日友人。但我以為，其實更嚴重的是善的不足這一側，善的難以捕捉、存留和呈現，這必須克服更多更經常，包含了書寫者自己（勇氣、耐心、認知和判斷能力、書寫技藝云云），還包含了歷史書寫本身（其體例、其基本設定、其彈性限制云云）；也就是說，人類最好的樣子、最好的時刻、曾經獲取的最好東西，一樣而且可能更難寫入歷史裡，人也遠遠比我們從史書裡看到的要好，個別的來講，可以好非常非常多。

回轉到書寫本身，這一切馬上顯得如此明白——每個書寫者以及讀者都一再經驗此事，那就是善遠遠比惡難寫。就連認真勇敢而非敏感機智的大人類學者米德夫人都能發現，奇怪在每個民族裡，對地獄（或其相類似的東西）的描述都是極生動精采的，而且充滿細節，但天堂卻都是乏味的、蒼白的、空空盪盪的。這直接適用於《神曲》，《神曲》的天堂部分能打動我們的不多，而且我們若有所感也通常是懷疑和不盡滿意，也就是說不是迷醉於書寫成功，倒是發現某處失敗。

惡是斑斕的、淋漓的，但通常並沒有什麼深度，一般人也容易看懂，它的核心基本上只是人皆有之的生物性本能及其欲望，也因此才顯得如此真實（真正可怕的東西必須是真實的，也就是說，我們心知肚明這真的會發生），它令人誤解的深度只是技術性的必要隱藏，就像謀殺盜竊的進行總是暗中進行一樣。真正深奧的是善，直至深不可測，因為這是人單獨的發現和發明，和我們的身體、我們生物性生命構成的聯繫極其幽微、間接、不定，倒是屢屢悖反；也因此，善不容易說明不容易說服，它對人有相對嚴苛的要求，每朝前走一步，便得拋下一堆人，聽不懂以及不願聽懂的人，最終，它總是遠離人群，消失於人的視線之外。

孔子作《春秋》，如果不只是見招拆招的更正原來的魯史記載，也是這兩百年人的真相、世界的真相，那這樣子的書寫成果是不可能讓書寫者自己滿意的。

最好的人、最好的東西不會在這裡，人不僅僅如此，歷史只是集體的人的一般性記述而已，最多只能是平庸的，這是基本事實，同時也得深深記得成為一個「信念」——讀史，很難是單純愉悅的，愈認真讀史，總是愈讓人滿心沮喪荒敗，很難不相信人是「大自然中最可怖也最可笑的物種」，很難不把人的歷史看成「停不下來的一再重複愚行」、「一個掙扎著想醒來的噩夢」、以及「一本瘋子的自傳」云云。

人最好的樣子，無法存留在歷史記述裡，甚至還無法存留於人的世界太長時間，讓我們可放心信它為真，更像是個幻想，或者希望——巴爾扎克，這個嘗試用小說來替代歷史的「人間喜劇」書寫者，這麼講：「某些幻想，純潔的希望，銀白絲線怎樣從天上下來，沒有觸及地面卻又返回天上去了。」

信念，是長時間堆疊生成並且長時間持有的東西，它是實實在在的，是有來歷有深沉道理的，我記得波赫士說過類似的話，信念其實是個包裹狀的一堆東西，由我們一系列的知識、經驗和理解以某種難以說清的渾然方式構成。也許，這裡面我們不免也偷渡的多放進一些東西，一種對人無何有的信心和信任，還有一些不太可能真會發生的期待，凡此。

## 【作者簡介】

唐諾，一九五八年生，台灣宜蘭人，台大歷史系畢業，現從事自由寫作。不是專業球評，早期卻以NBA籃球文章廣為人知。不是專業推理小說評論者，著有「唐諾」風的推理小說導讀。不是專業文字學者，著有《文字的故事》一書，同年囊括國內三大好書獎。《盡頭》獲金鼎獎文學圖書獎。唯一「專業」的頭銜是作家、兼資深讀者，著有《盡頭》、《世間的名字》、《讀者時代》、《閱讀的故事》、《唐諾推理小說導讀選Ⅰ、Ⅱ》、《在咖啡館遇見14個作家》、《文字的故事》等。

## 【內容簡介】

《盡頭》之後，唐諾決定寫一本小書，於是在一年內生出了這二十萬字的「讀」《左傳》「想」《左傳》，甚至是與《左傳》人物一起過日子一起思考，憂其憂、樂其樂的寫作，同樣的旁徵博引，依然是政治文學歷史哲學生物學人類學……經典過往與現實當下信手捻來，尤其精彩的是作者進入《左傳》人物的內心，寫出其關於家國存亡、情欲流動、權力運作、道德思辨等深邃美麗與幽微的心理機轉：在決定的那一刻，究竟發生了甚麼？以及然後，是否留下遺憾？

文學叢書 461

INK PUBLISHING

# 眼前——讀《左傳》

| | |
|---|---|
| 作　者 | 唐　諾 |
| 總編輯 | 初安民 |
| 責任編輯 | 施淑清 |
| 美術編輯 | 黃昶憲 |
| 校　對 | 唐　諾　施淑清 |

| | |
|---|---|
| 發行人 | 張書銘 |
| 出　版 | INK印刻文學生活雜誌出版有限公司<br>新北市中和區建一路249號8樓<br>電話：02-22281626<br>傳真：02-22281598<br>e-mail : ink.book@msa.hinet.net |
| 網　址 | 舒讀網http://www.sudu.cc |

| | |
|---|---|
| 法律顧問 | 巨鼎博達法律事務所<br>施竣中律師 |
| 總代理 | 成陽出版股份有限公司<br>電話：03-3589000（代表號）<br>傳真：03-3556521 |
| 郵政劃撥 | 19000691　成陽出版股份有限公司 |
| 印　刷 | 海王印刷事業股份有限公司 |

| | |
|---|---|
| 港澳總經銷 | 泛華發行代理有限公司 |
| 地　址 | 香港新界將軍澳工業邨駿昌街7號2樓 |
| 電　話 | 852-27982220 |
| 傳　眞 | 852-27965471 |
| 網　址 | www.gccd.com.hk |

| | |
|---|---|
| 出版日期 | 2015年 10 月　　初版 |
| ISBN | 978-986-387-060-9 |

定價　399元


Published by INK Literary Monthly Publishing Co., Ltd.

Printed in Taiwan

國家圖書館出版品預行編目資料

眼前——讀《左傳》／唐諾著：--初版，
--新北市中和區：INK印刻文學，2015. 10
面：公分. --（文學叢書：461）
ISBN 978-986-387-060-9（精裝）
1.左傳 2.研究考訂
621.737　　104017872